DELIUS KLASING

SEBASTIAN MOLL

ULLE

JAN ULLRICH
GESCHICHTE EINES TRAGISCHEN HELDEN

DELIUS KLASING VERLAG

INHALT

	Vorwort	7
I	Der Preis des Ruhms	17
II	Vor die Tür gesetzt	29
	Floyd	45
III	Public Enemy No. 1	53
	Jörg	59
IV	Vom Halbgott zum Menschenfeind	65
V	Alleingelassen	79
	Udo	91
VI	Der Junge aus Papendorf	95
VII	Held der Arbeiterklasse	103
VIII	Geburt eines deutschen Idols	113
IX	Die brennende Hitze des Rampenlichts	125
	Marco	139
X	Sein eigener Herr	143
XI	Der letzte Tanz	155
	Lance	163
XII	Zaungast	171
	Epilog	177
	Danksagung	187
	Quellen	189

VORWORT

Als im August 2018 die Nachricht in den späten Hochsommer platzte, dass Jan Ullrich nach seinen Drogeneskapaden und Tätlichkeiten sowohl in Mallorca als auch in Frankfurt verhaftet worden war, lag meine letzte Frankreichrundfahrt als Reporter bereits zehn Jahre zurück. Ich drehte zwar selbst noch am Wochenende mit dem Rennrad meine Runde und schaute auch immer mal wieder rein, wenn die Tour de France lief. Doch beruflich bewegte ich mich längst in einem vollkommen anderen Milieu.

So saß ich gerade in meiner New Yorker Wohnung an einer Reportage über das marode U-Bahn-Netz der Stadt und bereitete Interviews zum 50. Jahrestag der Stonewall-Riots vor – der Geburtsstunde des globalen Kampfes für die Rechte Homosexueller. Mittlerweile arbeitete ich von Big Apple aus als USA-Korrespondent, der Radsport war zur Privatangelegenheit geworden.

Die Nachrichten aus Deutschland rissen mich jedoch für ein paar Tage schockartig aus meinem New Yorker Leben heraus. Jan Ullrichs Schicksal versetzte mich wieder zurück in jene Zeit, in der Radsport mein Leben war. Rund zehn Jahre lang drehte sich für mich alles um diesen Sport, ich bin als Reporter von März bis Oktober mit dem Radsportzirkus mitgetingelt und kannte den Betrieb sowie die handelnden Personen in- und auswendig.

Diese Zeit fiel ziemlich genau mit der Profikarriere von Jan Ullrich und seiner Rivalität mit Lance Armstrong zusammen. Eine meiner ersten Reportagen als Radsportjournalist war ein Artikel für das Radsportmagazin *TOUR* über den Werdegang von Jan Ullrich und die Grundlagen für seinen Tour-de-France-Sieg im systematischen Trainingsaufbau in der DDR.

Zweifelsohne habe ich diesen Abschnitt meines Berufslebens vor allem Jan Ullrich zu verdanken. Wenn er nicht das Radsportinteresse in Deutschland entfacht hätte, dann hätten mich nicht die damals noch üppigen Budgets der Sportredaktionen so lange ernährt und mir das Vergnügen erlaubt, mit dem Profibetrieb durch Europa zu reisen.

Jetzt, nach dem psychosozialen Kollaps von Jan Ullrich, war hingegen das Verhältnis des einstigen »Messias des Radsports«, zu dem die *BILD*-Zeitung Ullrich nach seinem Tour-Sieg gekürt hatte, mit der deutschen Öffentlichkeit am absoluten Tiefpunkt angelangt. In einer Dokumentation des NDR zur Tour 2020 brachte Andreas Burkert, einstiger Radsportexperte der *Süddeutschen Zeitung*, den Stand der Dinge zwischen Ullrich und Deutschland auf den Punkt, als er sagte: »Ein Geständnis von Ullrich braucht heute kein Mensch mehr.«

Der Zeitpunkt, zu dem man Ullrich mit offenen Armen wieder in die Mitte der Gesellschaft aufgenommen hätte, wenn er nur reinen Tisch machen und seine hinlänglich dokumentierten Dopingvergehen gestehen würde, war längst verstrichen. Inzwischen hatte man Ullrich abgeschrieben. Die Isolation, in die er sich selbst über die Jahre manövriert hatte, brachte ihn immer näher an den Abgrund. Niemand, so schien es, konnte ihn dort mehr erreichen, und ob er sich je wieder daraus würde befreien können, schien zweifelhaft. Und irgendwie wollte man das Ende dieser traurigen Geschichte auch lieber nicht mehr mit anschauen.

Gut drei Jahre später scheint die Jan-Ullrich-Story eine wundersame Wandlung zum Besseren erfahren zu haben. Im November 2023 strahlt Amazon prime video eine vierteilige »Dokumentation« aus, in der Ullrich selbst als Protagonist auftritt und seine Geschichte erzählt. Der Launch der Reihe wird flankiert von einer ganzen Serie von Interviews und öffentlichen Auftritten, sorgsam choreografiert, um der Wiederkehr Ullrichs in die Öffentlichkeit und ins bürgerliche Leben maximale Wirkung sowie eine einheitliche Message zu verleihen.

Die Kampagne wurde vom ehemaligen Regierungssprecher Bela Anda gemanagt und kann getrost als Meisterleistung eines ausgebufften Medienprofis bezeichnet werden. Die Marke Jan Ullrich hatte inmitten seiner Drogenexzesse des Jahres 2018 einen Totalschaden erlitten. Weniger abgebrühte PR-Profis als Anda hätten zweifellos vom Versuch eines Relaunchs und einer Neupositionierung die Finger gelassen.

Voraussetzung für die Rückkehr Jan Ullrichs, das hatte Anda klar erkannt, war noch immer das Dopinggeständnis. Anders als Burkert es 2020 behauptet hatte, brauchte Deutschland, um sich wieder zu öffnen und ihm wieder einen Platz in der Gesellschaft einzuräumen, von Jan Ullrich durchaus zunächst einmal das Eingeständnis, dass er ihm etwas vorgegaukelt hatte. Und so wurden sowohl die Doku als auch die zahlreichen Interviews rund um die Premiere als »Lebensbeichte« vermarktet.

Tatsächlich erfuhr man dabei von Jan Ullrich nicht viel, was die interessierte Öffentlichkeit nicht schon längst gewusst hätte. Ullrich hat von Beginn seiner professionellen Radsportkarriere an unerlaubte leistungssteigernde Mittel genommen, für Insider waren allein die Details interessant. Etwa, dass Ullrich behauptet, erst zu Beginn der Saison 1996, seiner zweiten Saison als Radprofi, erstmals mit Doping in Berührung gekommen zu sein.

Es war das Jahr seines überraschenden Durchbruchs. Eigentlich sollte der erst 22 Jahre alte Ullrich sich in diesem Jahr lediglich im Peloton akklimatisieren und durch zuverlässige Helferdienste sein Gehalt rechtfertigen. Doch in den Profirennen des Frühjahrs und Frühsommers fuhr er derart überzeugend, dass der damalige Chef des Teams Telekom, Walter Godefroot, gar nicht umhinkonnte, ihn für die Grand Boucle zu nominieren. Dort wurde er hinter Teamkapitän Bjarne Riis Zweiter, und die meisten Beobachter glaubten, er hätte gewonnen, wenn er sich nicht der Stallorder hätte beugen müssen.

Das Dopingsystem im Team Telekom war damals bereits wohletabliert. Wie Ullrich in der Amazon-Doku und den flankierenden Interviews erklärt: »Ich habe das Doping nicht erfunden.« Sein damaliger Teamkapitän Bjarne Riis attestiert Ullrich zudem, dass er nie ein

»Leader« gewesen sei, sondern stets einer, der brav tat, was man ihm sagte. Nicht mehr und nicht weniger. Doping aus Eigeninitiative wäre für einen Fahrer, der nicht einmal die Übersetzung an seinem Rad selbst wählt, geradezu charakterfremd gewesen.

So machte er auch beim Dopingprogramm des Teams Telekom einfach mit. Man hatte ihm glaubhaft versichert, dass das nun mal zum Profigeschäft auf höchstem Niveau dazugehöre und vollkommen sicher sei. Die Tatsache, dass ihm dieses System von den renommierten Sportmedizinern der Uniklinik Freiburg verkauft wurde, die damals das Team betreuten, bestärkte ihn in seinem Vertrauen. »Du bist jetzt in der Königsklasse angekommen«, erinnert sich Ullrich heute an seine Gedanken von damals. »Und wenn das dazugehört, dann will ich dabei sein.«

Den Kontakt zum notorischen Dopingarzt Eufemiano Fuentes, dessen Hilfe Ullrich in den späteren Jahren seiner Karriere suchte, hatte er indes ohnehin bereits in einem Interview mit dem Nachrichtenmagazin *Focus* im Jahr 2015 zugegeben. Und von Fuentes selbst, der in der Amazon-Doku auftritt, war auch kaum etwas zu erfahren. Im Gegenteil – Fuentes offenbarte keine Details und verharmloste seine Aktivitäten.

Aber für den Relaunch von Jan Ullrich waren neue Enthüllungen auch gar nicht entscheidend. Wichtig war allein, dass man aus Jan Ullrichs Mund die Worte zu hören bekam, dass er gedopt hat.

Beinahe noch wichtiger war allerdings, dass Ullrich jenes Mantra relativierte, das man ihm in der deutschen Öffentlichkeit am meisten übel genommen hatte, seit im Jahr 2006 seine Dopingvergehen aufflogen und er über Nacht zur Persona non grata wurde – nicht nur im Radsport. Immer wieder hatte Ullrich betont, er habe niemanden betrogen und damit impliziert, er habe nur Chancengleichheit hergestellt. Daran hält Ullrich auch bis heute fest. Doch er räumt auch ein, dass er jetzt sehr wohl einsehe, dass er die Fans betrogen habe.

Genau das war das Mea Culpa von ihm, auf das die deutsche Öffentlichkeit seit 2006 gewartet hatte. Doch um ihn tatsächlich wieder ins Herz zu schließen, das wusste Bela Anda, reichte das nicht aus. Die Beichte allein, das hatte wohl auch Burkert gemeint, war nur die Minimalanforderung und würde nicht genügen, damit man sich wieder für Jan Ullrich interessiert.

Die deutsche Öffentlichkeit brauchte mehr von Jan Ullrich, und sie bekam mehr. In der Amazon-Doku sowie in den begleitenden Interviews, am meisten vielleicht in dem zwei Stunden dauernden Gespräch mit dem Podcaster Matze Hielscher, öffnete sich Jan Ullrich mehr, als er das jemals getan hatte. Statt eines oft hölzernen Interviewpartners, an den man sich über die Jahre gewöhnt hatte und dem der Medienkontakt sichtbares Unbehagen bereitete, erlebte man im Winter 2023 einen befreit auftretenden Jan Ullrich, der alle Ecken und Kanten einer komplexen, aber letztlich überaus liebenswürdigen Persönlichkeit durchscheinen ließ.

Ullrichs Rolle in der Öffentlichkeit hatte bis dahin stets geschwankt zwischen Lichtgestalt, schlampigem Jahrhunderttalent, das noch mit der halbherzigsten Vorbereitung um den Tour-de-France-Sieg mitradelt, und sinistrem Betrüger. Die Rollen hatten ihm nie wirklich behagt, doch Ullrich hatte es nie geschafft, sich davon zu befreien. Nun, nach vielen Jahren der Vereinsamung, war er reif dafür, eine nuancierte Geschichte von sich zu erzählen und für das Publikum als Mensch anstatt als Übermensch greifbar zu werden.

Ullrich sprach glaubhaft und nachvollziehbar davon, wie er als junger Radprofi nicht nur in das Dopingsystem des Sports hineingeschlittert war, sondern auch in eine Hype- und Medienmaschine, die ihn vollkommen überforderte. Er sprach davon, wie der Betrieb ihm die Liebe zu seinem Sport beinahe verdorben hatte. Und er sprach davon, wie ihn der jähe und brutale Ausschluss aus dem Radsport, der doch sein Ein und Alles war, ihn in eine Krise gestürzt hatte, an der er noch jetzt, 16 Jahre später, zu knabbern hat.

Ullrich öffnete sich auch zu seiner schwierigen Kindheit unter einem Vater, der entweder abwesend war oder betrunken und gewalttätig. Und er ließ in der Dokumentation auch durchblicken, wie sehr ihn dieser Ballast bis heute quält. Als er von der Gewalt durch seinen Vater spricht, muss er loskichern, obwohl es angesichts des erlittenen Leids nichts zu lachen gibt. Und als dann die Rede darauf kommt, dass er vor dessen Tod nie mehr Kontakt zu seinem Vater aufnehmen konnte, muss Ullrich aus dem Bild laufen, weil ihn seine Gefühle übermannen.

Am Nächsten kam man Jan Ullrich während der Medientage im November 2023 vielleicht bei seinem Versuch, darüber zu sprechen, warum er so lange geschwiegen hat. Er beschreibt das Dilemma, in dem sich viele der überführten Kollegen aus seiner Radsportära wiedergefunden hatten, entweder das ganze Dopingsystem des Radsports auffliegen zu lassen und Kollegen und Freunde mit hineinzuziehen oder zu schweigen und als Märtyrer für einen Sport unterzugehen, der ihn fallen gelassen hat.

Am Ende wählte Ullrich den letzteren Weg und zerbrach daran. Er beschreibt, wie er über 15 Jahre versuchte, das Thema zu verdrängen, wie sich aber das Verdrängte immer wieder zu Wort meldete, zu wiederkehrenden Krisen führte und schließlich in den vollkommenen psychosozialen Kollaps im Jahr 2018. Am anrührendsten an diesen Schilderungen war indes die hart errungene Selbsterkenntnis, dass er aufgrund seiner Sozialisierung lange nicht dazu in der Lage war, sich Hilfe zu suchen. »Ich dachte, ich bin schließlich Tour-de-France-Sieger, ich bin stark, ich bin hart, ich kann das alles mit mir selbst ausmachen.« Eine Beschreibung, die seine Ex-Frau Sara bestätigt, als sie schildert, wie schwer es über lange Phasen selbst für sie war, überhaupt an ihn heranzukommen. Doch wie sich herausstellte, ist das Leben kein Radrennen und manche Dinge sind nicht mit Härte zu bewältigen.

So wurde Jan Ullrich unfreiwillig auch zum Fürsprecher für einsame Wölfe, die dank ihrer männlichen Prägung versuchen, ihre emotionalen Nöte mit sich allein auszumachen. »Ich habe viele wertvolle Jahre meines Lebens dadurch verloren«, sagt Ullrich und empfiehlt damit jedem in einer ähnlichen Situation, bloß nicht diesen Weg zu wählen.

Der Relaunch von Jan Ullrich des Jahres 2023 war geglückt. Anda hatte es geschafft, Ullrich als facettenreiche, interessante Figur in der Öffentlichkeit zu positionieren, eine zudem, die Mitgefühl und Sympathie bei den Menschen hervorruft. Der Dualismus zwischen Superstar mit der Aura eines Halbgottes und Kriminellem, zwischen Hosianna und Kruzifix, war gebrochen. Ullrich hat nun auch öffentlich jene Mitte gefunden, von der er behauptet, sie habe in den vergangenen Jahren endlich in seinem Privatleben Einzug gehalten. Er hat sich einen Raum zwischen Tour-Sieg und Drogenexzessen erobert.

Jan Ullrich kann nun nach vorn schauen, ihm stehen wieder Möglichkeiten offen. Dabei hat er das, was ihm während seiner Karriere lange gefehlt hat: Kompetente Berater und vertrauenswürdige Freunde, denen es tatsächlich um sein Wohl geht und die nicht von Eigeninteresse getrieben sind. Auch wenn man sich durchaus noch Sorgen um seine seelische Stabilität machen muss, hat Jan Ullrich die Chance auf eine Zukunft.

Der Boden für dieses Comeback von Ullrich war allerdings schon im Herbst 2023 bereitet. Ullrichs neue Berater hatten ihn zwar sorgsam abgeschirmt, um rund um die Kampagne die volle Kontrolle zu behalten. Doch das Thema war schon im Jahr zuvor anlässlich des 25. Jubiläums seines Tour-Sieges an die Öffentlichkeit gelangt – ob nun mit oder ohne das Placet von Ullrichs Produzenten.

Zum Tour-de-France-Start 2022 lief in der ARD eine vierteilige Dokumentation mit dem Titel *Being Jan Ullrich*. Kurz zuvor war auf Englisch die erschöpfend recherchierte Biografie *Jan Ullrich – The Best There Never Was* von Daniel Friebe herausgekommen. Gleichzeitig erschien die erste Auflage dieses Buches. Alle drei Werke mussten ohne die Mitwirkung des Protagonisten auskommen. Ich hatte mich um einen Kontakt zu Ullrich bemüht, seit im Herbst 2018 die Pläne zu diesem Buch zu reifen begannen. Der damalige und mittlerweile verstorbene Berater von Ullrich, Wolfgang Strohband, hatte sich ursprünglich aufgeschlossen gezeigt. Auszüge und Exposés wurden an

Ullrich weitergeleitet. Je länger sich der Prozess hinzog, desto klarer wurde jedoch, dass Ullrich nicht kollaborieren würde.

Den Mitstreitern erging es ähnlich. Ullrich sprach gegenüber Friebe und der ARD sein Bedauern aus. Wie er nun zugab, war er zwar schon seit einiger Zeit dazu bereit, über sein Leben und auch über seine Dopingvergangenheit zu sprechen, doch die Exklusivverträge mit Amazon waren da schon unterschrieben. Die Relaunch-Kampagne sollte kompakt aus einer Hand geführt werden.

Wie die ARD und Friebe entschlossen der Verlag und ich uns dennoch, das Projekt zu verfolgen. Es war keine leichte Entscheidung, schließlich rückte man der Person Jan Ullrich, die sich in einem seelisch fragilen Zustand befand, massiv auf den Leib. Vor dem Hintergrund, dass eine von ihm als ungerecht empfundene Behandlung durch die Medien zu seinen psychischen Problemen beigetragen hatten, ein heikles Unterfangen.

Gleichzeitig waren wir jedoch davon überzeugt, dass dieses Projekt, ebenso wie die beiden anderen, nicht zum Problem beitragen würde, sondern zu dessen Lösung. 25 Jahre nach Ullrichs Tour-Sieg war der Zeitpunkt gekommen, die Geschichte einer der schillerndsten Figuren des deutschen Sports in den vergangen 50 Jahren anders oder besser neu zu erzählen. Es war an der Zeit, aus moralischen Kategorien auszubrechen und eine Betrachtung der Biografie Ullrichs vorzunehmen, die ein Licht auf die gesamte Maschinerie des Profi- und Spektakelsports wirft, eine Maschinerie, die Ullrich in unfassbare Höhen katapultiert und in ebenso unfassbare Tiefen gestürzt hatte.

Vieles, was von Ullrich bei seinem »Coming-out« zu hören war, gab uns recht. In den aktuellen Interviews bezeichnet er die Berichterstattung rund um das Jubiläum seines Tour-Sieges als »fair«. Er erkannte sich in den Abbildungen wieder und nicht etwa ein Zerrbild oder eine Karikatur, wie etwa in den Schlagzeilen vom »Giganten der Landstraße«, die seinen Tour-Sieg begleiteten, oder in den Berichten um seine Machenschaften mit Eufemiano Fuentes, die ihn als finsteren Kriminellen zeichneten. »Ich war doch bloß ein Radfahrer«, sagt er.

Zudem redet Ullrich heute überzeugend und nachvollziehbar davon, was es bedeutet hat, über Nacht nicht nur aus dem Radsport herausgerissen, sondern von ihm geächtet zu werden. Der Sport war sein lebenslanges Biotop, er brauchte ihn wie die Luft zum Atmen. Von der Familie abgesehen, hatte er keine Alternativen. »Ich war ja ein Kind der Branche, das war meine Familie«, sagt er gegenüber Matze Hielscher. Es war ein zutiefst traumatisches Erlebnis, das für ihn besonders hart war, weil es so jäh und brutal über ihn hereinbrach.

Dieser Abschied aus dem Umfeld, das einen ein Leben lang getragen hat, ist ein Vorgang, mit dem auf die eine oder andere Art jeder Hochleistungssportler konfrontiert wird. Ich war selbst in meiner Jugend Leistungssportler, nicht annähernd so mit Begabung gesegnet wie Jan Ullrich, aber auch nicht völlig untalentiert, gut genug, um von Olympia träumen zu dürfen, aber nicht ganz gut genug, um es dorthin zu schaffen. Entscheidend daran ist jedoch, dass es während prägender Jahre meine Identität war. Ich habe mich in allererster Linie als Sportler verstanden.

Von diesem Selbstverständnis Abschied zu nehmen, war schwer. Wenn ich ehrlich bin, ist es ein Prozess, der bis heute nicht ganz abgeschlossen ist. Die Suche nach irgendetwas, das einem die gleiche Erlebnisintensität, die gleiche Befriedigung und, man muss es so nennen, das gleiche Ausmaß an Glück bietet, hört niemals auf. Meine Entscheidung, nach dem Studium Sportreporter zu werden, hatte ganz sicher auch damit zu tun.

Ich habe damit nie derart extreme Höhen und Tiefen durchgemacht wie Jan Ullrich. Und doch hatte ich das Gefühl, dass ich verstehen konnte, was er durchmachte, nachdem man ihm den Sport, der für ihn die Welt bedeutete, weggenommen hat.

Darüber zu sprechen, war eine der Motivationen für dieses Buch.

Jan Ullrich ist nun an einem Punkt angelangt, an dem er für sich diesen Vorgang reflektieren und verstehen kann und ihn artikuliert. Ihm selbst scheint das überaus gutzutun, »mein Rucksack ist leichter geworden«, sagt er. Zugleich trägt er damit dazu bei, die Nebenwirkungen eines Systems zu thematisieren und zu skandalisieren, über die bislang viel zu wenig gesprochen wurde.

New York, im Januar 2024

I

DER PREIS DES RUHMS

Zu Beginn des Jahres 2024 hat Deutschland Jan Ullrich wieder ins Herz geschlossen. Wo immer Ullrich öffentlich auftritt, erntet er tosenden Applaus. Jeder Interviewer, mit dem er redet, dankt ihm gerührt für die Offenheit, mit welcher er seine Geschichte erzählt, und sein Auftritt in der Amazon-Doku wird von den Kritikern durchweg mit Begeisterung und Mitgefühl aufgenommen.

Es ist eine dramatische Wende weg von dem, was ihm, insbesondere in Deutschland, entgegengebracht wurde, seit er 1997 die Tour de France gewonnen hatte. Da war zuerst der ekstatische Jubel über den ersten Tour-Sieg eines Deutschen, der in seiner extremen Euphorie nicht nur auf den damals erst 23-Jährigen befremdlich hatte wirken müssen. Dann kamen die vielen Jahre, in denen Ullrich die Erwartungen seiner Fans ein ums andere Mal enttäuschte und die fanatische Anhängerschaft immer mehr in Resignation und in ein beinahe persönliches Beleidigtsein umschlug.

Und dann kamen der Dopingskandal des Jahres 2006, die Enthüllungen über Ullrichs Zusammenarbeit mit dem berüchtigten Gynäkologen Fuentes und das Karriereende, die Ullrich in seinem Heimatland zur Persona non grata machten. »Es war der größte Fehler meines Lebens, mich mit Fuentes zu treffen«, sagte er rückblickend in einem Interview mit der französischen Sportzeitung *L'Equipe*. Die

Schlagzeilen selbst in den seriösen Medien rückten ihn in die Nähe eines Schwerverbrechers, es war, als müsse er ganz allein für die Dysfunktionalität des Berufssports insgesamt und für die kriminelle Subkultur des Radsports geradestehen.

Eine so plötzliche Ächtung ist schwer zu verkraften, manchen gelingt es nie. In einem Interview mit der Zeitschrift *Rouleur* gab seine damalige Frau Sara noch 2016 zu Protokoll, wie schwer das alles auf ihm und auf der Familie gelastet habe. Zwischenzeitlich berappelte Ullrich sich immer wieder und trainierte gemeinsam mit seinem Freund, dem Ex-Skirennläufer Frank Wörndl, regelmäßig im vertrauten Rhythmus von täglichen Fahrradausfahrten und nahm an Hobbyrennen teil. Doch es wurde auch immer wieder über Abstürze berichtet, bis hin zum endgültigen Zusammenbruch 2018, von dem Ullrich heute sagt, es sei der absolute Tiefpunkt seines Lebens gewesen. »Ich bin nur um ein Haar am Exitus vorbeigeschrammt.«

Ironischerweise war es erst der Zusammenbruch, der Jan Ullrich das bescherte, was er vielleicht gebraucht hätte, damit es gar nicht erst so weit kommt. Im Januar 2024 kann die deutsche Öffentlichkeit Jan Ullrich mit Mitgefühl betrachten, als Menschen, der Schweres durch- und schwere Fehler gemacht hat, der wie wir alle unvollkommen ist, aber dennoch Sympathie verdient. Ullrich war nicht mehr der Radsportgott, dem die Nation Siege am laufenden Band abforderte, er war aber auch nicht mehr der betrügerische Dunkelmann, der einem willig naiven Publikum die Illusion von einem sauberen Sport nahm. Er kann, er darf, endlich, einfach nur Jan Ullrich sein.

Doch es war nicht allein das Mitgefühl mit dem gefallenen Helden, das für Ullrich die Tür in die Herzen der Menschen wieder aufstieß. Es war auch noch etwas anderes geschehen. Spätestens seit den Olympischen Sommerspielen von Tokyo war ein Begriff in das Bewusstsein der Sportöffentlichkeit gedrungen, der vorher nur selten in den Zusammenhang mit Hochleistungssport gebracht wurde: »Mentale Gesundheit.«

Endgültig auf die Tagesordnung hatte Simone Biles den Terminus gesetzt, die größte Kunstturnerin aller Zeiten. Am Vorabend des Finales im Mehrkampf von Tokyo, den die Amerikanerin acht Jahre lang bei keinem internationalen Wettbewerb mehr verloren hatte, gab der Superstar der Spiele von Rio bekannt, dass sie sich aus dem Wettkampf zurückziehe. »Mein Kopf ist nicht da, wo er sein sollte.«

In den folgenden Tagen und Wochen sprach Biles von dem ungeheuren Druck, der auf Athleten wie ihr laste. Davon, wie schwer es sei, ständig und immer den Erwartungen der ganzen Welt gerecht werden zu müssen. Sie sprach von der Gnadenlosigkeit eines Systems, das zu einem ganz bestimmten Zeitpunkt eine Höchstleistung abfordert, von der die gesamte Karriere, ja, das gesamte weitere Leben abhänge.

Biles erntete für den mutigen Schritt und für ihre Offenheit beinahe einstimmigen Zuspruch. Ihr Verband und ihre Sponsoren standen hinter ihr. Die Fans fühlten mit ihr und bejubelten ihren Mut, als sie dann doch noch in zwei Disziplinen antrat und eine Silber- sowie eine Bronzemedaille gewann. Die größte Furcht aller Athleten, dass Medien und Anhänger sie fallen lassen, wenn sie hinter den Erwartungen zurückbleiben, erfüllte sich nicht. Biles machte es für Spitzenathleten möglich, sich verletzlich zu zeigen.

Simone Biles' Entscheidung, auf der größten Bühne, die der Sport zu bieten hat, das Thema der seelischen Gesundheit zur Sprache zu bringen, war ganz gewiss der Durchbruch für einen menschlicheren Diskurs über Hochleistungssport und mehr Verständnis für die Athleten. Er machte es für Sportler möglich, sich von dem Zwang zu befreien, immer und ständig roboterhaft Leistung abrufen zu müssen. Doch das Feld für Biles war im September 2021 schon bereitet.

So hatte sich Naomi Osaka während der Saison 2020 geweigert, sich den Pressekonferenzen bei großen Tennisturnieren zu stellen. Auch Osaka berief sich darauf, dass sie in dem angespannten Zustand einer Turniersituation die oft invasiven Fragen der Reporter psychisch nicht ertragen könne. Wie Biles setzte sie ihre Karriere aufs Spiel und zog sich lieber von den Paris Open zurück, als weiter ein Ritual zu ertragen, das ihr schlicht nicht guttat. Und im Jahr 2022 reiste Schwimm-Olympiasieger Caeleb Dressel nach der Hälfte der Weltmeisterschaften ab und gönnte sich eine mehrmonatige Auszeit, um sich um seine psychische Verfassung zu kümmern.

Zwei Jahre zuvor, kurz vor dem eigentlich geplanten Start der Spiele von Tokyo, lief im US-Fernsehen eine von Rekord-Schwimmer Michael Phelps produzierte Dokumentation mit dem Titel *The Weight of Gold*. Thema: der psychische Preis olympischen Ruhms.

Phelps war zeit seiner Laufbahn selbst zutiefst unglücklich, bis hin zum Tiefpunkt im Jahr 2014, in dem er am Rand des Selbstmords stand. Seine 23 Olympiamedaillen kann er heute folglich nur mit zwiespältigen Gefühlen betrachten. Sie haben ihn zu dem gemacht, der er ist. Aber das Leben, das er führen musste, um sie zu gewinnen, hat ihn beinahe zerstört.

Phelps berichtet mit beklemmender Offenheit, wie es alle vier Jahre nach den Olympischen Spielen war, nachdem die Paraden und die Talkshows vorbei waren und er allein in seiner Wohnung saß. Er berichtet von der unheimlichen Leere, die ihn dann beschlich, und den Fragen, die ihn quälten. Soll ich mich wirklich noch einmal vier Jahre lang dieser Knochenmühle unterziehen? Ist es das wert? Und vor allem – was soll ich tun, wenn ich das nicht mache? Wer bin ich denn außerhalb des Schwimmbades?

Seinen Tiefpunkt erreichte Phelps im Jahr 2014, nachdem er wegen Trunkenheit am Steuer verhaftet wurde. »Ich lag tagelang bewegungslos in meiner Wohnung und wollte alles beenden.« Phelps hatte das Glück, dass er über großzügige Mittel und ein gutes Umfeld verfügte. Er konnte die Krise durch einen langen Reha-Aufenthalt und durch eine langfristige Therapie überwinden, die noch heute sein Leben begleitet. Er ist 2016 noch einmal zu Olympia gefahren, um bewusst Abschied zu nehmen und um den schwierigen Übergang in das Leben danach vorzubereiten und zu gestalten. Und er versucht seither, psychische Probleme unter Spitzensportlern zu entstigmatisieren und das öffentliche Bewusstsein dafür zu schärfen.

Die Dokumentation, die 2020 pünktlich zum geplanten Start der Spiele von Tokyo lief, geht jedoch noch weiter, als »nur« von den inneren Kämpfen von Phelps zu berichten. Das Werk ist eine bittere Anklage an ein grausames Sportsystem, das seine Protagonisten krank macht. Phelps lässt in dem einstündigen Film ein halbes Dutzend amerikanischer Olympioniken zu Wort kommen, die alle, wie er, mit schweren seelischen Problemen zu ringen hatten. Ihre Geschichten sind unterschiedlich und doch im Kern immer gleich: Es ist die Geschichte eines erbarmungslosen Betriebs, der die Athleten aussaugt und dann fallen lässt, wenn sie keine Medaillen und Rekorde mehr produzieren.

»Du begreifst irgendwann«, sagt etwa der Skifahrer Bode Miller, »dass das Ganze ein Fließband von immer neuen Athleten ist.« Man werde aufgebaut und verhätschelt, so Miller, wenn man jung und talentiert ist, weil man dem Verband und den Sponsoren Medaillen liefert. Man sei auf den Titelseiten und komme sich unersetzlich vor. Doch sobald man seinen Zenit erreicht habe, warte schon der Nächste, der deinen Platz einnimmt.

Eine der bittersten Geschichten in Phelps' Film ist wohl die von Katie Uhlaender. Unter Tränen erzählt die Skeleton-Fahrerin, wie ihr Trainer sie nicht von einer Wettkampf-Tournee freistellen wollte, als ihr Vater im Sterben lag. Von ihren Medaillen hing zu viel ab – die Förderung des Verbandes, die Anstellung der Trainer, das gesamte olympische Skeleton-Programm. Ihre Entlohnung dafür? Ein monatliches Stipendium in der Höhe von 1.700 Dollar.

Und dann sind da die Geschichten derer, die es nicht geschafft haben. Der Freestyle-Skifahrer »Speedy« Peterson etwa, der eines Abends im Jahr 2011 zu einem Parkplatz an einem Skilift in Utah fuhr und sich erschoss, nachdem er zuvor bei der Polizei angerufen hatte, damit seine Leiche abtransportiert wird. Oder die des Bobfahrers Steven Holcomb, der in dem Film über seine Depression spricht und der im Winter 2017 im olympischen Trainingszentrum in Colorado an einer Überdosis Tabletten und Alkohol starb. Oder die des Schwimmers Tom Shields, eines Mannschaftskameraden von Phelps, der einen Selbstmordversich nur überlebte, weil seine Frau ihn rechtzeitig fand.

Phelps bezeichnet das Problem der schweren Depression unter Hochleistungssportlern ganz unmissverständlich als systematisch. »Ich denke, dass rund 80 Prozent von uns zu irgendeinem Zeitpunkt unseres Lebens mit Depression zu kämpfen haben.« Die menschlichen Kosten olympischer Medaillen, über die nur selten gesprochen werde, seien immens.

Das dergestalt geschärfte Bewusstsein für den seelischen Preis von Gold und Ruhm hat ganz sicher dazu beigetragen, dass Jan Ullrich nun das erfährt, was ihm so lange verwehrt geblieben ist: Empathie und die Wahrnehmung seiner ganzen Persönlichkeit in allen Facetten. Es ist Raum entstanden für etwas anderes als die Lust an übermenschlichen Leistungen einerseits und die nicht minder vorherrschende voyeuristische Lust an Skandalen andererseits. Ullrich hat nun die Chance, einen Platz im Leben und in der Gemeinschaft zu finden, in der er weder als Halbgott noch als Krimineller abgestempelt wird.

Doch in vielerlei Hinsicht kommt dieser Sinneswandel der Öffentlichkeit für Jan Ullrich viel zu spät.

Rückblende ins Jahr 2018: Jan Ullrich filmt sich selbst mit dem Handy, und es ist eindeutig, dass er »voll drauf ist«: Seine von Kokain und Alkohol befeuerten Gedanken schießen in alle Himmelsrichtungen. Es gibt keine kontrollierende Ich-Instanz mehr, die die Bewusstseinsfetzen zusammenhält.

Dabei schwemmt die Selbstauflösung neben allerlei Gedankentreibgut bisweilen auch Profundes zutage. Da kommt etwa eine Verachtung gegenüber wohlmeinenden Freunden zum Vorschein, die »Helfer-Friends«, ein Hinweis auf die Bemühungen von Freunden, Ullrichs Abwärtsspirale zu stoppen. Aber Ullrich will das nicht. »Die können mich alle mal am Arsch lecken«, murmelt er vor sich hin. Und fügt an: »Bin ich schon tot? Nein, ich bin noch nicht tot.«

So wollte niemand Jan Ullrich je erleben. Niemals wollte man, dass sich zu den Bildern seiner sportlichen Großtaten, die man auch nach den vielen Tiefen seiner Laufbahn noch abgespeichert hat, solche

Bilder eines Manns gesellen, der sich selbst jeglicher Würde beraubt hat – nur Jan Ullrich in seinem Rausch sah es anders und verschickte das Video an Dutzende seiner Kontakte. Nachdem Ullrich Wochen später in Frankfurt wegen Körperverletzung an einer Sexarbeiterin verhaftet wurde, machte es in allen sozialen Medien die Runde.

Warum Jan Ullrich wollte, dass man ihn so sieht, ist nur schwer zu erklären. War es vielleicht doch eine Art Hilferuf, obwohl er in dem Video mehrmals seine »Helfer« abkanzelte? Oder war es im Gegenteil eine Art ritueller Mord an seiner öffentlichen Person? Eine Hinrichtung jenes »Giganten« Jan Ullrich, der nach seinem Tour-Sieg 1997 in den Medien aufgebaut wurde, mit dem er über die Jahre immer wieder zu hadern hatte und den er schließlich zu hassen gelernt hat?

Wenn Bernd Thränhardt jenes Selfie-Video von Jan Ullrich anschaut, dann sieht er darin sich selbst. Vor ziemlich genau 20 Jahren war der Bruder des Weltklasse-Hochspringers Carlo genau da, wo Jan Ullrich war, als er in Mallorca jenes Video von sich drehte.

Thränhardt war nach und nach in die multiple Sucht hineingerutscht. Zuerst, erinnert er sich, war es nur Alkohol. Dann kamen Kokain und Ecstasy hinzu. Bis zu dem Punkt, an dem es außer Sucht in seinem Leben nichts mehr gab.

»Dein Körper ist etwas Fremdes«, sagt Thränhardt, »die Haut fühlt sich taub an, als hätte sie keine Verbindung zum Fleisch, den Nerven, den Knochen. Du weißt nicht, wie viele Tage vergangen sind. Realität und Wahn, Tag und Nacht, Schlafen und Wachen sind unentwirrbar verflochten.«

Auch Thränhardt hat damals eine Art öffentlichen Selbstmord begangen, wie er heute sagt. Für ihn waren es Fernsehinterviews, die er im Suff gegeben hat. »Wenn ich das heute sehe, das war ein anderer Mensch.« Ähnlich sieht sich Ullrich heute selbst, wenn er an diese Tage zurückdenkt. »Das war nicht ich.«

Den Impetus zur öffentlichen Selbstdemontage beschreibt Thränhardt so: »Du denkst dir, ich mache jetzt alles kaputt, weil ja eh alles scheißegal ist.« Es ist eine geheime Sehnsucht nach dem totalen Zusammenbruch, jenem Punkt, den Suchttherapeuten als »Rock Bottom« bezeichnen, ab dem es nur noch die Wahl zwischen dem realen Tod und der Umkehr zurück ins Leben gibt.

Doch wie konnte es so weit kommen?

Jan Ullrich zieht im Sommer 2016 von der Schweiz nach Mallorca. Er will einen Neustart für sich und seine Familie, will sich selbst entkommen, den Depressionen und regelmäßig auftauchenden Krisen, die ihn seit seinem abrupten Karriereende im Jahr 2006 plagen, aber auch den deutschen Medien, die ihm in der Schweiz immer noch zu nahe sind.

Guido Eickelbeck, der Ullrich schon kennt, seit beide Amateurrennfahrer waren und der auf Mallorca VIP-Radcamps betreibt, hilft Ullrich dabei, auf Mallorca Fuß zu fassen. Er vermittelt ihm eine Villa außerhalb von Palma. Fünf Hektar umfasst das Grundstück, es ist alles da, auch Pool und Hüpfburg für die Kinder. Direkt hinter dem Haus fängt das beliebteste Trainingsrevier für Radsportler in Europa an. Zehntausende von Amateuren und Profis kommen jedes Jahr hierher, nutzen das ganzjährig milde Klima und die malerische Landschaft, um sich in Form zu strampeln.

Anfangs, so erinnert sich Eickelbeck, hielt die Trauminsel Mallorca für Ullrich, was sie versprach. Ullrich radelte beinahe täglich über die Insel. Er fühlte sich gut, bei sich selbst, war ausgeglichen. Zusammen mit Eickelbeck begann er, ein Geschäft aufzubauen – Radsporturlaube für VIPs. Es machte ihm nichts aus, betuchte Hobbyradler über die Insel zu kutschieren, im Gegenteil. Es gefiel ihm, in einer Gruppe seinen Sport zu treiben, zusammen mit Menschen, die ihn schätzten.

Aber wie fast alles im Leben hat auch Mallorca eine Kehrseite, nämlich die Nachtclubs, die auf Ullrich eine unwiderstehliche Anziehung ausübten, Megaclubs wie das *Tito's*, wo rund um die Uhr Housepartys tobten und wo man nur die Hand nach Kokain ausstrecken musste. »Wenn du ein Suchtproblem hast«, so Guido Eickelbeck, »dann ist Mallorca das gefährlichste Pflaster der Welt.«

Anfangs standen noch die regelmäßigen Fahrradausfahrten zwischen Jan Ullrich und dem Abgrund der vollkommenen Selbstzerstörung. Doch im Sommer 2017 meldeten sich seine Kniebeschwerden wieder. Jene Beschwerden, die schon 1999 und 2002 eine Teilnahme bei der Tour de France verhindert hatten.

Ullrich tauchte immer seltener zu den täglichen Ausfahrten auf; stattdessen wurden die Nächte in den Clubs von Palma immer länger. Bald hatten die Drogen und der Alkohol Ullrich vollends im Griff.

Zunächst trug Ullrichs Frau Sara das alles noch mit. Sie hielt den Haushalt in Ordnung, kümmerte sich um die Kinder, doch als es mit Jan immer schlimmer wurde, zog Sara die Reißleine, verfrachtete die drei Jungs ins Auto, fuhr zum Flughafen und flog ins Allgäu zu ihrer Mutter.

Nun gab es für Ullrich keinen Grund mehr, auszunüchtern und sich den Gefühlen zu stellen, die ihn überkamen, wenn er sein Gehirn nicht mit Alkohol und Kokain zugedröhnt hatte. »Mein Lieblingsmensch war aus meinem Leben«, sagt er heute. »Es war ein Gefühl, als wäre die Sonne geplatzt.«

Wenn er nüchtern war, verfiel er in einen Zustand tiefer Depression. Da war die Leere in seinem Haus. Da war die Leere, die schon seit Jahren an ihm nagte, seit er nicht mehr für die Tour de France trainierte, bei der er sich vor Millionen von Zuschauern epische Schlachten mit seinen Konkurrenten lieferte, immer in einem Ausnahmezustand zwischen Euphorie oder Enttäuschung, vor allem aber immer in einer Gefühlsintensität, die das Leben normalerweise nicht bereithält. Und dann war da die Leere, die für Jan Ullrich wohl schon immer da war, die er sich kaum erklären konnte, die aber stets auf ihn wartete, wenn er zu sich kam.

Wenn er auf Koks und Alkohol war, war all das weg. Dann schwebte er durch die Nacht von Mallorca und fühlte sich wie der Superstar, der er mal war und der über alles Menschliche erhaben ist.

Immer hatte er Leute um sich herum. »Ich stelle mir ein neues Team zusammen«, sagte er einmal in jener Zeit. Dazu gehörte der undurchsichtige Gerd K., der Ullrich zu allerlei dubiosen geschäftlichen Unternehmungen verleitete, nicht zuletzt zur Vermarktung seiner Wunderheilmaschinen. Der ihn laut Guido Eickelbeck auch dazu zu bringen versuchte, ihm die Vollmacht über sein Vermögen zu erteilen. Dazu gehörte auch Jan B., ein ehemaliger Radprofi der zweiten Kategorie, um den schon zu seinen aktiven Zeiten seriöse Teams einen weiten Bogen gemacht hatten. »Die haben ihn total ausgenommen«, so Eickelbeck.

Es gab auch in dieser Zeit Rettungsversuche. Der wohlmeinende Guido Eickelbeck brachte Ullrich mit einem seiner Kunden zusammen, dem ehemaligen Wiener Boxpromoter und selbst ernannten Guru Richard Steiner. Steiner besuchte Ullrich, machte Boxtraining mit ihm, spülte seine Drogen die Toilette herunter. Er brachte ihn davon ab, während eines Kokain-Highs vom Dach zu springen, und schlug ihn laut Eickelbeck auch mal nieder. Aber im Kampf gegen die Drogen und den Alkohol hatte Richard Steiner letztlich keine Chance. Ullrich, so erinnerte sich Steiner in der Amazon-Doku, erschien im Vollsuff zum Boxtraining und brachte trotz alledem eine beeindruckende körperliche Fitness mit. »Man musste wirklich Angst vor ihm haben.«

Mindestens zwei Mal geleiteten Eickelbeck und Steiner Ullrich ins Krankenhaus in Palma und versuchten, ihn zur Ausnüchterung zu bewegen. Jedes Mal brachte Ullrich eine Tüte voll Tabletten mit. Auch Ullrichs neue Freundin, die Kubanerin Elizabeth Napoles, die er in einem Club in Palma traf und die es aufrichtig mit ihm meinte, kam letztlich gegen die Drogen nicht an. Nicht einmal seine Familie drang noch zu ihm durch. »Wir hatten Jan verloren«, sagt sein Bruder Stefan, der nach einem verzweifelten Hilfsversuch zutiefst frustriert und schockiert wieder von der Insel abreiste.

Jeder, der einmal in einer Sitzung der Anonymen Alkoholiker war, weiß, dass nichts auf der Welt den Abhängigen von seiner Droge trennen kann, wenn er es nicht will. Dass das Beste, was man für einen Abhängigen tun kann, ist, ihn fallen zu lassen. Erst wenn der Süchtige merkt, dass er alles verloren hat, hat er die Chance, sich für das Leben zu entscheiden. Til Schweiger – selbst kein Kind von Traurigkeit – hat das gesagt, nachdem er seinen randalierenden Nachbarn Ullrich verhaften ließ: »Das Einzige, was Jan helfen kann, ist, dass er zusammenbricht.«

Doch Jan Ullrich war noch nicht so weit. Nicht einmal, nachdem er in Palma de Mallorca aus der Untersuchungshaft entlassen wurde und gemeinsam mit Gerd K. in einem Privatjet nach Frankfurt flog, vermeintlich, um einen Neuanfang zu wagen.

Der Versuch scheitert schon kurz nach der Landung. Ullrich und Gerd K. nehmen ein Taxi nach Frankfurt-Sachsenhausen, um im Nobelhotel Villa Kennedy einzuchecken. Ullrich geht direkt an die Bar und feiert die Nacht durch, es werden Videos von ihm gemacht, wie er versucht, drei Zigaretten auf einmal zu rauchen. Es ist eine merkwürdige Obsession von ihm, dieses Rekordrauchen – so etwas wie eine Demonstration: Mit allen Mitteln zerstört er sich selbst, sein Körper aber, der den Gesetzen gewöhnlicher sterblicher Körper nicht gehorcht, gibt einfach nicht klein bei. Selbst die unglaubliche Menge von 700 Zigaretten an einem Tag überlebt er.

In den frühen Morgenstunden bestellt er sich ein Callgirl aufs Zimmer. Als er sie beschimpft, will sie das Zimmer verlassen, doch Ullrich lässt sie nicht gehen. Er wird handgreiflich. Mit Mühe und Not befreit sie sich und ruft die Polizei. Am Nachmittag desselben Tages wird Jan Ullrich in Frankfurt in die Psychiatrie eingewiesen.

Er ist ganz unten angekommen – Rock Bottom. Es ist das Ende einer Talfahrt, die zwölf Jahre zuvor ihren Anfang nahm.

II

VOR DIE TÜR GESETZT

Der 30. Juni 2006 ist ein strahlend schöner Sommertag im Elsass, und als Jan Ullrich im Winzerörtchen Blaesheim aufwacht, steckt er voller Tatendrang. Am nächsten Tag startet im nur 20 Minuten entfernten Strasbourg die Tour mit einem sieben Kilometer langen Prolog, und Jan Ullrich ist so stark wie schon lange nicht mehr. Nur eine Woche zuvor hat er überlegen die Tour de Suisse gewonnen.

Vielleicht hat sich Jan Ullrich an diesem Morgen auch an den Juli vor genau zehn Jahren erinnert. Es war sein erster Tour-Start, Ullrich war ein unbefangener Jungprofi, gerade einmal 22 Jahre alt. Niemand hatte große Erwartungen an ihn, außer vielleicht er selbst ein wenig. Er konnte unbeschwert auf die 3.765 Kilometer lange Strecke gehen, genießen, dass sich da so jung ein Traum für ihn erfüllt, und seiner überschäumenden jugendlichen Kraft freien Lauf lassen. Damals, bevor er für ganz Deutschland der »Jan« wurde, bevor vom Bundespräsidenten bis zur *BILD* jeder von ihm den Tour-Sieg erwartete, ja forderte. Als er einfach nur Radrennen fahren konnte. Es war das letzte Mal.

Doch ein wenig dieser Leichtigkeit war in diesem Jahr zurückgekehrt. Lance Armstrong war nach seinem ersten Rücktritt nicht am Start, Ullrichs Erzrivale, an dem er sich fünfmal die Zähne ausgebissen hatte. Gleich, wie fit er an den Start gegangen war, Armstrong war stets etwas fitter.

Und in den beiden vergangenen Jahren war es nicht nur Lance Armstrong gewesen, der an Jan Ullrich vorbeigeradelt war, sondern 2004 und 2005 auch der Italiener Ivan Basso. 2004 kam sogar noch sein Mannschaftskamerad Andreas Klöden vor ihm an.

Ullrich selbst machte sich daraus gar nicht so viel. Wie schon so oft am Ende der Tour de France, nahm er das Ergebnis so hin, wie es war, und neidete es denen nicht, die stärker waren. Schon gar nicht einem Freund und Teamkollegen.

In dieser Hinsicht war Ullrich ganz anders als sein Rivale Armstrong. Er war kein Killer, er wollte niemanden vernichten. Er war ein Sportsmann, einer, dem der Wettkampf wichtiger war als der Sieg. Das hatte er beispielsweise im Duell mit Armstrong bei der Tour de France 2001 gezeigt, neben 2003 das härteste Rennen, das er Armstrong je geliefert hatte. Bei der Zielankunft am Gipfel der letzten Pyrenäenetappe reichte Ullrich einem etwas verdutzten Armstrong die Hand, wie um die Freude darüber auszudrücken, dass die zwei zusammen so tollen Sport gezeigt hatten und dass es am Ende doch eigentlich egal ist, wer die Nase ein klein wenig vorn hat.

Von diesem Geist sicherlich noch immer beseelt, trat er an jenem Abend im Jahr 2001 vor die deutschen Pressevertreter. Ullrich wirkte mit sich und seiner Leistung zufrieden. Doch die anwesenden Journalisten waren anderer Meinung. Jeder der anwesenden »Radsportexperten« wusste, wo die falsche Taktik gewählt worden war, was Ullrich hätte in der Vorbereitung besser machen können und sollen, und überhaupt, jeder hatte eine Theorie, wie er, Ullrich, die Schlacht hätte gewinnen können, ja gewinnen müssen.

Dabei war er gerade in drei Tagen 500 Kilometer durch die Pyrenäen gefahren, hatte dabei zwölf Pässe überwunden und sich, wo er nur konnte, einem übermächtigen Rivalen mit aller Kraft entgegengestemmt. Und nun saß da eine Gruppe von Besserwissern, denen das alles nicht gut genug war. Eine Gruppe, die leider die öffentliche Meinung in Deutschland bestimmte und Ullrich darauf vorbereitete, was ihn erwarten würde, wenn er wieder nach Hause kam.

Zum dritten Mal nun nach 1998 und 2000 war da diese Enttäuschung, dass er »nur« Zweiter geworden war, eine Enttäuschung, die in Deutschland stets auch etwas von einem persönlichen Beleidigtsein hatte. So, als schulde Ullrich dem Publikum etwas, als hätte man Anspruch auf einen Tour-de-France-Sieg.

Doch jetzt, im Juli 2006, wirkte Ullrich so, als sei diese Schwere etwas von ihm gewichen, diese Zerrissenheit zwischen dem durchaus vorhandenen eigenen Ehrgeiz und dem trotzigen Unwillen, die Ansprüche anderer erfüllen zu müssen. Die Ansprüche der Fans, der Presse, eines Teamsponsors, dessen Markenidentität seit nunmehr zehn Jahren eng an die Person Ullrich geknüpft war, an seine Erfolge, an ein Bild von ihm, dem er schon lange nicht mehr entsprach. Wenn er das überhaupt je getan hatte.

Die Tour 2006 nun sollte Ullrichs letzte sein, der Rücktritt danach war bereits geplant. Er würde noch einmal eine große Show bieten, sich so gut verkaufen wie möglich, vielleicht gewinnen. Dann eine Tournee an Abschiedsrennen fahren und feiern und dem Sonnenuntergang entgegenradeln.

Für den Herbst war dann die Hochzeit mit seiner neuen Liebe Sara geplant, der Schwester seines Kumpels Tobias Steinhauser. Steinhauser, den er noch aus Amateurtagen kannte, war ihm ein Halt gewesen, als das Team Telekom ihm 2002 gekündigt hatte und er nicht wusste, wie es weitergehen sollte. Trainingslager mit ihm in Italien hatten Jan Ullrich den Mut gegeben, weiterzumachen und nach vorn zu schauen. Und dann war Steinhauser Teil von seinem spektakulärem Comeback 2003 gewesen, als Ullrich mit in der zusammengewürfelten Bianchi-Truppe Armstrong bis auf 60 Sekunden auf den Leib rückte.

Irgendwann in jener Zeit begannen sich auch Bande zu Sara Steinhauser zu entwickeln, sie wurde Teil des Neuanfangs nach der Krise von 2002, bei dem es schien, als habe Ullrich wieder zu sich selbst gefunden, mehr Kontrolle über sich und sein Schicksal gewonnen. Kurz, er schien ein Stück erwachsener geworden zu sein.

Seit der Tour 2003 sah die Öffentlichkeit Ullrich eher als den Weltstar auftreten, zu dem er geworden war. Dazu passten weder die brave Gaby aus Merdingen noch die dörfliche Enge des Schwarzwaldorts, in dem Ullrich lebte, seitdem er Profi geworden war. Die selbstbewusste und artikuliert erscheinende Sara schien da schon besser zu passen, ebenso wie die neue Villa am Schweizer Ufer des Bodensees, in der er seit 2004 mit Sara lebte.

Nun, nach seiner letzten Tour de France, sollte die Hochzeit mit ihr ein Startschuss in ein neues Leben bilden. Und diese Perspektive einer sportlichen Abschiedsgala bei der Tour und eines Neubeginns danach hatte Ullrich gelockert und motiviert. Viel früher als in vergangenen Jahren hatte er das Wintertraining begonnen und erschien fitter als in den bisherigen Pausen.

Im Winter hatte Ullrich bereits Trainingslager in Südafrika und auf Mallorca absolviert, anstatt, wie so oft, mit der Saisonvorbereitung erst Monate nach seinen Rivalen zu beginnen. Dann warf ihn sein altes Knieleiden vorübergehend zurück, er musste den geplanten Saisonstart verschieben. Bei seinem ersten Rennen, der Tour de Romandie im April, fuhr er noch hinterher. Doch dann wagte er es, sich dem Giro d'Italia zu stellen, eine Vorbereitungsstrategie, der er schon 2001 gefolgt war. Und wie 2001 schien er im milden italienischen Frühling des Jahres 2006 von Tag zu Tag besser in Form zu kommen. Das große Zeitfahren am elften Tag gewann er in jener überlegenen Manier, und mit jener Eleganz, die nur Ullrich zeigen konnte, wenn er in Schwung kam und sein Körper mit dem Sportgerät verschmolz.

Doch mitten in die letzte Woche des Giro platzten Nachrichten, die Ullrich eigentlich hätten aus der Bahn werfen müssen. Am 23. Mai, während in Italien die 16. Etappe von Rovato nach Trento lief, verhaftete die Guardia Civil in Madrid Manuel »Manolo« Saiz, den Direktor des spanischen Rennstalls Liberty Seguros, einen der großen Macher im Profirennsport. Zur gleichen Zeit wurden die

Büros eines Dr. Fuentes durchsucht, Unterlagen sichergestellt und der Arzt selbst in Gewahrsam genommen. Fuentes wurde vorgeworfen, bis zu 58 Radsportler mit illegalen Substanzen und Methoden einen Leistungsvorteil verschafft zu haben – und das seit Jahren.

Am selben Tag noch bekam Luuc Eisenga, der Sprecher von Ullrichs Mannschaft, einen Anruf von einem spanischen Radiosender, der um eine Stellungnahme bat. Im Zusammenhang mit den Verhaftungen in Madrid und den bei Dr. Fuentes sichergestellten Unterlagen sei auch der Name Jan Ullrich gefallen.

Eisenga setzte sich umgehend mit Christian Frommert in Verbindung, dem Mann des Sponsors T-Mobile. Frommert war für die Unternehmenskommunikation zuständig; bevor er auf die Unternehmensseite wechselte, war er 15 Jahre lang Journalist. Anders als die Leute, die direkt vom Team angestellt waren, so wie Eisenga, kam er nicht aus dem Radsport, er hatte keinen Stallgeruch. Dafür war der ehemalige Wirtschaftsjournalist durch und durch Medienprofi.

Frommert schaltete sofort auf Krisenkommunikation. Jan Ullrich mit einem möglicherweise positiven Dopingbefund, das war für das Unternehmen, das immerhin mittlerweile 12 bis 15 Millionen Euro im Jahr für den Radsport ausgab, der »Super-GAU«, wie Frommert sich später ausdrückte. Frommert wiederum rief sofort Rudy Pevenage an, den Sportlichen Leiter der Mannschaft und Jan Ullrichs Mentor. Von allen im Team hatte er den besten Zugang zu Ullrich, auf Pevenage hörte er.

Pevenage war es, der 2002 nach Ullrichs erstem Rauswurf aus dem Team Telekom zu ihm gehalten hatte. Er hatte gemeinsam mit Ullrich einen neuen Rennstall auf die Beine gestellt und 2003 mit ihm beinahe Armstrong besiegt. Und so war er zwangsläufig Teil des Pakets, das Telekom hinnehmen musste, um Ullrich 2004 zurückzubekommen.

Der kleine, bullige Pevenage hatte gemeinsam mit seinem Partner Walter Godefroot das Team Telekom aufgebaut. In den 1970er- und 1980er-Jahren waren sie neben dem alle überragenden Eddy Merckx die beliebtesten belgischen Rennfahrer. Pevenage hatte 1980 einmal neun Tage lang die Tour de France angeführt und schließlich das Grüne Trikot gewonnen. Godefroot war in den 70er-Jahren Merckx' großer Rivale bei den klassischen Eintagesrennen des Frühjahrs, wo er Merckx in denkwürdigen Duellen gleich mehrfach überflügeln konnte.

Godefroot und Pevenage waren in den frühen Tagen des Teams Telekom ein enges Gespann: Walter Godefroot als der Macher im Hintergrund, der sich um Verträge, Logistik und Strategie kümmerte; Rudy Pevenage hingegen war der Mann, der anpackte, der tagtäglich mit den Fahrern arbeitete. Doch Jan Ullrich spaltete das Duo. Ullrichs Neigung, sich in der Nachsaison gehen zu lassen und im Frühjahr mit einem riesigen Trainingsrückstand anzutreten, brachte Godefroot zur Weißglut. Er reagierte streng und äußerte auch nach außen hin seinen Unmut über die Kapriolen seines Stars. Pevenage hingegen fuhr eine sanftere Linie. Er neigte dazu, Ullrichs Ausbrüche auszubügeln und nachsichtig zu sein. So hielt er auch zu Ullrich, nachdem sich das Team 2002 von ihm trennte.

Pevenage war ein Schulterklopfer. Instinktiv hatte der schlitzohrige Belgier begriffen, dass die wahre Macht im Team bei Ullrich und nicht bei Godefroot lag. Das Team stand und fiel mit seinem Kapitän. Nicht zuletzt deshalb hatte Godefroot sich vor der Saison 2006 zurückgezogen. Der nach 2002 geächtete Pevenage hingegen saß wieder im Mannschaftswagen.

Godefroots Versuche, Ullrich Vorschriften zu machen, ihn auf Kurs zu bringen, das wusste Pevenage, sorgten nur dafür, dass er auf stur schaltete. Ullrich reagierte darauf stets allergisch. »Ich weiß selbst am besten, was ich brauche«, sagte Ullrich in einem Interview.

So wählte Pevenage einen anderen Weg und ließ Ullrich gewähren. Damit hatte er Erfolg. Mit dem eigenen Team, das Ullrich und Pevenage gegründet hatten, präsentierte sich Ullrich im Jahr 2003 so stark wie vielleicht noch nie. Man hatte tatsächlich das Gefühl, dass er befreit von den vielen Einengungen in der Konzerntruppe Selbstbewusstsein und Führungsqualitäten entwickelt hatte.

Als Ullrich dann 2004 erneut bei Telekom unterschrieb, konnten er und Pevenage die Bedingungen diktieren. Dazu gehörte, dass Ullrich seine Entourage mitbringen durfte – neben Pevenage waren das vertraute Fahrer wie Tobias Steinhauser oder seine Masseurin Birgit Krohme.

Diese Gruppe bildete nun bei T-Mobile ein Team im Team, an das eigentlich niemand mehr herankam. Ullrich und sein Stab bestimmten, was gemacht wurde, es wagte niemand, ihm zu widersprechen. Und Olaf Ludwig, der Walter Godefroot als Mannschaftsbesitzer beerbt hatte, machte es Ullrich wesentlich leichter als sein Vorgänger, der an Ullrich schier verzweifelt war.

Christian Frommert etwa erinnert sich daran, dass er erst bei Ullrichs Masseurin Birgit Krohme anfragen musste, wenn er während einer Rundfahrt abends einen wichtigen Fernsehtermin vereinbart hatte. Sie entschied, ob und wann Ullrich zur Verfügung stand. Nach Frommerts Einschätzung fielen solche Entscheidungen oftmals völlig willkürlich. Es ging darum, zu demonstrieren, wer die Macht in der Mannschaft hatte.

Noch während Ullrich beim Giro 2006 auf dem Rad saß und dem Etappenziel in Trient entgegenrollte, gab Pevenage ihm Frommerts Anweisungen durch. Ullrich sollte im Ziel das machen, was er eigentlich immer am liebsten machte: sich schnurstracks im Mannschaftsbus verkriechen, keine Interviews geben, keine Autogramme.

Am Abend telefonierte Frommert dann zum ersten Mal direkt mit Ullrich und fragte ihn, ob an den Gerüchten, er sei Kunde von Eufemiano Fuentes gewesen, etwas dran sei. Ullrich versicherte, dass er damit nichts zu tun habe, dass er den Mann nicht kenne. Ullrichs Intimus Pevenage bestätigte die Geschichte.

Drei Tage später, bei der 19. Etappe über den Passo di San Pellegrino, bekam Ullrich dann plötzlich Rückenschmerzen, und das, obwohl er am Vorabend im Etappenfinale noch eine Attacke lanciert hatte. Er ließ sich mehrmals zurückfallen, stieg schließlich vor dem Teamhotel, das praktischerweise an der Strecke lag, vom Rad und beendete den

Giro zwei Tage vor der Ankunft in Mailand. Die Spekulationen und Gerüchte um die Operación Puerto rissen derweil nicht ab. Ein Teil der sichergestellten Akten war an die spanische Zeitung *El País* geraten. Dokumente, die belegten, dass Dutzende Fahrer, die auch bei der Tour de France an den Start gehen würden, von Fuentes nicht nur mit dem Dopingmittel EPO versorgt worden waren, sondern von ihm Eigenblut injiziert bekamen.

Die Methode des Eigenblutdopings im Radsport geht bis in die 1970er-Jahre zurück. Der italienische Sportmediziner Francesco Conconi gab offiziell zu, Francesco Moser mit der Methode, die seinerzeit nicht illegal war, auf seinen Stundenweltrekord 1984 vorbereitet zu haben. Conconi hatte sich von seinem Kollegen Sandro Donati beraten lassen, der mit dem damals noch legalen Blutdoping seit 1981 sämtliche italienischen Sportler in den Ausdauersportarten präparierte. Später wandelte sich Donati zum entschiedenen Dopingbekämpfer.

Die Methode ist ebenso simpel wie genial. Man nimmt einem Athleten zu Beginn eines Trainingszyklus Blut ab und lagert es ein. Der Athlet trainiert, sein Körper gleicht das Defizit wieder aus. Kurz vor einem wichtigen Wettkampf, wie etwa der Tour de France, bekommt der Sportler dann sein Blut reinfundiert. Damit schießt die Anzahl seiner sauerstofftragenden roten Blutkörperchen kurzzeitig in die Höhe. Die Ausdauerleistung erhält einen »Boost«, vergleichbar mit einem zugeschalteten Turbo.

Seit Anfang der 1990er-Jahre war dieses vergleichsweise unappetitliche und auch nicht ungefährliche Verfahren jedoch wieder aus der Mode gekommen. Man hatte etwas Effizienteres und Sichereres entdeckt: Das Medikament EPO (Erythropoetin), eigentlich für Krebspatienten entwickelt, regt die Produktion roter Blutkörperchen an, ohne dass man die Risiken eingehen muss, die damit einhergehen, sich literweise Blut zuzuführen, das teilweise monatelang eingelagert war.

Doch Ende der 1990er-Jahre waren die Dopingfahnder den Athleten auf die Schliche gekommen. Spätestens seit den Razzien bei der

Tour de France 1998 war der weitverbreitete Gebrauch von EPO im Peloton aktenkundig. Ab dem Jahr 2000 konnte es dann im Urin nachgewiesen werden.

So griffen die Radsportler zunehmend wieder auf die alte Methode des Eigenblutdopings zurück. Und der Madrider Frauenarzt Eufemiano Fuentes spielte dabei eine zentrale Rolle: Fuentes hatte eine fundierte sportmedizinische Ausbildung und einen hervorragenden Leumund. 1984 hatte er als Berater der spanischen Olympiamannschaft zum Erfolg verholfen. Das verschaffte ihm den Zugang zur Elite des spanischen Sports. Bis zum Beginn der 2000er-Jahre arbeitete er als Mannschaftsarzt mit den spanischen Profiteams Once und Kelme zusammen und verhalf nicht zuletzt Pedro Delgado zum Tour-Sieg. Auch Kontakte zu den großen Fußballmannschaften FC Barcelona und Real Madrid wurden ihm nachgesagt. Er konnte in Spanien mit schamloser Offenheit operieren – die Sportverbände und Antidopingagenturen in Spanien waren dafür bekannt, alle Augen zuzudrücken. Das sprach sich auch im Feld der Profifahrer herum, und bald wurde, wer sich diskret und zuverlässig fit spritzen lassen wollte, Kunde von Eufemiano Fuentes.

In *Nichts als die Wahrheit* beschreibt Pevenage, wie er bereits im Jahr 2000 den Kontakt zu Fuentes herstellte, als Jan Ullrich nach einer durchwachsenen Tour versuchen wollte, das olympische Straßenrennen zu gewinnen. Pevenage, so berichtet er in seiner Autobiografie, kannte den spanischen Arzt noch aus seiner eigenen aktiven Karriere, als Fuentes in den 1980er-Jahren mit dem Histor89 Team zusammenarbeitete. Die Zusammenarbeit intensivierte sich jedoch erst, nachdem Ullrich und Pevenage in der Saison 2002/2003 Telekom verlassen hatten. Das Bundeskriminalamt ermittelte später, dass Pevenage, meist gemeinsam mit Ullrich, zwischen 2003 und 2006 Fuentes in Madrid 15 Besuche abgestattet hatte. In der Amazon-Dokumentation von 2023 behauptet Pevenage jedoch noch immer, dass er nie genau gewusst hatte, was Fuentes eigentlich mit den Sportlern machte: »Ich bin doch kein Mediziner.«

Nun also, knapp sechs Wochen vor der Tour de France, war Ullrichs Verbindung zu Fuentes aufgeflogen. Die spanische Tageszeitung *El País* meldete, es gebe eindeutige Beweise dafür, dass Ullrich und Fuentes zusammengearbeitet hatten. Die Guardia Civil hatte bei einem Mitarbeiter von Fuentes eine Visitenkarte von Pevenage gefunden, auf deren Rückseite sich handschriftliche Notizen fanden. Man weiß nicht genau, wie Ullrich darauf reagiert hat; welche Gespräche an jenem Abend im Teamhotel in Trient zwischen Jan Ullrich und Rudy Pevenage geführt wurden. Aber man kann es sich ungefähr denken.

Pevenage war mit allen Wassern gewaschen, er war seit 30 Jahren im Profiradsport. Er hatte die Dopingskandale kommen und gehen sehen. Den Festina-Skandal von 1998 etwa, der die Tour de France lahmlegte und von dem jeder behauptete, der Radsport würde sich von ihm nicht erholen. Oder den Artikel im *Spiegel* aus dem Jahr 1999, in dem ehemalige Fahrer ausgepackt und von systematischem Doping beim Team Telekom seit dem Jahr 1994 gesprochen hatten. Der Fall ging vor Gericht, der *Spiegel* handelte sich eine Unterlassungsklage ein. In der allgemeinen Team-Telekom-Euphorie und dem nationalen Wunsch nach einem zweiten Tour-Sieg Ullrichs verrauchte die Geschichte wieder. Die deutsche Öffentlichkeit war geblendet vom Glanz ihres neuen Sportidols und unwillig, Dinge zur Kenntnis zu nehmen, die das Idealbild ihres Heroen infrage stellten.

Das war im Jahr 2006 im Grunde noch immer so. Und so würde sich ganz gewiss auch dieser Skandal wieder verflüchtigen. Zur Sicherheit rief Pevenage jedoch Ullrichs Anwälte an, die sofort drohten, *El País* zu verklagen. Ein Schachzug ganz unmittelbar aus dem Repertoire von Lance Armstrong, über den es nicht nur Gerüchte, sondern handfeste Beweise gegeben hatte. Wie etwa die positiven Dopingtests von 1999, die der Sportzeitung *L'Équipe* 2005 zugespielt worden waren.

Und immer hatte Armstrong es geschafft, seine Beschuldiger einzuschüchtern und die öffentliche Meinung gegen sie zu drehen. Schließlich war er nach der Tour 2005 in den Augen vieler als unbescholtener Held in den Sonnenuntergang geradelt. Bei seiner Abschiedsrede auf den Champs-Élysées hatte Armstrong gesagt: »An alle Skeptiker und Zyniker da draußen, die nicht an den Radsport glauben, ihr tut mir leid. Es tut mir leid, dass ihr keine großen Träume mehr habt, dass ihr nicht an den Zauber glaubt.«

Ullrich, der in diesem Jahr Dritter geworden war, stand daneben und hing an Lances Lippen. Vielleicht ein wenig gerührt, ganz sicher aber beeindruckt von der Überzeugung, mit der Armstrong sich hier reinwusch und seine Kritiker demontierte. Einstweilen also waren diese Behauptungen aus Spanien kein Grund zur Aufregung. Man würde leugnen und sich auf die Rennvorbereitung konzentrieren; in der Zwischenzeit würde sich sicherlich alles in Luft auflösen.

So gab sich Ullrich in den folgenden Wochen unerschüttert und selbstbewusst. Christian Frommert erinnert sich, dass Ullrich so standhaft die Verbindung zu Fuentes leugnete, dass er auch ihn überzeugte. »Ich habe fast jeden Tag mit ihm telefoniert«, erzählt Frommert bei einem ausführlichen Interview in einem Frankfurter Café im Sommer 2019. »Und er hat jeden Tag gesagt: ›Nein, ich war es nicht.‹ Ich habe zu ihm gesagt: ›Hör zu, wenn du fällst, dann fällt das ganze Radsport-Engagement des Konzerns, 150, 200 Leute, Familienväter. Sag mir, dass du es wert bist, dass wir für dich kämpfen.‹ Die Antwort war: ›Ja, Christian, ich bin es wert.‹«

Im tiefsten Inneren, so glaubt Christian Frommert, fehlte Ullrich jegliches Unrechtsbewusstsein. Der später stets wiederholte Satz »Ich habe niemand betrogen« war nicht nur Floskel, sondern seine feste Überzeugung. Eine Überzeugung, die Jan Ullrich mit vielen seiner Kollegen teilte.

Wie etwa die Wall Street vor dem großen Crash von 2008, war auch der Radsport schon immer in einem moralischen Paralleluniversum zu Hause, abgekoppelt von den Normen der restlichen Gesellschaft. Doping war ein wohlgehütetes Betriebsgeheimnis. Die Außenwelt hatte das nichts anzugehen.

Und wer wollte es auch den Radsportlern verdenken? Die Show, die von ihnen gefordert wurde, war mit Training, selbst unter den neuesten wissenschaftlichen Aspekten, allein nicht zu erbringen. Wer eine solche Show trotzdem forderte, der durfte nicht so genau hinter die Kulissen schauen. Wählerische Konsumenten sind im Radsport fehl am Platz.

So ging Ullrich knapp 14 Tage nach dem Giro so unbelastet, wie man nun eben als Radsportler sein kann, bei der Tour de Suisse an den Start. Mit der Angst, ertappt zu werden, hat man als Radsportler zu leben gelernt, und die unmittelbare Gefahr schien für Ullrich erst einmal gebannt.

Die Rundfahrt durch die Schweiz geriet zu einem Schaulaufen für Ullrich. Mit der Form, die er vom Giro mitgebracht hatte, dominierte er die Rundfahrt so, wie Armstrong früher stets das Critérium du Dauphiné Liberté dominiert hatte, bevor er die Tour gewann. Er hielt im Hochgebirge mit den besten Kletterern mit und gewann das Zeitfahren souverän. Kein Zweifel – Jan Ullrich würde bei dieser Tour der Favorit sein.

So stieg Jan Ullrich nach dem Frühstück im Hôtel Au Bœuf, wo einst Bundeskanzler Helmut Schmidt und der französische Staatspräsident Valéry Giscard d'Estaing die deutsch-französische Freundschaft besiegelt hatten, in den Mannschaftsbus, um zur Teampräsentation am Golfplatz im nahe gelegenen Plobsheim zu fahren.

Hinter den Kulissen herrschte unterdessen bei der Teamleitung der Ausnahmezustand. Am Abend zuvor hatten Luuc Eisenga und Christian Frommert einen Anruf von Patrick Lefevere erhalten, dem Teamchef der Quick-Step-Mannschaft und damaligen Präsidenten der Vereinigung der Profirennställe. Er habe neue Informationen, ließ er das Team Telekom sowie alle anderen betroffenen Teams wissen, weitere Details aus den Operación-Puerto-Akten seien bekannt geworden. Der spanische Sportminister käme am nächsten Tag mit den Unterlagen angereist.

Niemand aus der Teamleitung von T-Mobile oder aus irgendeiner anderen der betroffenen Teamleitungen tat in dieser Nacht auch nur ein Auge zu. Fieberhaft versuchte man, an die Unterlagen zu kommen, bevor diese an die Öffentlichkeit gelangen sollten. Jeder wollte genau wissen, was gegen die Fahrer und Manager seines Teams vorlag, was man zu befürchten hatte und wie man sich darauf einstellen sollte.

Das Fax mit den bangend erwarteten Informationen erreichte Frommert und Eisenga erst um 9:23 Uhr am folgenden Morgen. Die Bühne auf der Terrasse des Golfhotels Kemperhof war schon für die Ankunft der neun Fahrer bereitet, Eisenga und Frommert hatten die gestärkten Hemden mit den Teamlogos auf der Brust angelegt, um den wartenden Journalisten das Tour-Aufgebot vorzustellen: Jan Ullrich und die acht Athleten, die ihm zum lang ersehnten zweiten Tour-Sieg verhelfen wollten.

Der Inhalt des Faxes brachte Christian Frommert jedoch in die wohl schwierigste Lage seiner damals noch kurzen Karriere als PR-Mann. Die Indizien gegen Ullrich und Pevenage darin waren eindeutig. Es handelte sich um Abschriften von Kurznachrichten und Telefonaten zwischen Rudy Pevenage und Eufemiano Fuentes, in denen, zwar codiert, aber unmissverständlich, Verabredungen zur Verabreichung von Eigenblutinjektionen getroffen wurden.

Ein Telefonat war am 18. Mai geführt worden, als Ullrich gerade das Zeitfahren beim Giro gewonnen hatte. »Heute hat eine dritte Person gewonnen«, berichtete Pevenage zufrieden. Zwei Tage später hörte die Guardia Civil dann folgendes Gespräch ab. »Ich habe mit einer dritten Person im Bus geredet. Diese dritte Person ist interessiert daran, mehr zu haben, auch wenn es nur die Hälfte ist.« Es handelte sich um die Bestellung eines Blutbeutels, den Pevenage dann auch umgehend zum Giro geliefert bekam. Das Gespräch kam von Pevenages Privathandy und war ihm somit eindeutig zuzuordnen. Ein Fehler, den er sich bis heute nicht verzeiht. Gewöhnlich hatte Pevenage für die Kommunikation mit Fuentes anonyme Prepaid-SIM-Karten verwendet. Doch an diesem Tag war sein Guthaben aufgebraucht, und er konnte auf die Schnelle keine neue Karte erwerben.

Frommert konnte nun unmöglich wie geplant die Teampräsentation abhalten, er musste handeln. Die Informationen waren nun öffentlich, es war nur eine Sache von Minuten, bis die ersten Journalisten sie in der Hand halten sollten.

Zuerst rief Frommert den Teamchef Olaf Ludwig an, der im Bus saß, und wies ihn an, sofort umzudrehen. Niemand brauchte Fernsehbilder von einem beschuldigten Jan Ullrich, wie er den Schock zu verarbeiten versucht. Dann kontaktierte Frommert den damaligen Finanzchef von T-Mobile René Obermann. Der wiederum delegierte die Entscheidung an Frommert zurück. »Ihr seid da näher dran«, hieß es aus Bonn. Also trat Frommert gemeinsam mit Eisenga vor die langsam ungeduldig werdenden Journalisten und ließ die Bombe platzen. »Jan Ullrich, Rudy Pevenage und Óscar Sevilla [der ebenfalls in den Dokumenten belastet wurde, Anm. d. Autors] werden mit sofortiger Wirkung suspendiert.«

Ullrich selbst hatte von all dem noch nicht die geringste Ahnung. Olaf Ludwig hatte es vermieden, den Fahrern zu sagen, warum die Teampräsentation vorläufig ausfiel und man erst einmal in das Hotel nach Blaesheim zurückkehrte. Ullrich warf seine Radmontur an, packte den Rollentrainer aus und begann ein leichtes Aufwärmtraining. Gegen Mittag jedoch wurde er unruhig und schickte Frommert eine SMS mit der Frage, was denn los sei. Frommert unterbrach kurzerhand ein Fernsehinterview und machte sich sofort auf den Weg zu Ullrichs Zimmer, um ihm persönlich die Botschaft zu überbringen. Ullrich muss seinen Ohren nicht getraut haben. Die Information ergab für ihn nicht den geringsten Sinn. Als Frommert die Tür hinter sich geschlossen hatte, riss sich Ullrich, noch immer auf der Rolle sitzend, das Netzhemd herunter, um seinen austrainierten Oberkörper vorzuzeigen, und schrie: »Schau mich an, ich bin in der Form meines Lebens, und ich fahr da morgen!«

Mittlerweile waren auch Rudy Pevenage, Ullrichs Manager Wolfgang Strohband und mit Bob Stapelton der designierte neue Teamchef für das kommende Jahr dazugekommen. Man schickte Jan Ullrich unter die Dusche, damit er sich sammeln konnte. Dann setzte man sich zusammen und entwarf eine Krisenstrategie.

Kurze Zeit später fuhr Pevenage in einem Teamfahrzeug vom Hof des Hotels, die Fenster waren geschlossen. Auf Ullrich wartete die stetig wachsende Pressemeute vor dem Hôtel Au Bœuf hingegen noch stundenlang. Irgendwann im Lauf des Nachmittags trat Ullrich dann auf den Innenhof des Fachwerkbaus und sagte, gefasst wirkend, die Sätze in die Mikrofone, auf die man sich mit Frommert und Strohband geeinigt hatte: »Ich bin in einem Schockzustand«, hieß es. »Dies ist der schlimmste Tag meiner Karriere. Ich fühle mich als Opfer.« Dann stieg auch er in sein Auto und verabschiedete sich für immer von der Tour de France.

FLOYD

Für den deutschen Zeitungsleser war die Nachricht von Ullrichs Entlassung, die am 21. Juli 2006 folgte, der endgültige Sargnagel nicht nur für Jan Ullrichs Karriere, sondern für die Tour de France und den Radsport insgesamt. Die Frankreich-Rundfahrt wurde in den Kommentaren abwechselnd als »rollende Apotheke« oder als »größte Farce seit der Erfindung von Aufputschmitteln« bezeichnet. Die Botschaft war klar – der Radsport ist durch und durch verdorben und keines Blickes mehr würdig. Wenn schon ein Idol wie Ullrich in Dopingmachenschaften verstrickt ist, wie schlimm muss es dann erst um den Rest des Sports bestellt sein?

An den französischen Landstraßen schien diese Botschaft vom Tod des Radsports jedoch nicht angekommen zu sein. Am Tag vor Ullrichs Entlassung hatten Hunderttausende Floyd Landis' Teufelsritt auf der 17. Etappe bejubelt, viele sprachen von der großartigsten Attacke in der Geschichte des Radsports. Die Operación Puerto schien Lichtjahre weit entfernt, keiner der Fans und nur wenige im internationalen Pressetross ließen sich von einem Generalverdacht gegen den Sport den Spaß verderben.

Noch am Vortag hatte Floyd Landis durch einen Schwächeanfall acht Minuten gegenüber dem Spanier Óscar Pereiro verloren. Nun stand die finale große Bergetappe der Tour auf dem Programm, die letzte Gelegenheit, große Zeitabstände gutzumachen. Er nahm all seinen Mut zusammen und griff 100 Kilometer vor dem Ziel an.

Nach kurzer Zeit hatte er die Fluchtgruppe erreicht, in der auch die beiden T-Mobile-Fahrer Patrik Sinkewitz und Andreas Klöden fuhren. Jener Patrik Sinkewitz, der ein Jahr später mit seinem eigenen Dopingskandal den endgültigen Niedergang des Teams T-Mobile herbeiführen würde.

Landis rauschte durch die Gruppe durch, als seien es Radtouristen, nur Sinkewitz konnte noch eine Weile folgen. Am Ende gewann Landis souverän die Etappe und war dem Träger des Gelben Trikots wieder bis auf eine Minute auf den Leib gerückt. Zwei Tage später machte Landis beim letzten Zeitfahren seinen Tour-de-France-Sieg perfekt.

Etwas mehr als ein Jahr später, im September 2007, trat Floyd Landis in seinem Haus in Kalifornien gegen die Vitrine, in welcher der Pokal stand, den er für den Tour-Sieg erhalten hatte, nahm die Trophäe und schmetterte sie gegen die Wand. »Ich musste mir selbst beweisen, dass ich dieses verdammte Ding nicht brauche«, sagte er später in einem Interview. »Ich hasste es, ich wollte es nicht. Ich hasste, was es aus mir gemacht hatte.«

Es waren Gefühle, die Jan Ullrich vermutlich sehr gut nachvollziehen kann.

Etwa eine Woche nach seinem Tour-Sieg bekam Floyd Landis ein Fax, in dem stand, er sei am Abend nach der epischen Etappe nach Morzine positiv auf Testosteron getestet worden. Landis war zu der Zeit in den Niederlanden, um Kriteriumsrennen zu fahren. Es war die übliche Tournee durch Europa nach der Tour, bei der die Helden durchs Land tingeln, sich den Fans zeigen und die Grundlage für die Vermarktung ihrer Erfolge in Frankreich schaffen.

Floyd Landis beschloss, sich mit seiner Frau Amber ins Auto zu setzen und nach Paris zu fahren, um sich dort mit Andy Rihs zu treffen, dem Chef seines Teams Phonak. Dort würde man die weiteren Schritte überlegen. Doch Landis wusste zu diesem Zeitpunkt bereits, dass es keinen guten Ausgang geben könnte. »Ich wusste, dass, gleich welchen Weg ich wählen würde, er hässlich sein würde. Ich war weder körperlich noch geistig darauf vorbereitet. Ich wollte nur weg. Der letzte Ort der Welt, an dem ich sein wollte, war Frankreich.«

An jenem Abend gab Landis der amerikanischen Presse per Telefon ein eigenartiges Interview. Noch hatte er sich nicht wirklich entschieden, ob er gestehen sollte oder nicht. Und so vollführte er einen veritablen Eiertanz. Auf die Frage, ob er tatsächlich gedopt habe, antwortete er: »Ich sage jetzt mal Nein. Das Problem, das ich hier habe, ist, dass die Öffentlichkeit eine bestimmte Vorstellung vom Radsport hat, basierend auf der Art und Weise, wie in der Vergangenheit die Dinge gelaufen sind, also sage ich jetzt mal Nein, wohl wissend, dass viele Leute meine Schuld annehmen werden, bevor ich eine Gelegenheit hatte, mich zu verteidigen.«

Kurz nach der Pressekonferenz bekam Floyd Landis dann einen Anruf seines ehemaligen Mannschaftskameraden Lance Armstrong. Armstrongs Kommentar: »So wird das aber nicht gemacht.«

In der Tat entsprach Landis' Reaktion nicht der Art und Weise, wie Armstrong Jahr um Jahr gegen Anschuldigungen vorgegangen war. Armstrong leugnete vehement und empört. Dann ging er zum Gegenangriff über und beschimpfte seine Beschuldiger als Feinde des Radsports und Zyniker. Nur wenige Hartgesottene ließen sich davon nicht einschüchtern, die Journalisten David Walsh und Paul Kimmage etwa. Letzterer führte mit dem Abstand einiger Jahre ein faszinierendes, siebenstündiges Interview mit Landis, das in voller Länge auf der Website des New Yorker Radclubs VeloCity nachzulesen ist.

Doch die Armstrong-Methode stand Landis nicht. Landis ist ein gutmütiger Junge aus einer strenggläubigen mennonitischen Familie in Pennsylvania. Bis heute begegnet er Menschen mit entwaffnender Offenheit und Vertrauensseligkeit. Landis ist kein Killer wie Armstrong.

Zudem, so sagte Landis gegenüber Kimmage, hätten ihm nicht die Mittel zur Verfügung gestanden, die Lance hatte. »Ich konnte nicht einfach bei Verbruggen anrufen und Tests verschwinden lassen.« Landis sprach einen aktenkundigen Vorfall an, bei dem Armstrong seine Beziehungen zum damaligen UCI-Präsidenten Hein Verbruggen spielen ließ, um ein positives Testergebnis verschwinden zu lassen. Im Gegenzug gab es eine großzügige Spende der Lance-Armstrong-Stiftung für die Dopingbekämpfung der UCI. Doch die Verflechtungen zwischen Verbruggen und Armstrong waren damit nicht zu Ende. Es war ein offenes Geheimnis im Radsport, wie eng die beiden waren und dass sie gemeinsame Pläne für den Radsport der Zukunft hatten, inklusive lukrativer Vermarktungsmöglichkeiten. Zudem verwaltete Armstrongs Intimus Thom Weisel, Mitbegründer von Armstrongs US-Postal-Mannschaft, einen nicht unbeträchtlichen Teil von Verbruggens Vermögen.

Landis verbrachte die nächsten Wochen nach seiner Rückkehr in die USA damit, darüber nachzudenken, was er tun solle. Sein Weggefährte Jonathan Vaughters, ehemaliger Mannschaftskamerad Armstrongs und nun selbst Chef eines Radsportteams, riet ihm, zu gestehen, aber dabei nur bei sich zu bleiben. Doch das erschien Landis unmöglich. »Ich konnte nicht nur über mich sprechen und die ganze Last auf meine Schultern nehmen. Wenn, dann musste ich über das ganze System sprechen.« Und damit hätte er nicht nur eine offene Fehde mit Armstrong riskiert, sondern auch Menschen mit in den Abgrund ziehen müssen, die ihm nahestanden.

Auch mit dem damaligen UCI-Präsidenten Pat McQuaid sprach Landis. Und auch McQuaid, so Landis später, habe ihm zum Geständnis geraten. Die Motivation des Ratschlags war jedoch weniger eine Aufklärung über das systematische Doping im Peloton. Der Unterton, so Landis, war eher: »Du bist das Bauernopfer. Akzeptiere es und nimm die Strafe wie ein Mann.« Doch Landis war dazu nicht bereit, also entschied er sich für den Gegenangriff.

Gemeinsam mit Thom Weisel, dem Financier aus San Francisco und Armstrong-Intimus, gründete er den »Floyd Fairness Fund« und sammelte Gelder für seine Verteidigung. Er tingelte kreuz und quer durch die USA und präsentierte Indizien, die belegen sollten, wie schlampig und unzuverlässig das französische Dopinglabor gearbeitet hatte. Und er schrieb ein Buch.

In der Zwischenzeit ging nach und nach Landis' Privatleben den Bach runter. »Ich beschäftigte mich 24 Stunden am Tag mit meiner Verteidigung, hing in Rechtsanwaltsbüros rum und soff Whiskey.« Immer mehr entfremdete er sich von seiner Frau, bis die Ehe schließlich zerbrach.

Im Nachhinein versteht Landis, dass diese Zeit nur ein vergebliches Aufbäumen gegen das Unvermeidliche war. Es war ein Kampf gegen Windmühlen. Landis wollte den Radsport, der bis dahin sein Leben bestimmt hatte, nicht verlieren. Er kämpfte dagegen, vor dem Nichts zu stehen, abgetrennt von allem, was ihm je etwas bedeutet hatte, isoliert und geächtet nicht nur von der breiten Öffentlichkeit, sondern auch vom Radsport selbst. Doch Landis konnte das Unvermeidliche nicht verhindern. Er verlor den Prozess gegen die Dopingsperre, und auch die Berufung vor dem Internationalen Sportgerichtshof scheiterte. Der Weg zurück in den Sport blieb ihm verwehrt.

Alle Anfragen bei größeren Teams nach Absitzen seiner Dopingsperre wurden abgelehnt. Landis war ein Unberührbarer geworden in dem Sport, der ihm doch das systematische Doping beigebracht hatte.

Besonders schmerzte die Ablehnung von Lance Armstrongs Discovery-Team. Armstrong war gerade dabei, sich auf sein Comeback vorzubereiten, und Landis, der ihm bei seinem Tour-Sieg gegen Ullrich 2004 der produktivste Helfer gewesen war, wäre eine offensichtliche Wahl gewesen.

Doch Teamchef Johan Bruyneel machte deutlich, dass es keinen Weg zurück gab. Derselbe Bruyneel, der generalstabsmäßig Flüge nach Spanien zu Dr. Fuentes' Kollegen Luis Garcia Del Moral organisiert hatte, um Blutkonserven abzugeben.

Jörg Jaksche charakterisiert diese Mentalität im Radsport so: »Es wird oft gesagt, der Radsport sei wie die Mafia, es herrsche eine Omertà. Aber das stimmt nicht, der Radsport ist schlimmer als die Mafia. Wenn bei der Mafia einer etwas auf sich nimmt, wird er geschützt und entschädigt. Im Radsport zeigen dieselben Typen mit dem Finger auf dich, die dir vorher die Nadel in den Arm gesteckt haben.«

Landis fand schließlich doch noch eine Mannschaft, das Team Rock Racing des Modefabrikanten Michael Ball, das sich das Image einer Punk-Truppe gab. Ball versuchte, Aufmerksamkeit auf sich zu ziehen, in dem er provozierte, und gab überführten Dopern eine zweite Chance: Floyd Landis, Tyler Hamilton, Óscar Sevilla.

Die Rückkehr in den Rennzirkus half Landis: »Es gab mir etwas zu tun. Ich konnte mir kleine Ziele stecken. Ich fühlte mich wieder wie ein Mensch.« Vorher war er von einem Abgrund in den nächsten gestürzt, sein Leben war zu einem Meer aus Verzweiflung geworden. »Ich konnte mich gar nicht mehr daran erinnern, wie es war, sich wohlzufühlen.« Wochenlang zog sich Landis in die Berge von Kalifornien zurück und soff. Selbstmord kam ihm mehr als einmal in den Sinn.

Als Rock Racing gesperrt und Landis aus dem Testprogramm der UCI genommen wurde, was einer erneuten Sperre gleichkam, war er dann endlich so weit, sich aus dem Radsport zu verabschieden. »Es gab da nichts mehr für mich.« Also beschloss er, endlich die Wahrheit zu sagen, schonungs- und rückhaltlos. Rund vier Jahre nach seiner Suspendierung.

Das volle Geständnis war schwer, unmittelbar nach zwei Interviews mit dem Wall Street Journal erfasste Landis Panik. Er wusste genau, dass das, was in den Medien ankam, nur unvollständig sein konnte und von Menschen, die ihm wichtig waren, vielleicht falsch aufgefasst werden würde. Und er wusste, dass Lance Armstrong seine Aussagen mit all seiner Macht und seinem Geld anfechten würde. »Ich konnte mich nur zurücklehnen und hoffen, dass ich das Richtige getan hatte.« Und doch merkte Landis, dass es ihm nach dem Geständnis allmählich besser ging. In der Öffentlichkeit zu stehen, ohne lügen zu müssen, wirkte wie eine Befreiung von einer jahrelangen Last. Es bedeutete, überhaupt wieder im Leben stehen zu können, sich wieder als Mensch zu fühlen.

Für Landis hieß das jedoch auch, sich von seiner Radsportkarriere zu verabschieden, von den Erfolgen und den vermeintlich guten Zeiten, die ein Leben lang seine Identität ausgemacht hatten. Mit dem symbolischen Zertrümmern der Tour-de-France-Trophäe hatte er begonnen, sein Leben als Radsportler zu zerstören. Beides war für Landis nicht möglich – sich weiterhin selbst als ehemals erfolgreichen Radsportler zu verstehen und gleichzeitig der ganzen Wahrheit über den Sport in die Augen zu schauen.

Im Jahr 2016 kehrte Landis noch einmal als Zuschauer zur Tour de France zurück. Er wollte prüfen, ob ihm dieses Rennen noch etwas bedeutete. Doch als er an der Strecke stand und beobachtete, wie das Peloton an ihm vorbeirauschte, spürte er gar nichts. »Es war so, als würde ich mir ein Formel-1-Rennen anschauen. Ich dachte nur: Schau mal, die fahren ein Rennen.«

III

PUBLIC ENEMY NO. 1

Am Tag nach Ullrichs Suspendierung herrschte im Pressesaal der Tour in Strasbourg Ausnahmezustand, insbesondere unter den deutschen Journalisten. Jan Ullrichs Rausschmiss war weitaus mehr als nur die Folge eines starken Dopingverdachts gegen einen Radsportler. Es war der Sturz einer nationalen Symbolfigur.

Jan Ullrich überragte in den späten 1990er-Jahren in Deutschland alle anderen Individualsportler um Längen. (Steffi Graf rang mit Verletzungsproblemen und den Skandalen um ihren Vater, Michael Schumacher kämpfte nach dem Wechsel zu Ferrari mit dem neuen Auto.) Ullrich setzte mit seinem Tour-Sieg – der erste eines Deutschen – ein Zeichen, vergleichbar nur mit Boris Beckers erstem Wimbledon-Sieg. Es war ein Meilenstein im endlosen Streben der Deutschen nach Weltgeltung, einem Streben, das mit dem Fußballweltmeistertitel von 1954 begonnen hatte.

Nun hatte man Wimbledon im Tennis erobert, die Fußball-WM, die zeitgleich zur Tour 2006 das deutsche »Sommermärchen« schrieb, insgesamt drei Mal gewonnen; Michael Groß hatte Schwimmmedaillen und Michael Schumacher Formel-1-Titel gesammelt, und Henry Maske war Boxweltmeister. Die Tour de France hingegen war Neuland, die vielleicht schwerste Prüfung, die es im Sport gibt, und noch dazu ein nationales Kulturgut im Nachbarland Frankreich, mit dem wenigstens im Sport noch die jahrhundertealte Rivalität fortwirkte. Dazu passte, dass Ullrich 1997 den französischen Kletterkönig Richard Virenque besiegt hatte.

Hinzu kam, dass Ullrich seinerzeit als Werbeträger für das vormalige Staatsunternehmen Telekom das neue, wiedervereinigte Deutschland repräsentierte. Die eine Hälfte seiner Mannschaftskameraden kam aus dem Osten, die andere Hälfte aus dem alten Westen. In diesem Team war scheinbar geglückt, was anderswo im deutschen Sport nicht so recht gelingen wollte – die erfolgreiche Vereinigung der beiden deutschen Sportsysteme im rosaroten Trikot des Kapitalismus. So wurde Jan Ullrich zur Verkörperung des Selbstverständnisses der neuen Berliner Republik: jung, dynamisch und unbesiegbar. Ullrich verwandelte die alte, muffige Deutsche Bundespost in ein Highspeed-Business mit Sex-Appeal für Börsenspekulanten.

Schon durch Ullrichs Suspendierung 2002 nach seiner Münchner Disco-Affäre hatte dieses Bild von ihm, dem er selbst nie wirklich entsprechen konnte, Kratzer bekommen. Doch als der deutsche Radsportheroe 2003 im türkisgrünen Gewand des improvisierten Teams Bianchi wieder auferstand, war das alles vergessen. Die Fans, die immer einen Platz in ihrem Herzen für ihn frei gehalten hatten, umarmten ihn wieder vorbehaltlos. Die Presse bejubelte den epischen Kampf, den Ullrich Armstrong im Jahr 2003 geliefert hatte, als eine der großartigsten Frankreich-Rundfahrten aller Zeiten. Und der Telekom-Konzern ließ bei Vertragsklauseln zu Dopingtests fünfe gerade sein und buhlte wieder um den deutschen Nationalliebling.

Doch die Operación Puerto, das schien von Anfang an klar, war eine Katastrophe. Davon würden sich ganz gewiss weder Ullrich noch sein Team und der gesamte Radsport erholen können. So wurden noch am Tag vor dem Prolog in Strasbourg, während Ullrich im Auto in Richtung Schweiz unterwegs war, Nachrufe auf seine Karriere geschrieben. Dabei schwang stets der Unterton der persönlichen Enttäuschung mit.

Bei *Spiegel Online* wurde Ullrich noch liebevoll als »Volksheld und Sorgenkind« bezeichnet. Die *FAZ* meinte, Ullrich habe »nichts verstanden«. Die *BILD* forderte: »Herr Ullrich, beantworten Sie endlich diese drei Fragen: 1. Haben Sie mit Blutdoping manipuliert?

2. Haben oder hatten Sie jemals direkt oder indirekt Kontakt zum Dopingarzt Fuentes? 3. Warum machen Sie keinen DNA-Test?«

Der *Spiegel* schickte sofort seine Rechercheure nach Madrid, um dort der Klinik von Dr. Fuentes und deren Machenschaften auf die Spur zu kommen. Das war wunderbarer Stoff für eine *Spiegel*-Reportage. Es gab enge Gassen und Hinterhöfe, wo sich ein finsterer Drahtzieher verbarrikadiert hatte, der praktisch im Alleingang den systematischen Betrug im gesamten Radsport organisierte. Es gab Decknamen wie »Bella« für Jörg Jaksche, der auf den Namen seiner Hündin zurückging, oder eben »Hijo de Ridicio« – Sohn des Rudy – für Ullrich. Es gab verschlüsselte Anrufe und geheime Treffen und dann schließlich eine groß angelegte Untersuchung der Guardia Civil. Und dann war da noch ein geheimnisvoller Whistleblower bei der spanischen Justiz, der nach und nach Dokumente an die Presse herausgab.

Für den Heidelberger Molekularbiologen Werner Franke, einen der exponiertesten Dopingjäger in Deutschland, bestätigte die gesamte Affäre, was er ohnehin zu wissen glaubte, nämlich dass der Radsport durchweg ein kriminelles Milieu darstelle. »Wer einen Hang zum Kriminellen hat, der soll sich die Tour anschauen. Denn kriminell zu kriminell, das hat im Leistungssport schon Jahrzehnte gepasst«, gab er später in der *FAZ* zum Besten.

Nach deutschem Recht war die Bezeichnung »kriminell« zu diesem Zeitpunkt noch uneindeutig, und sämtliche nachfolgenden Versuche, Ullrich strafrechtlich zu belangen, nicht zuletzt auch durch Franke, versandeten. Aber immerhin waren Ullrich und seine Kollegen spanischen Fahndern ins Netz gegangen. Und auch in Frankreich gab es ein Antidopinggesetz, nach dessen Statuten er hätte zur Verantwortung gezogen werden können.

Nun plötzlich, über Nacht quasi, in der kriminellen Ecke gelandet zu sein, nachdem er noch am Vortag die Nation auf der Jagd nach erneuter Tour-Glorie hinter sich wähnte? Es war ein unfassbares Schockerlebnis für Jan Ullrich. In den wenigen Statements, die er in den kommenden Wochen von der Schweiz aus gab, war immer wieder zu lesen, er habe doch schließlich niemanden umgebracht und niemanden bestohlen.

Diesen Schock hatten vor ihm schon zahlreiche Radprofis durchgemacht. Als bei der Tour 1998 die französische Polizei unter der kommunistischen Sportministerin Marie-George Buffet beschloss, Razzien bei den Teams durchzuführen und Fahrer in Untersuchungshaft zu nehmen, zerbrachen einige beinahe daran. Unvergessen sind die Auftritte von Alex Zülle und Richard Virenque nach deren Verhaftung, als sie vor den Kameras in ein herzerweichendes Schluchzen ausbrachen.

Auch Jörg Jaksche, der bei der Operación Puerto unter Verdacht geriet und mit seiner gesamten Mannschaft suspendiert wurde, berichtet von dem tiefen Schock, wenn man es plötzlich mit Behörden und Staatsanwälten zu tun bekommt. Wie seine Kollegen, hatte Jaksche zwar stets in der Angst gelebt, durch einen positiven Test seinen Job zu verlieren. Aber als Straftäter behandelt zu werden, war ihm niemals als Möglichkeit in den Sinn gekommen. So sahen sich die Radprofis nicht, auch wenn sie genau wussten, dass sie die Regeln des Sports missachteten. Beim Sponsor T-Mobile liefen derweil die Köpfe und die Drähte heiß. In den nächsten Wochen wurde Christian Frommert das Gesicht eines Konzerns, der verzweifelt versuchte, einen Imageschaden abzuwenden. Vom *Morgenmagazin* bis zu den *Tagesthemen* versuchte Frommert, der deutschen Öffentlichkeit zu vermitteln, wie ihr Held so tief stürzen konnte, und ihr schmackhaft zu machen, warum sie nun trotzdem weiter die Tour schauen solle, weil dort ja schließlich noch immer sieben Mann im Magenta-Trikot auf dem Rad saßen.

Die erste Sprachregelung nach außen, die man bei T-Mobile fand, lautete, Jan Ullrich Zeit zu geben, sich zu erklären, bevor man eine endgültige Entscheidung über das Beschäftigungsverhältnis träfe. In der Zwischenzeit werde man im Glauben an den grundsätzlich guten und reinen Radsport weiterhin bei der Sache bleiben und Konzepte ausarbeiten, wie man öffentlichkeitswirksam zur Reform des verdorbenen Sports beitragen könne.

Gleichzeitig war Frommert in ständigem Kontakt mit Jan Ullrich und dessen Umfeld, seinem Manager Wolfgang Strohband, Rudy Pevenage und seinen Anwälten. In seinen Memoiren behauptet Frommert, er habe Ullrich dazu gedrängt, reinen Tisch zu machen, zuzugeben, was zuzugeben ist, eine Buße hinzunehmen und dann als geläuterter Sünder wieder in die Öffentlichkeit, ja vielleicht sogar in den Radsport zurückzukehren.

Beinahe, so Frommert, habe er Ullrich so weit gehabt. Doch Ullrich sei schlicht falsch beraten gewesen. »Mir sind die Hände gebunden«, sagte Ullrich Frommert am Telefon. Aus Angst vor Regressforderungen und Sorge um zukünftige Vermarktbarkeit hatte sich das Camp Ullrich für eine Mauertaktik entschieden.

Wie es Jan Ullrich selbst in diesen Wochen ging, das erfuhr man erst viele Jahre später. In der Amazon-Doku gestand er, dass dies die schlimmste Zeit seines Lebens gewesen sei. Das Einzige, was ihn damals aufrechterhalten hätte, seien seine Partnerin Sara sowie ihre bevorstehende Hochzeit gewesen. »Ansonsten war ich plötzlich isoliert von allen meinen Freunden und sah mich nur von Anwälten umgeben. Ich hatte keine Ahnung mehr, wo mir der Kopf steht.«

Wie Floyd Landis war Jan Ullrich in dieser Zeit hin- und hergerissen zwischen dem Bedürfnis, reinen Tisch zu machen sowie sich zu befreien, und den Ängsten vor den Folgen. Später erklärte Ullrich dann das beharrliche Leugnen für sich so: »Wenn ich es nur für mich zugegeben hätte, hätte ich allein am Pranger gestanden. Und andere Leute mit hineinziehen wollte ich auch nicht.« Dieselbe Überlegung stellte auch Floyd Landis an. Erst als sein ehemaliger Teamkapitän Lance Armstrong das Comeback verhinderte, sah sich Landis deshalb dazu bereit, rückhaltlos die volle Wahrheit zu sagen. Ein Schritt, den Ullrich bis heute nicht gewagt hat, auch nicht in der Amazon-Doku.

Nachdem für T-Mobile nun klar wurde, dass es von Ullrich wohl kein Geständnis geben würde, sah man im Konzern nur noch einen Ausweg. Am 21. Juli ging ein Fax an Jan Ullrich hinaus, sein Vertrag werde mit sofortiger Wirkung gekündigt. Dieses Fax, wiederholte Jan

Ullrich später immer wieder, habe ihn zutiefst geschmerzt. Nach all den Jahren zusammen, nach den gemeinsamen Höhen und Tiefen, bei denen er für den Konzern möglicherweise Milliarden an Wert geschöpft hatte, fühlte er sich zu einer Faxummer degradiert. »Das war unmenschlich«, sagte er später. »Das Mindeste wäre doch gewesen, dass man sich mit mir hinsetzt und gemeinsam eine Lösung sucht.«

Noch im Jahr 2002, nach seinem Disco-Zwischenfall, war das anders gewesen. Da hatte der damalige Leiter für den Zentralbereich Sportmarketing, Content und Markenführung beim Telekom-Konzern, Jürgen Kindervater, persönlich einen Rückzug in die USA organisiert und Ullrich Teamsprecher Matthias Schumann zur Seite gestellt. In den USA traf Ullrich den späteren Teamchef Bob Stapleton, CEO der T-Mobile-Tochter VoiceStream (heute T-Mobile US), der sich dort um ihn kümmerte.

Doch solche Fürsorglichkeit hatte Ullrich nun verspielt. Nicht einmal sein direkter Arbeitgeber, Teambesitzer Olaf Ludwig, der zu Ullrichs Anfangszeiten noch ein Teamkollege gewesen war, meldete sich. Auf entsprechende Journalistenanfragen entgegnete Ludwig, er habe sich in Frankreich um die Fahrer zu kümmern, die am Start seien. Das Ullrich-Thema lenke doch nur von den tollen Erfolgen ab, welche die Restmannschaft erbrachte.

Das Fax aus Bonn war für Ullrich ein Schock. Das war eine gänzlich andere Umgangsweise als die väterliche und fürsorgliche Behandlung durch den Konzern im Jahr 2002. Nun musste Ullrich auf die harte Tour erfahren, dass Unternehmen wie Telekom Sportsponsoring nicht aus Menschenfreundlichkeit, sondern aus knallhartem Eigeninteresse betreiben. Jan Ullrich war nicht länger tragbar. Noch im Juli 2006 hatte T-Mobile Ullrich eine Abfindung von 250.000 Euro bezahlt. T-Mobile Marketingvorstand Ulrich Gritzuhn gab gegenüber dem BKA zu, dass man nicht warten wollte, ob Ullrich schuldig gesprochen wird oder nicht. Man wollte ihn einfach nur so schnell wie möglich loswerden.

JÖRG

Es ist Hochsommer des Jahres 2019 in München, der Himmel ist königsblau, die Eisdielen haben Hochbetrieb. Die kleine Bar Centrale in einer engen Gasse in der Nähe des Viktualienmarkts hat Tische auf den schmalen Bürgersteig gestellt. Sie sind schwer umkämpft zur Mittagszeit, die Trattoria ist ein beliebter Lunch-Spot.

An den Wänden des Innenraums hängen historische Radsportfotos, Fausto Coppi am Tourmalet 1949, Gino Bartali am Stelvio 1946. Doch das ist nicht der Grund, warum Jörg Jaksche gern zum Essen hierherkommt, wenn er mal eine Stunde von seinem Schreibtisch bei einer nahe gelegenen Investmentbank loskommt. Er mag das Essen und das Ambiente, die beide authentisch sind und ihn an seine Zeit in der Toskana erinnern, wo er lange gelebt hat. Und natürlich genießt er es auch ein klein wenig, dass sie ihn hier noch als Radprofi erkennen und ihn überschwänglich begrüßen.

Das sind kurze Momente, in denen Jaksche noch einmal in jene Identität hineinschlüpfen kann, die er eigentlich längst hinter sich gelassen hat. Aber das Feuer ist noch nicht ganz erloschen, die Erinnerung lässt in dem ehemaligen Radprofi eine wohlige Nostalgie aufsteigen. Sommer, Sonne, Italien, sorglos den ganzen Tag Rad fahren und dann in einer Trattoria wie dieser den Abend genießen.

Doch ansonsten ist Jaksche voll und ganz in seinem neuen Leben angekommen. Er ist erfolgreicher Banker, es geht ihm gut. Auch wenn er ganz gern darüber klagt, dass er oft zwölf Stunden am Tag vor einem Computer sitzt. Zwölf Stunden Fahrradfahren wären ihm eigentlich immer noch lieber.

Jörg Jaksches Radsportkarriere endete am selben Tag wie die von Jan Ullrich. Und sie endete genauso jäh und brutal. Auch Jaksche wurden Verbindungen zu Dr. Fuentes nachgewiesen, sein Deckname in den Akten der Operación Puerto war »Bella« – der Name seiner Hündin. Er war einer von vier Fahrern seines Teams Liberty Seguros, die von der Tour-Direktion vor dem Tour-Start 2006 suspendiert wurden. Mangels Personal wurde das restliche Team dann auch nicht mehr zum Start zugelassen. Teamchef Manolo Saiz saß zu diesem Zeitpunkt bereits in Madrid im Gefängnis.

Wie für die meisten Fahrer, die so unvermittelt aus ihrem Leben herausgerissen und geächtet wurden, begann für Jaksche eine harte Zeit. Die härteste seines Lebens. Zuerst war da die Angst. »Ich hatte tierisch Schiss, in den Knast zu wandern.« Dann kam die Depression. An seine Familie konnte Jaksche sich in dieser Lage nicht wenden, das Verhältnis zu seinen Eltern war schon lange angespannt. Der gutbürgerliche Haushalt in Mittelfranken, dessen »Lebenskonstrukt« Jaksche heute noch als »eng« bezeichnet, hatte Jaksches Berufswahl niemals ein positives Bild abgewinnen können. Radprofi zu werden, war für Jaksche eine Rebellion, und nun schienen sich die Vorbehalte der Eltern zu bestätigen, dass das Milieu, das ihr Sohn gewählt hatte, unseriös war. Also zog sich Jaksche nach Italien zurück zu dem Mann, dem er am meisten vertraute: Luigi Cecchini.

Der Sportphysiologe Cecchini war ein Mann, dem scheinbar alle im Peloton vertrauten. Jan Ullrich arbeitete mit ihm, Bjarne Riis hatte mit ihm gearbeitet, Tyler Hamilton hatte sich ihm anvertraut, ebenso Gianni Bugno, Fabian Cancellara und Mario Cipollini. Cecchini war kein Fitspritzer wie Fuentes. Cecchini war ein Mentor, ein Guru. Die Radprofis gingen in seiner Villa bei Lucca ein und aus, sie gehörten zur Familie. Seine Einstellung zum Radsport, über Jahrzehnte gewachsen, war fast schon philosophisch.

Beim Thema Doping war Cecchini eher konservativ. Er akzeptierte es als notwendigen Teil des Geschäfts, aber er riet seinen Schützlingen, vorsichtig damit umzugehen. Zu Tyler Hamilton sagte er, er solle sich aus dem riskanten und stressigen Rüstungswettlauf um das neueste Wundermittel heraushalten. Anabolika, Insulin, Testosteron – das war nicht seine Welt. Cecchini verstand die Lage, in der Jaksche war, mit ihm konnte Jaksche offen reden. Weil Cecchini keinem Team angehörte und vom alltäglichen Fieber des Radsports unbelastet war, sah er die Dinge auf eine entspannte Art, die innerhalb des Betriebs niemand sonst aufbrachte. So entschloss sich Jörg Jaksche nach langen Gesprächen mit Cecchini rasch zu einem Schritt, für den andere wie Floyd Landis, Lance Armstrong oder Jan Ullrich Jahre brauchten: Er wollte auspacken.

Kurz vor der Tour 2007 legte Jaksche in einem Exklusivinterview mit dem Spiegel *ein volles Geständnis ab. Dabei hielt er mit Namen nicht hinter dem Berg. Alle Teammanager, die Doping angeordnet hatten, alle Zuarbeiter und Hintermänner, das gesamte verlogene System.*

Zum Teil war Jaksche von Zorn getrieben. Die Reaktionen auf die Operación Puerto hatten ihn angewidert. Seine Teamleiter, dieselben, die ihn zu Fuentes geschickt hatten, hatten von den Fahrern verlangt, in eidesstattlichen Erklärungen zu behaupten, dass sie nie etwas mit diesem Mann zu tun gehabt hätten. Teamchefs wie Bjarne Riis, Patrick Lefevere und Hans-Michael Holczer, die laut Jaksche selbst in ihren Mannschaften Doping organisiert oder wenigstens toleriert hatten, gaben sich schockiert und kündigten strenge Anti-Doping-Programme an.

Zum Teil war Jaksches Offensive aber auch von Hoffnung geprägt.

»Ich habe gedacht, wenn ich eine Diskussion anstoße, dann ändert sich vielleicht etwas. Und wenn sich etwas ändert, kann ich auch zurück in den Radsport kommen.« Die Hoffnung, dass sich etwas ändert, und der Wunsch, in die Szene zurückzukehren, hielten sich noch lange. Bis 2011 unternahm Jaksche Versuche, bei neuen Teams zu landen, Formationen mit Namen wie Cinelli-OPD und Christina Watches-Kuma. Doch als Whistleblower blieb er letztlich Persona non grata. 2011 war er dann schließlich so weit, loszulassen und ein neues Kapitel in seinem Leben aufzuschlagen. Jaksche zog nach Australien und begann ein Business-Studium. Die Zeit bis zu dieser Entscheidung beschreibt Jörg Jaksche heute jedoch als fünf Jahre Hölle. »Du weißt nicht mehr, wer du bist oder was du sollst.«

Jaksche wächst als Sohn eines Augenarztes in Ansbach in Franken auf, in einem wohlgeordneten, biederen Milieu. Die Laufbahn, die seine Eltern für ihn vorgezeichnet haben, ist konservativ. Schule, Studium, ein sicherer Beruf. Der Sport sollte nur eine Phase sein. Doch Jaksche will mehr. Als überdurchschnittlich talentierter Rennfahrer reist er schon in jungen Jahren viel in Deutschland und später mit dem Nationalkader auch in Europa herum. Seine Träume von der Tour de France werden immer realistischer. Dann der rasche Durchbruch als Radprofi. Jaksche steigt in kürzester Zeit vom vielversprechenden Jungprofi zum begehrten Edelhelfer auf. Und wo er eine eigene Chance bekommt, gewinnt er auch Rennen.

Die Jahre verfliegen wie im Rausch. Jaksche lebt in Spanien und Italien, er ist im Peloton begehrt und beliebt. Er verdient gut, sehr gut, besser als sein Vater mit seiner Augenklinik. Die Radsportpresse berichtet von ihm, in den Radsportländern Frankreich, Italien und Spanien erkennt man ihn auf der Straße. Es ist Rock 'n' Roll, ein aufregendes, schnelles Leben, das Gegenteil von Ansbach.

Doch dann ist das alles mit einem Tag vorbei. Das Dauer-High von Rundfahrten, die Kameradschaft in Trainingscamps, die Anerkennung von Kollegen und Fans. Und nicht nur das. Jaksche wird nicht nur wortwörtlich von den Behörden als Krimineller behandelt, sondern auch von den Medien, in denen die Berichterstattung über die Dopingskandale immer etwas von dem schaurig-schönen Eintauchen in eine Schattenwelt hat. True Crime im Sportteil.

Der schmerzhafteste Dolchstoß ist schließlich jedoch jener der Branche. Als einer, der erwischt wurde, ist man ein Unberührbarer geworden. »Total abgewichst«, nennt Jaksche das im Rückblick. Folge dieses Gefühls wird in den kommenden Jahren eine innere Zerrissenheit, die schier unerträglich ist. Man will das alles wiederhaben, was einem einfach weggenommen worden ist. Man ist aber auch voller Zorn darüber, verstoßen worden zu sein. Loszulassen, nach vorn zu schauen, ist unmöglich, solange noch so viele starke Emotionen an die Vergangenheit gebunden sind. Also trainiert er wieder, tage-, wochen- und monatelang. Und dann erscheint ihm das alles auch wieder sinnlos. Ein Selbsthass macht sich breit, einer, der für viele von Jaksches Kollegen ohne Drogen nicht auszuhalten ist.

Jaksche selbst neigt nicht zur Selbstzerstörung. Und vielleicht bewahrt ihn auch seine mittelfränkische Biederkeit vor Exzessen. Stattdessen geht er in Therapie. Dort erkundet er unter anderem, was sein Verrat am Radsport, seiner Ersatzfamilie, zu bedeuten hat.

War es überhaupt Verrat? Oder war es nicht vielleicht umgekehrt, dass er der Verratene war und er nur an die Öffentlichkeit gegangen ist, um das alles richtigzustellen?

Heute, 16 Jahre später, ist Jaksche weitestgehend mit sich im Reinen. Er weiß aber auch, dass er Glück gehabt hat. Dass er auf Ressourcen zurückgreifen konnte, die manchen seiner Kollegen nicht zur Verfügung standen.

Jaksche kam aus einem gutbürgerlichen Haushalt, er hat immerhin Abitur. Und er hat sich während seiner Profikarriere eine Offenheit gegenüber anderen Dingen als dem Radsport bewahrt. Er liest regelmäßig Zeitung, weiß, was in der Welt vor sich geht, interessiert sich für Politik, Wirtschaft, Kultur, hat Sprachen gelernt. »Für Leute, die etwas simpler gestrickt sind«, sagt Jaksche ganz ohne Arroganz und mit viel Mitgefühl, »wird es verdammt hart.«

IV

VOM HALBGOTT ZUM MENSCHENFEIND

Jens Heppner kann seinen Zorn kaum verbergen, wenn er daran denkt, wie in Deutschland nach 2006 über den Radsport gesprochen wurde. »Das war eine absolute Frechheit«, sagt er heute. Heppner, der in den 1990er-Jahren zum Kern von Team Telekom gehörte, hatte seine Laufbahn damals bereits beendet. Nach 2002, als er überraschend zehn Tage lang beim Giro d'Italia das Rosa Trikot getragen hatte, wechselte Heppner zum zweitklassigen Team Wiesenhof, nach zweieinhalb Jahren dort hängte der damals 40-Jährige das Rad endgültig an die Wand.

Doch die Empörungswelle in Deutschland, die nach den Enthüllungen um Jan Ullrich und das Team Telekom über den Radsport hereinbrach, erreichte auch ihn. Nach den Geständnissen von Erik Zabel und Rolf Aldag verlor er seinen Job als Kommentator bei Eurosport. Der Geflügelproduzent Wiesenhof zog sich aus dem Radsport zurück, das Team, bei dem Heppner als Sportlicher Leiter arbeitete, wurde aufgelöst. Heppner war arbeitslos. Doch nicht das war das Schlimmste für ihn, sondern die Doppelmoral all jener, die nun ihn, Jan Ullrich und das ehemalige Team Telekom kriminalisierten. Insbesondere über die ARD ärgert sich Heppner im Nachhinein, die einst das Team Telekom gesponsert hatte und nun die Übertragungen von der Tour de France einstellte. »Sollen sie doch die Millionen zurückgeben, die sie verdient haben, wenn ihnen das alles nicht passt«, sagt er. Ähnliche Gefühle hegt er für Wiesenhof. »Als ob bei der Herstellung ihrer Produkte immer alles so hundertprozentig war.«

Heppner war nicht der Einzige, dem das Ausmaß der Entrüstung sauer aufstieß. Andreas Zielcke, Feuilletonredakteur bei der *Süddeutschen Zeitung* und Radsportenthusiast, konnte über die allgemeine Empörung auf den Sportseiten der Zeitungen, inklusive seiner eigenen, nur staunen. »Natürlich gibt die Dopingpraxis, die immer detailreicher zutage tritt, ein Bild des Radsports ab, das keine ›lupenreine‹ Sportlichkeit offenbart: unfair, kriminell, heuchlerisch und betrügerisch, gesundheitsschädlich und verantwortungslos. Aber so realitätsfern muss auch kein Kritiker mehr sein, dass er das Maß der Empörung und Verachtung nicht ins Verhältnis setzen könnte zu den sonstigen Schweinereien dieser Welt. Mit der Eskalation der Abscheurhetorik sollte es nun mal gut sein. Wenn diese Machenschaften schon das Dreckigste wären, was man zurzeit in diesen Breitengraden erlebt, wäre es um unser Heil nicht schlecht bestellt.«

Jan Ullrich war mehr als irgendjemand anderes die Zielscheibe dieses kollektiven Entrüstungsexzesses. Seine ursprüngliche Reaktion darauf war jener Trotz, den er bei der Pressekonferenz zu seinem offiziellen Rücktritt im Frühjahr 2007 an den Tag legte und der ihm bis heute als fehlendes Unrechtsbewusstsein angekreidet wird. Doch die Ächtung schmerzte ihn weitaus mehr, als er das je zugeben würde. Heppner, der über die Jahre im Team Telekom so etwas wie Ullrichs Mentor war, sagt heute: »Das hat ihn fertiggemacht. Das hat ihm den Rest gegeben.«

Dass Ullrich, wie die meisten seiner Kollegen von damals, jene Reue vermissen lässt, die sich viele Journalisten von ihm wünschen, ist freilich nicht verwunderlich. In Ullrichs Sozialisierung als Sportler gab es nichts, das ihm das Doping als amoralisch oder gar kriminell hätte erscheinen lassen.

Es ist eher unwahrscheinlich, dass Jan Ullrich bereits zu DDR-Zeiten mit Doping in Kontakt kam. Als mit der Wende die Kinder- und

Jugendsportschule, die Ullrich besuchte, abgewickelt wurde, war er 16 Jahre alt. Gerade im Radsport war das noch kein Alter, in dem Sportler mit den berüchtigten Turinabolkuren behandelt wurden. Ullrichs Trainer an der Kinder- und Jugendsportschule der DDR, Peter Becker, legt jedenfalls seine Hand dafür ins Feuer, dass im Jugendbereich Anabolika keine Rolle gespielt haben. Und der englische Journalist Daniel Friebe, der minutiös rekonstruiert hat, ab wann Ullrich mit Doping in Kontakt kam, hält Beckers oft laut geäußerte Abneigung gegen Doping für glaubwürdig. Jens Heppner, der um einige Jahre länger im Sportsystem der DDR war, erzählt, er habe dort ein einziges Mal Turinabol angeboten bekommen, und es sei ihm freigestellt gewesen, ob er das Mittel nehmen möchte. Er habe es probiert, vier Kilo zugenommen und es dann wieder gelassen. Ullrich selbst sagt bis heute, er habe beim SC Dynamo Berlin lediglich Traubenzucker bekommen. Dass er sich privat anders geäußert haben soll, gehört in das Reich der Gerüchte.

Doch spätestens mit dem Eintritt in das Team Telekom kam Ullrich in Kontakt mit der Freiburger Sportmedizin. Wie wir heute wissen, organisierte Freiburg systematisch das Doping im Team Telekom. Bereits zu Beginn der 1990er-Jahre verabreichten die Freiburger den Radfahrern der Vorläufer-Equipe, Team Stuttgart, unerlaubte Substanzen. Ab 1995, so ermittelte eine im Jahr 2007 eingesetzte Untersuchungskommission, kam es dann auch zur Ausgabe von EPO an die Fahrer vom Team Deutsche Telekom. Ullrichs erste Begegnung mit dem Mittel, das gilt heute als gesichert, erfolgte in der Vorbereitung zur Tour de France 1996.

Die Freiburger Sportmedizin unter Joseph Keul hatte zwei Jahrzehnte lang, unterstützt mit Mitteln des Bundesinnenministeriums, die deutsche Olympiamannschaft betreut. Just im Jahr 1991, unmittelbar nach der Wende, wurde bekannt, dass Keul in den 1980er-Jahren Skilangläufer mit Testosteron versorgt hatte, um zu prüfen, ob das Hormon bei Ausdauersportlern die Regeneration beschleunige. Die SPD im Bundestag kritisierte eine solche Verwendung von Steuermitteln. Innenminister Schäuble hingegen verteidigte die Untersuchung als legitime Forschung. Überhaupt, man konnte Schäuble zum Thema Doping schon immer eine eher laxe Haltung unterstellen. Als Doping nach den Olympischen Spielen von 1976 in der Bundesrepublik Deutschland ein Thema wurde, setzte sich der damalige Bundestagsabgeordnete für einen kontrollierten Einsatz von leistungssteigernden Mitteln ein. Er schloss sich damit einer Resolution des Deutschen Sportärztekongresses an, zu dem unter anderem der Freiburger Arzt und Professor Armin Klümper gehörte.

Für konservative Politiker wie Schäuble schien die Wettbewerbsfähigkeit Deutschlands im Weltsport wichtiger als die Moral zu sein. Und das blieb auch so, als im Jahr 1990 die beiden deutschen Sportsysteme miteinander vereinigt werden sollten. »Wir haben kein Interesse daran, das Spitzensportsystem der DDR zusammenbrechen zu lassen«, sagte damals Schäuble. Der Erfolg des gesamtdeutschen Sports sollte vom Know-how des DDR-Systems profitieren, ostdeutsche Dopingexperten wurden in die gesamtdeutschen Sportverbände und Universitäten übernommen.

Kritik an dem kompromisslosen Leistungsdenken zur höheren Ehre der Nation gab es nur von einer politischen Minderheit. Allein die Grünen und eine Gruppe innerhalb der SPD forderten eine neue Sportkultur. So wollte der Grünen-Politiker Winfried Hermann erreichen, dass keine öffentlichen Gelder mehr in den »Krieg der Körper« fließen, zu dem die »darwinistische Selektion« der Nationalmannschaft ebenso gehöre wie die biochemische Manipulation von Sportlern und die Ausbeutung von Kindern.

Ähnliche Töne hatte bereits Richard von Weizsäcker bei einer Rede vor dem Nationalen Olympischen Komitee im Jahr 1985 angeschlagen, in welcher er die Auswüchse des modernen Leistungssports anprangerte und eine Rückbesinnung auf die humanistischen Grundlagen des Sports forderte.

Doch solche Stimmen verhallten oft ungehört. Die Sportpraxis marschierte unermüdlich weiter auf ihrer Jagd nach Medaillen und internationalem Ruhm. Das wiedervereinigte Deutschland sollte eine Weltmacht auf der globalen Sportbühne sein. Dabei war das Team Telekom ein Glücksfall. Von Anfang an als eine Art Nationalmannschaft behandelt, radelte die Ost-West-Truppe in Frankreich zeitweise alles in Grund und Boden, finanziert vom Staatskonzern Telekom und unterstützt von der staatlich geförderten Freiburger Sportmedizin.

So wähnten sich die Fahrer auf dem sicheren Fundament der politischen und gesellschaftlichen Unterstützung – besonders, was die sportmedizinische Betreuung in Freiburg anging. Jan Ullrich persönlich schwamm da mit, ohne groß Fragen zu stellen, allein das könnte man ihm ankreiden. Wie Jörg Jaksche es einmal ausdrückte: »Wenn Bjarne Riis gesagt hat, Ullrich soll einen bestimmten Laufradsatz fahren, dann hat er das getan. Er hatte keine eigene Meinung dazu.« Ähnlich dürfte es sich mit dem Doping verhalten haben.

Natürlich machten die deutschen Medien zunächst jahrelang begeistert bei der nationalen Ekstase rund um das Team Telekom mit – bis hin zur Verschmelzung der öffentlich-rechtlichen ARD mit der Mannschaft. Die ARD wurde Trikotsponsor, es gab Sonderabsprachen mit Jan Ullrich für Exklusivinterviews. Dass nach 2006 plötzlich der Tenor in der Berichterstattung komplett umschlug und sich die Journalisten mehrheitlich auf die Seite der Grünen und Richard von Weizsäckers schlugen, muss für die Athleten ein Schock gewesen sein. Plötzlich wurde nicht nur das Doping verteufelt, sondern in den Kolumnen und Kommentaren der ganze Radsport als zutiefst verdorben abgekanzelt. Die ARD stoppte die Berichterstattung über die Tour und installierte als Wiedergutmachung eine investigative Dopingredaktion unter der Federführung von Hajo Seppelt, der sich seither international einen Namen zu einem Ankläger eines kranken Sportsystems entwickelt hat.

Im Grunde war die Erfahrung, welche der deutsche Radsport nach 2006 machte, jedoch nicht grundlegend anders als die Erfahrung, welche der Radsport über die Jahrzehnte immer wieder gemacht hat, wenn er mit seiner Dopingproblematik konfrontiert wurde. Man hatte das Gefühl, dass von außen eine Moral und Wertmaßstäbe an den Sport herangetragen würden, die fehlgeleitet waren und die dem Wesen des Sports widersprachen.

Mit der Rhetorik eines Hajo Seppelt, der den Sport vor seinen »Feinden« retten wollte, wie er das im Titel seines Buchs ankündigt, konnte man innerhalb des Sports noch nie viel anfangen. Die Trennung eines guten, sauberen Sports vom »Krebsgeschwür« des Dopings hat innerhalb der internen Logik des Radsports noch nie viel Sinn ergeben.

Schon allein historisch gesehen läuft eine solche Trennung ins Leere. Es war niemals so, dass es zuerst einen hehren, reinen Radsport gegeben hat, der vom Doping befallen wurde, von dem er dann wieder kuriert werden muss. Vielmehr hat Doping von Anfang an dazugehört, es gab nie einen Radsport ohne Doping. Wovon der Sport heimgesucht wurde, waren Moralvorstellungen, denen er plötzlich entsprechen sollte.

Der Historiker Christopher Thompson beschreibt die Epoche, in welcher der moderne Radsport entstand, als Zeit der großen Verunsicherung, insbesondere im Heimatland der Tour de France. Das nationale Selbstbewusstsein war durch die Kriegsniederlage gegen Deutschland 1871 angekratzt, die Zeit der Grande Nation schien vorbei. Hinzu kamen die neuen Bedrohungen der traditionellen Lebensweise durch die Industrialisierung und die Urbanisierung. Eine wachsende Mittelschicht brachte neue Formen des Massenkonsums und der Massenunterhaltung hervor, zu der von Anfang an der Sport gehörte. Und unter den Showsportarten übte der Radsport eine ganz besonders große Faszination aus.

Zwischen 1865 und 1900 entstanden überall im Land Langstreckenrennen wie Paris–Rouen und Paris–Brest–Paris, Velodrome schossen in jeder Stadt aus dem Boden. Die Zuschauer wurden von der Geschwindigkeit und den unglaublichen Distanzen, die die tollkühnen Fahrer zurücklegten, magisch angezogen. Für kritische Beobachter war damals schon der Radsport Teil des Problems. Mit seiner Technikgläubigkeit und seiner proletarischen Anziehungskraft war er ein weiteres Symptom der Dekadenz und des Niedergangs der alten Ordnung, eine Bedrohung der nationalen Identität Frankreichs.

Etwa zur selben Zeit, in der Radrennen als Massenphänomen entstanden, veröffentlichte der Pädagoge, Historiker und Sportfunktionär Baron Pierre de Coubertin eine Reihe von Schriften, in welcher er die gesellschaftlichen Probleme des Fin de Siècle und der entstehenden Industriegesellschaft beklagte. Er monierte die »grenzenlose Gewinnsucht« und die »moralische Unordnung«, die durch eine immer größere Beschleunigung des Lebens hervorgerufen würden. Das Heilmittel für all diese Krankheiten der Moderne war für Coubertin der Sport. Aber nicht irgendein Sport und schon gar nicht solche Spektakel, wie sie in Velodromen und Boxringen abgehalten wurden.

Coubertin gilt als der Erfinder der modernen Olympischen Spiele. Laut dem Sportsoziologen Thomas Alkemeyer imaginierte Coubertin die Spiele als »eine Mimesis der sozialen Praxis der Moderne«. Mit rein pädagogischer Absicht sollten die Spiele alle Strukturmerkmale der modernen Gesellschaft besitzen. Nur sollten diese im Sport zur Inszenierung einer Utopie werden, einer Darbietung dessen, wie die Moderne nicht zum moralischen Niedergang, sondern zu einem besseren Leben führen kann. »Im Hier und Jetzt des vom marktförmig organisierten Alltag deutlich geschiedenen olympischen Festes sollte der Schein einer besseren Welt inszeniert werden«, so Alkemeyer.

Wie im Erwerbsleben, sollte es bei den Wettbewerben der Spiele Konkurrenz geben. Die Optimierung der Leistungsfähigkeit – das Höher, Schneller, Weiter – war wie in der Industrieproduktion ein Wert an sich. Doch das alles wurde in einen Zusammenhang der Chancengleichheit, der Fairness, der Zweckfreiheit und der Abwesenheit ökonomischer Interessen gestellt.

Obwohl der Radsport von Anfang an olympisch war, blieb der Profiradsport lange Zeit von solchen großbürgerlichen Vorstellungen des Sports als einer besseren Welt weitestgehend unbehelligt. Die Tour de France bezog ihren Reiz aus der extremen Anstrengung. Die Einnahme medizinischer Hilfsmittel wurde toleriert. Sogar Tour-Gründer Henri Desgrange räumte ein, dass Substanzen wie Koka bei extremen Ausdaueranstrengungen durchaus von Nutzen sein könnten.

Wenn der Radsport ein Symbol des Fortschritts war, dann gehörte die medizinische Unterstützung der Leistung dazu wie die modernen Rennmaschinen selbst. Schließlich war die Moderne eine Befreiung des Menschen von alten Fesseln, eine wortwörtliche Entgrenzung. Der moderne Mensch konnte mithilfe der Technik – Trainingstechnik, medizinischer Technik, Fahrradtechnik – zu neuen Ufern aufbrechen und sich daran berauschen. Das vor allem faszinierte an der Tour. »Der Fortschrittsgedanke der Moderne setzt den Menschen selbst als Gegenstand seines Könnens ein – sowohl als Subjekt als auch als Objekt der Verbesserung«, schreibt der Sportphilosoph Gunter Gebauer. Die Aufklärung und der Siegeszug der Wissenschaft gaben dem modernen Subjekt die Macht und das Werkzeug in die Hand, nach Belieben in die Schöpfung einzugreifen – den eigenen Leib inbegriffen.

Die Tour de France ist ein Theater solcher Selbsterschaffung, ein Wettbewerb zwischen Maschinenmenschen. Das Doping ist dabei ein nützliches Werkzeug. Doch der Anspruch, eine bessere Welt darzustellen, holte schließlich auch die Tour ein. Im Zuge einer groß angelegten Kampagne gegen den wachsenden Drogengebrauch in der Gesellschaft erließ das französische Parlament im Juni 1965 ein Gesetz, das die Einnahme von Dopingmitteln im Sport untersagte. Vorausgegangen waren Zwischenfälle wie der Kollaps des Fahrers Jean Malléjac am Mont Ventoux im Jahr 1955. Der offizielle Tour-Arzt Pierre Dumas hatte es daraufhin auf sich genommen, etwas gegen den weitverbreiteten Gebrauch von Stimulanzien im Radsport zu unternehmen. Nicht zuletzt seine Aufklärungskampagne führte zum Entwurf des Gesetzes.

Die Reaktion der Fahrer auf die ersten Tests bei der Tour 1966 war indes eindeutig. Man war empört über das »Pissen in Reagenzgläser«, beim Start der Etappe des 29. Juni schoben die Fahrer ihre

Räder aus Protest über die Startlinie. Die Klagen der Fahrer wendeten sich explizit gegen die Sondermoral für Sportler. Warum ausgerechnet ihnen verboten werden sollte, Mittel zu nehmen, die ihnen die Ausübung ihres Berufs erleichterten, war ihnen schleierhaft. Jacques Anquetil erklärte sich dazu bereit, junge Fahrer über die Gefahren des Dopings aufzuklären, bestand jedoch darauf, dass man ihm als erfahrenem Profi zutrauen müsse, seine Medikamente verantwortungsvoll einzusetzen.

Als dann im nächsten Jahr Tom Simpson am Mont Ventoux starb, fächerte sich die Reaktion bereits entlang jener Linien auf, die in Deutschland im Jahr 2006 zurückkehrten. Die Kritiker aus dem bürgerlich-liberalen Lager befanden die Tour de France insgesamt für eine Monstrosität. *Le Monde* bezeichnete Simpson als »rituelles Opfer« und beschuldigte die Tour der Hybris. Sie beruhe auf einer »mythischen Auffassung des Sports, der die menschliche Maschine dazu zwingt, ihre natürlichen Grenzen zu überschreiten«. Die Tour-Organisatoren wälzten derweil die Verantwortung auf Simpson selbst und dessen verständliche finanzielle Interessen ab. Die Tragödie sei jedoch mitnichten Resultat einer intrinsisch unmenschlichen Sportveranstaltung. Schließlich gebe es noch weitaus mehr Todesfälle unter Bergsteigern und Autorennfahrern. Schuld wäre nicht das System, sondern der Athlet.

Die Debatte versandete so rasch wieder, wie sie entstanden war. Die Politik zog sich zurück, mit einem Eingriff in die immens populäre Tour, die über die Jahrzehnte zum nationalen Kulturgut geworden war, ließ sich kein Staat machen. Man überließ die Jurisdiktion den Sportverbänden, die so halbherzig gegen das Doping vorgingen, wie man es von ihnen bis heute kennt. An der Aufdeckung von Skandalen bestand nur begrenztes Interesse, an einer Grundlagendiskussion über Sinn und Unsinn eines Spektakels der körperlichen Entgrenzung gar keines.

Erst als im Jahr 1997 die Kommunistin Marie-George Buffet in Frankreich das Amt der Sportministerin antrat, traute sich der Staat, erneut einzugreifen. Buffet machte den Kampf gegen Drogen im Sport zur Priorität, verdreifachte den Antidopingetat ihres Ministeriums und nahm gezielt die Tour de France ins Visier. Die Folgen dieser neuen Politik sind als Festina-Affäre in die Sportgeschichte eingegangen. Der Masseur des Festina-Teams, Willy Voet, wurde an der Grenze festgehalten, im Kofferraum seines Wagens fanden sich Dopingprodukte in rauen Mengen. Es folgte die Durchsuchung von Mannschaftshotels, Verhaftungen von Fahrern, der Ausschluss des gesamten Teams von der Tour.

Die Fahrer reagierten wie bereits 1966 entrüstet. Es wurde ein Sitzstreik gegen die Kriminalisierung organisiert. Bjarne Riis, De-facto-Kapitän des Teams Telekom und trotz Ullrichs Tour-Sieg im Vorjahr noch immer amtierender Patron im Peloton, versuchte, zu beschwichtigen und zu vermitteln, immer mit dem Ziel, die Tour zu Ende zu bringen. Jan Ullrich saß das stoisch aus, als ginge ihn das alles nichts an. Zumindest nach außen hin wirkte es so, als konzentriere er sich nur auf sein Rennen, obwohl die Welt um ihn einzustürzen drohte; eine Fähigkeit, die ihm sportlich stets zugutegekommen war.

Für die französische Linke war die Attacke auf die Tour de France eine Attacke auf die vermeintliche Verlogenheit des französischen Bürgertums. Aus der Sicht des Klassenkampfs ist die Tour eine durch und durch ausbeuterische Veranstaltung. Es ist ein Schauspiel zur Erbauung der fetten Pariser Bourgeoisie, das die Arbeiter der Landstraße an ihre körperlichen Grenzen und darüber hinaus bringt. Insofern ist die Tour nichts anderes als die Reproduktion der Auswüchse des Industriekapitalismus.

Schon in den 1920er-Jahren hatte es Fahrerproteste gegen diese Unmenschlichkeit der Tour gegeben. Während der Tour 1924 streikte der amtierende Sieger Henri Pélissier, weil man ihm verbot, bei den eisigen Temperaturen am Morgen ein weiteres, wärmendes Trikot zu tragen. In einer Gaststätte in Cherbourg sitzend, beklagte er gegenüber dem Journalisten Albert Londres die Unmenschlichkeit der Tour. Um sein Argument zu unterstreichen, zeigte er all die Mittel vor, die er in seiner Trikottasche trug, um die Strapazen zu überstehen: Kokain für seine Augen, Chloroform für sein Zahnfleisch und drei Schachteln mit Pillen, die Pélissier »Dynamit« nannte.

Dass den Fahrern 70 Jahre später solches Klassenbewusstsein abhandengekommen war, war im Weltbild von 68ern wie Buffet zweifellos das Ergebnis eines Verblendungsprozesses. Die Fahrer wurden zum großen Teil ordentlich entlohnt, ihnen widerfuhr Ruhm und Anerkennung. Sie wollten nur eines – in Ruhe ihren Job ausüben, ohne dass allzu genau nach den Betriebsgeheimnissen gefragt wird.

Im Herbst 1999 beschäftigte Deutschland unterdessen eine ganz andere Diskussion, losgetreten vom bekennenden Hobbyradfahrer Peter Sloterdijk. Sloterdijk hielt am 17. Juli auf Schloss Elmau eine Rede, in der es kaum um Radfahrer ging, die aber gleichwohl für die Auffassung des modernen Sports weitreichende Implikationen hatte.

Mit seinem Text zu den »Regeln für den Menschenpark«, der bereits 1997 entstanden war, brüskierte Sloterdijk auf breiter Front die deutsche Linke. Wie so oft in deutschen Debatten, gingen angesichts bestimmter Denkfiguren Sloterdijks die Faschismus-Warnlampen an, man unterstellte ihm, sich gefährlich nahe an den Rand nationalsozialistischer Ideengärten zu wagen.

Sloterdijk griff den Gedanken Martin Heideggers von 1946 auf, dass im Angesicht des Holocaust der europäische Humanismus gescheitert sei. Alle Katastrophen und Gräuel des 20. Jahrhunderts seien im Namen eines Humanismus begangen worden, der es gleichwohl unterlassen habe, das Wesen des Menschen, in dessen Namen diese Gräuel begangen wurden, genauer zu benennen. Sloterdijks Antwort darauf war es, verkürzt gesagt, die Hoffnung auf einen benennbaren Wesenskern des Menschen über Bord zu werfen. Anstatt, wie dies sowohl die Linke als auch das humanistisch gesinnte Bürgertum wollten, eine vage umschriebene Menschlichkeit zu schützen, plädiert Sloterdijk für eine rückhaltlose Selbsterschaffung des Menschen durch den Menschen.

Die Relevanz für die Debatten um Doping im Sport wird hier deutlich. Der moderne Sport, der die Grenze des menschlich Machbaren mithilfe verschiedenster Anthropotechniken (ein Lieblingsbegriff Sloterdijks) immer weiter verschiebt, ist für Sloterdijk kein Verrat an der Menschlichkeit. Im Gegenteil, es ist ein zutiefst menschliches Unterfangen. Die Techniken, mit denen der Mensch sich selbst perfektioniert, von der Philosophie bis hin zur Genmanipulation, stehen für Sloterdijk im Zentrum des Projekts der Aufklärung und dienen somit nicht zuletzt auch der Emanzipation der Gattung.

Die Empörung über das Argument Sloterdijks sowohl vom humanistischen Bürgertum als auch von links gleicht der deutschen Reaktion auf die Enthüllung systematischen Dopings beim Team Telekom und im Radsport im Allgemeinen. Sloterdijk wurde vorgeworfen, der rückhaltlosen Menschenzüchtung Vorschub zu leisten. Wer einen humanistischen Kern und die Achtung vor der Schöpfung preisgebe, so der Vorwurf, der öffne dem grenzenlosen Experiment des Menschen am Menschen Tür und Tor. Zur nationalsozialistischen Eugenik ist es da scheinbar nur noch ein kleiner Schritt.

Der Furor, mit dem in Deutschland nach 2006 plötzlich über die Unmenschlichkeit und die Perversion des Radsports hergezogen wurde, lässt sich sicherlich auch damit erklären, dass wie bei Peter Sloterdijk Assoziationen der staatlichen Heranzüchtung von Herrenmenschen geweckt wurden. Die Sportredaktionen, die bis dato am Rausch der körperlichen Grenzenlosigkeit und der Demonstration teutonischer Überlegenheit auf französischen Landstraßen partizipiert hatten, besannen sich plötzlich auf die humanistischen und/oder linken Traditionen ihrer Blätter und Sendeanstalten. Für die betroffenen Sportler wirkte diese Kehrtwende wie ein Schlag vor den Kopf. Dieselben Reporter, die gestern noch Hagiografien über die Halbgötter der Tour verfasst hatten, zeichneten sie plötzlich als Monster, als Feinde der Menschlichkeit.

In anderen Nationen nahm die Diskussion weit weniger eifrige Züge an. Dopingsündern wurde die Rückkehr in die Gemeinschaft wesentlich leichter gemacht. Richard Virenque etwa kehrte nach seiner Sperre als Fahrer zur Tour zurück und konnte die Herzen der Fans wiedergewinnen. 2003 und 2004 gewann er zum Jubel seiner Landsleute ein sechstes und ein siebtes Mal das Bergtrikot der Tour de France. Die Moralvorstellungen waren in Frankreich deutlich weniger rigide.

In den USA, wo für die Linke Technik immer Mittel des Fortschritts war und wo die Selbsterschaffung des Individuums, der *Self Made Man*, Teil der nationalen Mythologie ist, wurde ebenfalls mit den überführten Dopern weitaus milder umgegangen. Im Fokus des Interesses stand weniger das Vergehen am Menschen selbst, das die Debatte in Deutschland bestimmte. Stein des Anstoßes in den Fällen Armstrong oder Landis war allein der wirtschaftliche Schaden, der Betrug. Nachdem dies durch Sperren, Strafgelder und die Aberkennung von Titeln gerichtlich geklärt war, stand der Resozialisierung der Fahrer nichts mehr im Weg – auch wenn sie natürlich mit ihrem persönlichen Trauma zurechtzukommen hatten.

Für Jan Ullrich gab es jedoch keinen Weg zurück. Nicht ohne einen Gang nach Canossa jedenfalls, in dem er sich als Sünder vor einer moralisierenden Presse verneigt. Man kann verstehen, dass Jan Ullrich dazu viele Jahre lang keine Lust verspürte. Die damalige ZDF-Redakteurin Claudia Neumann wundert sich heute im Nachhinein selbst über die damalige Anmaßung der Medien: »Was haben wir eigentlich geglaubt, wer wir sind, so etwas von Ullrich zu fordern«, sagt sie in der Amazon-Doku.

V

ALLEINGELASSEN

Als Jan Ullrich am 30. Juni 2006 im Elsass in die Limousine seines Automobilsponsors steigt und gemeinsam mit seiner Verlobten Sara in Richtung Schweiz davonfährt, ist es das letzte Mal für viele Monate, dass die Öffentlichkeit ihn zu Gesicht bekommt. Die Hochzeit im September findet unter Ausschluss der Presse statt, es gibt ein offizielles Foto und eine Pressemitteilung. In den kommenden Monaten wird ausschließlich über Ullrich gesprochen, er selbst schweigt.

In Bonn stellt die Juristin und ehemalige Leichtathletin Britta Bannenberg, Autorin eines Buchs über Korruption in Deutschland, Strafanzeige wegen Betrugs gegen Ullrich. Der leidenschaftliche Dopingaufklärer Werner Franke behauptet, von Zahlungen zu wissen, die Ullrich an Fuentes geleistet habe. Es gibt Gerüchte über ein Comeback von Ullrich, gegen den ja noch immer keine Dopingsperre vorliegt. Der österreichische Radsportverband bemühe sich sehr um ihn, es heißt, das neue österreichische Team Volksbank habe Interesse daran, ihn als Fahrer unter Vertrag zu nehmen.

Ende Februar des Jahres 2007, kurz vor dem Start in die neue Saison, unternimmt Ullrich dann einen Versuch, die Hoheit über das Narrativ zurückzugewinnen. Sein Management lädt zu einer Pressekonferenz im Intercontinental Hotel in Hamburg. Ullrich wirkt aufgeräumt und ruhig, als er sich in einem Konferenzsaal des Hotels mit einem Stapel Notizkarten ans Mikrofon setzt und die Presse begrüßt, die den Raum bis auf den letzten Platz füllt. Man erwartet möglicherweise ein

Geständnis von Ullrich, in jedem Fall aber eine Ankündigung, wie es mit ihm weitergeht.

In der Tat stellt Jan Ullrich zu Beginn in Aussicht, über die Zukunft zu sprechen. Doch vorher nutzt er die Gelegenheit, seinem Unmut darüber Luft zu machen, wie mit ihm in den vergangenen Monaten umgegangen wurde. Die Medien bekommen als Erstes ihr Fett weg, einige von ihnen, so Ullrich wortwörtlich, die »schwarzen Schafe«, seien im Saal nur »geduldet«. Die Kriminalisierung und Vorverurteilung in der Presse in den letzten Monaten habe ihn und seine Familie »extrem belastet«.

Als Nächstes sind sein ehemaliges Team und sein Sponsor T-Mobile dran. Eine völlige »Überreaktion« sei seine Suspendierung gewesen, die ihm die »schlimmsten Momente seines Lebens« beschert habe. Auch nach mehr als einem Jahr habe er sich noch nicht ganz davon erholt. Dann kommt seine Anklägerin Britta Bannenberg dran, die, wie er glaubt, seine Popularität nutzen möchte, um auf sich und ihr Buch aufmerksam zu machen, »das vermutlich ein Ladenhüter ist«.

Weiter geht es mit Rudolf Scharping, dem Präsidenten des Bundes Deutscher Radfahrer, der sich in der Öffentlichkeit für eine harte Linie und eine Ächtung von Ullrich starkgemacht hatte. Ein unerträglicher Schulterklopfer sei Scharping, motzt Ullrich ins Mikrofon. Als er noch ganz oben stand, habe sich Scharping in seinem Ruhm gesonnt, nun benutze er erneut seinen, Ullrichs, Namen, um auf sich aufmerksam zu machen. Um den Radsport sei es Scharping im einen wie im anderen Fall nie gegangen.

Schließlich sind noch die Verbände dran, die ihm vorauseilend eine Lizenz verweigert hätten, obwohl er gar keine beantragt hatte. Nicht anders verhalte es sich mit Rennveranstaltern, die ihn ausgeladen hätten, bevor er überhaupt angefragt habe.

Das Lamento dauert mehr als eine halbe Stunde, in denen Ullrich sich immer wieder bemüht, seine Verletztheit zu überspielen. »Ist aber alles kein Problem für uns«, fügt er an seine Sätze an. Oder: »Wir leben ja noch, nicht, Liebling?« Dabei schaut er zu seiner Frau, um sich moralische Unterstützung zu holen.

Natürlich sind diese Einschübe ein performativer Widerspruch. In ihnen dringt genau jener Zorn an die Oberfläche, den sie vorgeblich leugnen. Wenn er sagt: »Ich bin nicht bitter, ich bin ein glücklicher Mensch«, dann klingt daraus das genaue Gegenteil. Ähnlich ist es mit der Ankündigung seiner Zukunftspläne. »Ich bin ein glücklicher, gesunder und noch immer junger Mann, der genau weiß, was er will«, sagt Jan Ullrich. Doch was er da an Zukunftsplänen aus dem Hut zaubert, klingt nach allem anderen als nach einer wirklichen Aufgabe.

Es gibt zwei sogenannte Partnerschaften, er bewirbt Produkte von Firmen, die sich vom katastrophalen Zusammenbruch seines Images nicht haben beirren lassen. Dazu gehören ein Hersteller von Funktionsunterwäsche und eine Firma für ein Reifenklebemittel. Darüber hinaus werde er als Repräsentant des Volksbank-Teams tätig sein, sagt er, des ersten österreichischen Profiteams im Radsport, das offenbar durch Provokation auf sich aufmerksam machen möchte. Schließlich verkündet Ullrich, er werde bei der Argus-Tour in Südafrika, einer großen Breitensportveranstaltung, den Startschuss geben.

Die Rede hinterlässt das Publikum, dem keine Fragen erlaubt waren, ratlos zurück. Die Reporter, die zum Redaktionsschluss noch rasch einen Kommentar anfertigen sollen, sind deutlich überfordert, diesen Auftritt irgendwie zu deuten. Er selbst ordnet die Pressekonferenz im Abstand von 16 Jahren als »total bescheuert« ein. Seine Ex-Frau Sara, die damals dabei war, meint: »Es hatte sich viel bei ihm angestaut. Er wollte halt auch mal austeilen.«

Das am häufigsten verwendete Adjektiv in den Zeitungen am nächsten Tag ist »bizarr«. Statt der erhofften Demut und Läuterung Ullrichs hatte man ihn bockig erlebt. Und die Rücktrittspressekonferenz als Werbeveranstaltung für Unterhemden und Reifenkleber zu verwenden, konnte nur auf einer profunden Verwechslung des Eventgenres beruhen. »Ich wundere mich, dass nicht noch Heizdecken angeboten wurden«, sagte ein Journalist.

Was sein öffentliches Ansehen in Deutschland anging, hatte Ullrich damit alles nur schlimmer gemacht. Sein Auftritt bei ARD-Talker Reinhold Beckmann im Anschluss an die Pressekonferenz machte den Tag, der dazu gedacht war, Ullrich mit der Öffentlichkeit zu versöhnen, endgültig zum Debakel. Wie zu erwarten war, stellte Beckmann unangenehme Fragen zu Ullrichs Verbindung zu Eufemiano Fuentes und zum Thema Doping. Ullrich stammelte sich durch die Antworten, bei denen er sich redlich Mühe gab, nichts zu sagen. Im Nachhinein wurde bekannt, dass Ullrich mit Beckmann vereinbart hatte, nicht über Doping zu sprechen, doch das war ziemlich naiv. Denn jeder, der einigermaßen die Medien versteht, hätte wissen müssen, dass es vor allem die Dopingvorwürfe waren, die die Öffentlichkeit interessierten. Überhaupt zu Beckmann zu gehen, das weiß Ullrich heute, war ein Fehler, einmal mehr das Resultat einer schlechten Beratung.

Viel später, im Jahr 2017, erklärte Ullrich einem französischen Journalisten seine Lage damals so: »Ich hatte das Gefühl, dass die gesamte Affäre Puerto zu einer Affäre Jan Ullrich gemacht wurde.« Er allein sollte, zumindest in den Augen der deutschen Öffentlichkeit, die Verantwortung für die Skandale des Radsports tragen. Doch darauf hatte Ullrich keine Lust. »Ich war zutiefst zornig, aber wie hätte ich das ausdrücken sollen? Ich habe mich dazu entschlossen, nichts zu sagen.«

Der Entschluss geriet ihm nicht zum Vorteil. Seine Hoffnung, das »alles so schnell wie möglich hinter mir zu lassen«, erfüllte sich nicht. Vielmehr war man sich einig, dass Ullrich eine Chance verpasst hatte. Eine Chance, alles zu gestehen, so wie Lance Armstrong das viele Jahre später bei Beckmanns amerikanischer Kollegin Oprah Winfrey tat. Es wäre eine Gelegenheit gewesen, wirklich einen Schlussstrich zu ziehen und in eine Zukunft zu starten, bei der er, gleich, was er mit sich anfangen würde, wieder Teil der Gemeinschaft wäre.

Doch auf diese Art und Weise gab es für ihn nur eine Zukunft – eine, in der sein Verhältnis zur Öffentlichkeit so blieb, wie es sich seit dem 30. Juni 2006 gestaltete. Eine, die geprägt würde von Enttäuschung und Misstrauen auf beiden Seiten. Eine, die Jan Ullrich nicht erlaubte, wirklich nach vorn zu schauen, sondern ihn dazu zwang, sich abzuschotten und seinen Zorn tief in sich zu vergraben. »Ich habe das immer wieder versucht, zu verdrängen«, sagt er Jahre später. »Doch es hat mich immer wieder eingeholt.«

Es war ein denkbar verhunzter Start in ein neues Leben, geprägt von Angst vor Regressansprüchen und der Beschädigung eines vermeintlich vermarktbaren Images, das es so schon lange nicht mehr gab. Zudem hatte Ullrich ganz offensichtlich noch gar nichts hinter sich gelassen. Er hatte mit seiner Karriere und den Folgen nicht nur nicht abgeschlossen, er hatte anscheinend nicht einmal angefangen, sich wirklich damit auseinanderzusetzen. Seine Frau Sara sagte bei einem Interview zehn Jahre später, dass Ullrich mindestens bis 2012 mit einem Bein in der Vergangenheit stand. Das war der Zeitpunkt, an dem der Internationale Sportgerichtshof endlich Ullrichs Fall entschied und ihn des Dopings für schuldig befand. Es dauerte nach 2007 also noch fünf Jahre, bis Jan Ullrich tatsächlich nach vorn schauen konnte. Eine Hängepartie, die einen katastrophalen seelischen Tribut forderte.

Der Übergang von der sportlichen Karriere in das Leben danach ist bereits unter günstigsten Umständen ein äußerst schwieriger Prozess. Ullrichs Umstände waren hingegen denkbar schlecht. Geschichten von ehemaligen Sportlern, die am Leben gescheitert sind, gibt es en masse. Maradonas Dauerkampf gegen Alkohol und Kokain ist das vielleicht prominenteste Beispiel. Auch die Alkohol- und Geldprobleme vom »Bomber der Nation«, Gerd Müller, gingen durch alle Medien, bevor er von seiner FC-Bayern-Familie wieder aufgefangen wurde. Erst 2017 beklagte man den frühen Tod des Bahnrad-Olympiasiegers Fredy Schmidtke, der bei der Insolvenz seines Fahrradgeschäfts sein ganzes Geld verlor und als Schichtarbeiter in einer Chemiefabrik landete. In den USA schockierte ebenfalls 2017 die Geschichte von Bahnrad-Olympiasiegerin Rebecca Twigg, die obdachlos auf den Straßen von Seattle lebt.

Zehnkampf-Olympiasieger Christian Schenk veröffentlichte 2018 seine Autobiografie *Riss – Mein Leben zwischen Hymne und Hölle.* Darin schildert Schenk beklemmend detailliert, wie sein Rücktritt vom Leistungssport zu einem Absturz in eine schwere psychische Krankheit führte, mit der er heute, mehr als 30 Jahre nach seiner Goldmedaille, noch immer ringt. Schenk wurde jäh durch eine Verletzung aus seiner Karriere herausgerissen. In seinem Buch beschreibt er seine Verfassung von damals so: »Ich hatte meine Mitte verloren. Von einem Extrem ins andere, der Platz dazwischen, das Normale, schien für mich nicht zu existieren. Bis zu dem Zwischenfall war mein Leben ein einziger Trainingsplan gewesen. Den Körper belasten, Pause einlegen, wieder belasten, ein Ziel definieren, darauf hinarbeiten, einen Wettkampf bestreiten. Und dann wieder von vorne. All das war mit einem Mal weggebrochen. Die Orientierung war weg. Der Halt war weg. Ich war wie eine Schachfigur, ich bewegte mich nur, wenn man mich irgendwo hinschob.«

Geschichten wie die von Christian Schenk oder Rebecca Twigg werden gewöhnlich mit einem betroffenen Kopfschütteln zur Kenntnis genommen. Traurige Sache das, so ein toller Sportler. Was jedoch zu solchen Gelegenheiten nur selten zur Sprache kommt, ist die Häufigkeit: Abstürze ehemaliger Spitzensportler sind keine Einzelfälle. Immerhin gab es nach Jan Ullrichs Zusammenbruch im Herbst 2018 eine Mini-Diskussion über die Schwierigkeiten, die Spitzensportler mit dem Übergang in ein Leben nach der Profilaufbahn haben. Sportpsychologen, die man zu dem Thema befragte, warben um Verständnis für Ullrich und wiesen darauf hin, dass es hier ein Systemproblem gibt.

Der Sportphilosoph Gunter Gebauer, selbst früher Top-Leichtathlet, setzt sich seit vielen Jahren leidenschaftlich dafür ein, dass das Problem gesellschaftlich anerkannt wird. Immer wieder macht er darauf aufmerksam, wie schwer Sportlern der Start in eine Existenz nach dem Sport fällt, und ermahnt Vertreter aus Politik und Wirtschaft, ihre Verantwortung den Sportlern gegenüber anzunehmen.

»Die Hauptschwierigkeit«, so Gebauer, »besteht darin, dass, wenn man im Spitzensport engagiert ist, man mit allen Kräften und psychischen Möglichkeiten engagiert ist. Alles andere, Interessen, soziale Kontakte, Ausbildung, werden auf den Sport abgestimmt.« Eine Tatsache, deren Gewicht Jan Ullrich mit völliger Klarheit erfasst haben muss. In seiner Hamburger Pressekonferenz spricht er davon, »dass er alles immer mit 100 Prozent« getan habe. Als er Rennfahrer war, habe er deshalb nicht zehn oder 20 Prozent dafür übrig gelassen, sich Optionen für das Leben danach zu schaffen. So stehen ehemalige Leistungssportler, wenn sie die Zeit nach dem Karriereende nicht vorbereitet haben, vor dem seelischen und sozialen Nichts. Eine Lage, die katastrophal enden kann.

Eine Studie aus dem Jahr 2009 über »Ruhestand und den Verlust der Sportleridentität« von der University of Western Australia beschreibt den Verlust des Sportlerlebens als eine ähnliche Erfahrung wie den Tod eines geliebten Menschen oder ein plötzliches Abrutschen in die Arbeitslosigkeit. Der Sportler findet sich über Nacht in einer fremden Welt wieder, in der keins der Dinge, die er gelernt oder trainiert hat, ihm mehr weiterhelfen. Eine andere Studie aus dem Jahr 2013 des jordanischen Forschers Mazin R. Hatamleh stellt das Erlebnis des Karriereendes von Leistungssportlern als Lebenskrise dar. Eine Mehrheit ehemaliger Sportler spricht vom Übergang als »traumatisch«, temporäre oder dauerhafte psychische Störungen sowie Suchterkrankungen sind an der Tagesordnung. Die Sportpsychologin Dorothee Alfermann glaubt, dass 20 Prozent der Sportler diesen Übergang nicht meistern.

Auch Rekord-Olympiasieger Michael Phelps geriet nach seinem ersten Rücktritt in eine schwere Krise, die er nach einer Therapie mit erstaunlicher Offenheit beschrieb. Auch Phelps benötigte zehn Jahre, um in seinem neuen Leben anzukommen. Phelps wurde im Alter von elf Jahren von seinem Trainer Bob Bowman entdeckt. Bowman erkannte in dem jungen Phelps das Jahrhunderttalent und die einmalige Gelegenheit, im Sport etwas zu erreichen, das noch nie erreicht worden war. So entwickelte Bowman einen langfristigen Aufbauplan, der Phelps' volle Konzentration auf den Sport verlangte. Phelps' Mutter Debbie willigte ein, und fortan drehte sich im Leben der Familie Phelps alles nur noch um das Schwimmen. In den fünf Jahren vor den Olympischen Spielen von Peking 2008 hat sich Michael Phelps laut eigener Aussage nicht einen einzigen Tag trainingsfrei gegönnt.

Peking war der programmierte Höhepunkt von Phelps' Karriere. Er gewann acht Goldmedaillen, mehr als ein Schwimmer je zuvor. Dieser Rekord war in der Fachwelt bisher für unmöglich gehalten worden. Bereits nach Peking begann Michael Phelps jedoch zu straucheln. Er wollte offensichtlich ausbrechen, wurde auf einer Party mit einer Bong fotografiert und lachte sich in Las Vegas Bardamen an. Doch bald kehrte er wieder in den alten Trainingstrott zurück, die nächsten Olympischen Spiele standen an. Eine richtige Leidenschaft für das Schwimmen konnte er jedoch nicht mehr aufbringen. Er war ausgebrannt.

»Ich habe mindestens dreimal pro Woche das Training geschwänzt, weil ich keine Lust hatte.« Vor den Spielen von London verschwand er nach einem Streit mit Bowman drei Wochen lang spurlos.

Phelps wollte die Ansprüche anderer, der Sponsoren, der Fans, der Manager und Trainer, nicht mehr erfüllen, er selbst hatte längst alles erreicht, was er erreichen wollte. Phelps trainierte für Olympia, weil er ansonsten nichts mit sich anzufangen wusste. Dank seines überragenden Talents gewann er in London noch einmal vier Goldmedaillen. Zwei seiner Paradestrecken, in denen er als Weltrekordhalter antrat, verlor Michael Phelps jedoch, über die 400 Meter Lagen wurde er sogar nur Vierter. Für die anspruchsvolle Disziplin fehlte ihm schlicht das Training. Danach gab er endgültig seinen Rücktritt bekannt. Doch das Leben nach dem Schwimmen stellte sich für Phelps als Katastrophe heraus. Er war halt- und orientierungslos. Er zog Nacht für Nacht durch die Casinos und spielte Poker, um sich einen gewissen Kick zu holen, den er im Pool nicht mehr bekam. Er begann zu trinken und fing Affären mit Callgirls an. Doch Phelps' Depression ließ sich auf Dauer so nicht mehr unterdrücken. Oft lag er tagelang auf dem Boden seiner Wohnung und starrte an die Decke. Später sprach er von ernsthaften Selbstmordgedanken. Phelps' Familie, sein Trainer und sein Manager fingen ihn schließlich auf, nachdem er wegen Alkohol am Steuer verhaftet worden war. Phelps willigte in eine stationäre Therapie in einer Klinik in Arizona ein.

Die Behandlung war erfolgreich, Phelps hatte Glück. Er beschloss, wieder zu trainieren, diesmal aus eigenem Antrieb, und noch eine Olympiade in Angriff zu nehmen. Phelps wollte das mit dem Rücktritt noch einmal probieren, nachdem er es beim ersten Mal gründlich vermasselt hatte.

Bei den Spielen von Rio erlebte man dann einen anderen Phelps, er wirkte gereift, gelöst. Er genoss bewusst das Privileg, dort zu sein, und musste nicht mehr verbissen um jeden Preis siegen. Als er zeitgleich mit zwei Rivalen Zweiter wurde und sich mit den beiden eine Silbermedaille teilen musste, freute er sich authentisch über das einmalige Rennen. Früher wäre er angesichts der Silbermedaille missmutig gewesen – unvergessen sein versteinerter, ungläubiger Blick bei der Niederlage gegen Paul Biedermann bei den Weltmeisterschaften von Rom 2009. Zu Hause wartete nun eine Familie auf ihn, er hatte einen Sohn und ein zweiter war unterwegs. Und gemeinsam mit seinem Coach hatte er sich Aufgaben gestellt. Dazu gehörte unter anderem eine Aufklärungskampagne über den Zusammenhang von Leistungssport und seelischer Krankheit.

Ob und wie gut Athleten den Übergang in ein zweites Leben schaffen, hängt davon ab, welche Ressourcen ihnen zur Verfügung stehen – sozial, intellektuell und auch finanziell. »Wer außerhalb vom Sport nichts anderes hat, der hat ein Riesenproblem«, so der Sportphilosoph Gunter Gebauer.

Schwimm-Olympiasieger Michael Groß fungiert hier als positives Beispiel, er konnte nach seinem Karriereende auf vieles zurückgreifen, das er sich neben dem Sport aufgebaut hatte. In seinem Jahrzehnt, den

Achtzigern, war der Professionalisierungsgrad seiner Sportart noch nicht so weit vorangeschritten, dass es überhaupt eine Möglichkeit gewesen wäre, sich voll darauf zu konzentrieren. Er wäre aufgrund seines Erfolgs vielleicht der einzige Schwimmer seiner Generation gewesen, der das hätte tun können. Aber es war für ihn immer klar, parallel eine Ausbildung zu machen. Den Start bei seinen dritten Olympischen Spielen 1992 opferte er der Arbeit an seiner Doktorarbeit. Leistungssport und Studium parallel zu managen, stets genoss Groß die volle Unterstützung seiner Familie. Die Familie half ihm auch dabei, den Sport in einem größeren Zusammenhang zu sehen. Schwimmen war eine wunderbare Nebensache, eine Phase. Aber es war immer klar, dass es nicht das wirkliche Leben ist. So wurde Michael Groß ein erfolgreicher Unternehmer und Familienvater, der zwar gern auf seine Schwimmkarriere zurückblickt, sie aber lange hinter sich gelassen hat.

Andere, wie Fredy Schmidtke oder Rebecca Twigg, hatten kein solches Glück. Sie saßen dem Trugschluss auf, dass ihre Leistung nach der Karriere irgendwie vergütet wird. Doch da kam nichts. »Die Sportler werden komplett alleingelassen«, so Gunter Gebauer.

Solange die Sportler, insbesondere in olympischen Sportarten, im Rampenlicht stehen und Medaillen gewinnen, bekommen sie Anerkennung und Unterstützung aus Politik und Wirtschaft. Doch sobald das Flutlicht ausgeht und die Kameras abgebaut werden, ist der Sportler allein. »Man sieht das doch schon am Deutschen Haus bei den Olympischen Spielen«, so Gebauer. »Da feiern die Herren aus Politik und Wirtschaft unter sich.« Niemand spricht mit den Athleten darüber, wie man ihnen helfen könne, ob sie einen Job brauchen etwa. Laut Gebauer gibt es hier eine riesige Verantwortung, die nicht wahrgenommen wird. Eine Tatsache, die ihn zornig macht. Sponsoren im Radsport etwa dürften die Sportler nicht nur als radelnde Litfaßsäulen sehen, sondern hätten eine Pflicht, die Menschen zu sehen. Gleiches gelte für Sportverbände und Politiker, die Sportler vorgeblich als Repräsentanten der Nation sehen.

Tatsächlich war in dieser Hinsicht der Osten das bessere System. Den Athleten war nicht nur eine finanzielle Absicherung nach der Karriere sicher, sondern auch lebenslange soziale Anerkennung. Im Westen wird man hingegen schnell vergessen. »Nach ein paar Jahren ist es so, als wäre das gar nicht passiert. Der Lebenserfolg liegt hinter einem und beim Versuch, etwas Neues aufzubauen, hat man massive Wettbewerbsnachteile«, so Gebauer. Nicht selten seien Depression und Verbitterung die Folge.

Das war vermutlich genau der Seelenzustand, mit dem Jan Ullrich 2007 in sein neues Leben startete. Und das war erst der Anfang.

UDO

Udo Bölts hat sich ein wenig verspätet zu unserem Treffen in einem Café auf dem Bahnhofsvorplatz von Kaiserslautern; es war nicht so leicht, einen Parkplatz zu bekommen, entschuldigt er sich. »Ist halt nicht so einfach mit einem großen Waldfahrzeug.«

Der Unimog ist Bölts' Dienstfahrzeug, der einstige Edelhelfer von Jan Ullrich arbeitet als Förster. Er ist Angestellter beim Naturpark Pfälzerwald und pflegt das Trail-Netzwerk in den weitläufigen Wäldern seiner Heimat. Täglich acht bis neun Stunden ist er da draußen, mit der Motorsäge und der Axt, harte körperliche Arbeit, aber Bölts klagt nicht. »Ich bin zufrieden«, sagt er. Überhaupt wirkt Bölts, heute 58 Jahre alt, wie einer, der in sich ruht. Der Frieden gemacht hat mit seinem Leben, mit seiner Vergangenheit und mit dem Ort, an dem er nun angekommen ist. Ganz im Gegenteil zu Jan Ullrich, dem Mann, mit dessen Laufbahn seine eigene eng verwoben ist und die doch so unterschiedlich verlaufen sind.

In der Öffentlichkeit außerhalb des Radsports ist Bölts auf ewig für die vier Worte bekannt, die er während der Tour 1997 Jan Ullrich ins Gesicht geschleudert hat. »Quäl dich, du Sau!«, entfuhr es damals Bölts, als Ullrich in den Vogesen einen Schwächeanfall hatte und der hart erkämpfte Tour-Sieg, für den Leute wie Bölts sich abgerackert hatten, kurz vor Paris noch einmal in Gefahr geriet (den Titel von Bölts Biografie dürfen Sie raten). Der Spruch verriet vieles über beide Männer. Da war auf der einen Seite Ullrich, das Megatalent, dem alles zuflog, der für nichts wirklich kämpfen musste. Und dann war da Bölts, ein guter Radprofi, ein sehr guter sogar, aber eben kein Überflieger. Einer, der sich in seiner Laufbahn immer alles erkämpfen musste und dessen Marktwert im Profigeschäft sich in erster Linie aus seiner Aufopferungsbereitschaft speiste. Deshalb ist es auch der

Spruch, der von Bölts in Erinnerung bleibt, und nicht etwa sein eigener neunter Platz bei der Tour de France 1994. Oder sein Sieg bei der Clásica San Sebastián. Bölts war der ewige klaglose Zuarbeiter, der im Frühjahr Wesemann bei den Klassikern unterstützte, Winokurow bei Paris–Nizza, Ullrich bei der Tour sowie bei den Herbstrennen Erik Zabel.

Dass sich Bölts und Ullrich das letzte Mal gesehen haben, ist nun schon ein paar Jahre her, genau kann Bölts sich nicht erinnern. Es war irgendein Radsportwochenende für Promis in den Vogesen, dort, wo der zur Legende gewordene Austausch der beiden stattgefunden hatte. Woran Bölts sich jedoch genau erinnert, ist, dass der Veranstalter am Vorabend der Tour den Gästen ein Video über Ullrich vorgespielt hat, mit Highlights seiner glanzvollen Karriere, unterlegt mit bombastischer Musik. Ullrich habe das sichtlich genossen, erinnert sich Bölts. Es habe ihm offenbar gutgetan, die Uhr auf die Zeit vor dem 30. Juni 2006 zurückzudrehen, als er noch als nationaler Radsportheroe galt und nicht als Betrüger, der die Zuneigung und Verehrung seiner Fans verraten habe. Ullrich habe sich in diesem Moment richtiggehend gesonnt. Bölts selbst war das alles jedoch eher unangenehm. Nachdem im Saal das Licht wieder angegangen war und die Gäste mit Ullrich zur Bar hinübergewechselt waren, ging Bölts zum Veranstalter und sagte ihm, dass ihm das »alles eine Nummer zu dick aufgetragen war«. Für Bölts ist sein ehemaliger Kapitän weder »der liebe Gott in Gelb« noch ein Verbrecher, sondern »ein Mensch mit Höhen und Tiefen«.

Udo Bölts hat heute eine gesunde Distanz zum Radsport und zu seinem alten Leben als Profi. Aber auch für ihn war es ein langer Weg zu einem neuen Gleichgewicht. Zuerst sah es für Bölts so aus, als habe er einen sanften Übergang in das Leben nach der Sportlerkarriere hinbekommen. In seiner letzten Saison 2003 wechselte er nach zwölf Jahren beim Team Telekom zum Team Gerolsteiner, um dort als eine Art Fahrertrainer bei der damals jungen Mannschaft ein letztes Mal die Tour zu fahren. Das Arrangement sollte den Übergang in die

Sportliche Leitung des Teams ebnen. Als Jan Ullrich 2006 kurz vor dem Tour-Start nach Hause geschickt wurde, schien Bölts' Zukunft gesichert. Neben der Mitarbeit bei Gerolsteiner arbeitete er als Experte beim ZDF. Wie so viele seiner Kollegen, würde er im Umfeld des Radsports weiterhin sein Auskommen haben. Doch in der Folge der Enthüllungen um Ullrich und das Team Telekom wandelte sich das Klima in Deutschland erheblich. Im Frühjahr 2007 veröffentlichte der ehemalige Team-Telekom-Masseur Jef D'Hont ein Buch, das die systematischen Dopingpraktiken bei Telekom enthüllte. Kurz vor der Tour 2007 kam dann das Geständnis von Jörg Jaksche dazu.

Bölts legte kurz nach seinen ehemaligen Kollegen Erik Zabel und Rolf Aldag ein Geständnis ab. Kurz darauf trat er von seinen Aufgaben beim Team Gerolsteiner zurück, das ZDF entließ ihn. Bölts stand vor dem Nichts, »ich musste erst mal sehen, wie ich zurechtkomme.« Seine Lehre als Werkzeugmacher war 15 Jahre her und nutzte ihm nicht mehr viel. Bölts hatte zwei Kinder und gerade ein Haus gebaut. Zu alledem wurde sein Vater noch schwer krank. »Ich war in dieser Zeit ziemlich verhärtet und voller Hass«, gibt Bölts heute zu. Die komplette soziale Ächtung und die Denunzierung schienen ihm ungerecht und überzogen. »Das war völlig über das Ziel hinausgeschossen. Da ist viel Schaden angerichtet worden.« Gerettet, so Bölts, habe ihn damals allein die Sorge um die Familie. »Da ging es erst einmal nicht um mich und um meine Probleme.«

Udo Bölts machte einen Motorsägenschein und gründete eine Firma zur Waldpflege. Das Geld, das er als Radprofi verdient hatte, reichte bei Weitem nicht aus, um die Familie zu ernähren. Die Pflege seines kranken Vaters und später seiner Mutter, meint Bölts heute, sei für ihn heilsam gewesen. Das Radsportuniversum, das einem so vorkommt, als sei es die ganze Welt, wenn man Teil davon ist, wurde plötzlich klein und unbedeutend.

Für Bölts war es die Familie, die ihn geerdet und gerettet hat – seine Frau, seine Kinder und auch sein Bruder, der ebenfalls Radprofi war und den Übergang in eine zivile Existenz schon geschafft hatte. Ohne sie, auch darüber ist sich Bölts im Klaren, hätte er nicht gewusst, wie er das durchgestanden hätte.

Heute hat Udo Bölts ein gutes Verhältnis zu seiner Zeit als Radprofi. Es ist ein Teil von ihm, ein wichtiger Teil. Ein Teil, den er annehmen kann, »mit allen Höhen und Tiefen«. Die guten Seiten bleiben ebenso wie die dunklen, die, auf die er »eher nicht so stolz« ist. Bölts muss sich nicht völlig ablösen von seiner Vergangenheit, sie nicht leugnen. Aber er muss sie auch nicht überhöhen. Vor allem ist es nicht alles, was er hat, alles, was er ist.

Udo Bölts hat aus seiner Erfahrung gelernt, vieles davon auf die harte Tour. Davor würde er junge Rennfahrer gern bewahren, wenn er könnte. Er würde ihnen gern sagen, dass der Radsport eine Scheinwelt ist und wie wichtig es ist, sich ein Leben außerhalb zu bewahren. Kontakt zu halten zu den Menschen, die vorher schon da waren, »weil das sind die, die übrig bleiben«. Er würde ihnen gern vermitteln, das Geschäft nüchtern zu betrachten. »Du denkst als junger Fahrer, wenn du erfolgreich bist, dass sich alles um dich dreht, dass du unersetzlich bist.« Das sei aber einer der gefährlichsten Trugschlüsse. »Letztlich bist du nur ein Werbeträger, ein Körper, der ein Trikot durch eine Landschaft fährt.«

Das klingt zwar zynisch, doch so ist Udo Bölts überhaupt nicht.

»Ich hatte ein schönes, erfolgreiches Leben als Radprofi und ich bin auch mal in die Scheiße getreten. Aber ich habe mich berappelt. Das Leben verläuft halt nicht auf einer Geraden«, sagt er. Dann setzt er sich in seinen Unimog und brummt davon in seinen Wald.

VI
DER JUNGE AUS PAPENDORF

Jan Ullrich hatte seinen Vater jahrelang nicht mehr gesehen, als dieser wie ein Gespenst im Jahr 1993 wieder in seinem Leben auftauchte. »Ich hatte ihn aus meinem Gedächtnis gestrichen«, sagte er im Sommer 2021 in einem Interview mit der französischen Sportzeitung *L'Equipe*. Doch nun stand er plötzlich da, beim Start eines Kriteriumsrennens am Berliner Kurfürstendamm und drückte seinem Sohn einen Zettel mit einer Telefonnummer in die Hand. Es ist eine traurige Geschichte einer verpassten Gelegenheit, diese flüchtige Begegnung am Ku'damm. Ullrich stopfte damals nach eigener Aussage die Nummer seines Vaters in seine Trikottasche, doch kurz nach dem Start begann es zu regnen[1]. Ullrichs Trikot, das Regenbogentrikot des frisch gekürten Amateurweltmeisters, sog sich mit Wasser voll. Von dem Zettel blieb nur ein nasser Klumpen, die Nummer war nicht mehr lesbar.

Wer weiß, was passiert wäre, wenn Ullrich damals seinen Vater angerufen hätte, der aus seinem Leben verschwand, als er sechs Jahre alt war? Hätte Werner Ullrich Jan sagen können, dass es ihm leidtue, wie er sich benommen hat, als Ullrich und seine Brüder klein waren?

---

1 Vgl. Ullrich, Jan (mit Boßdorf, Hagen), *Ganz oder gar nicht: Meine Geschichte*, Ullstein Verlag, Berlin, 2005, S. 91.

Hätten bei beiden Männern Wunden heilen können, hätten sie zusammenfinden können?[2]

Man wird es niemals sagen können. Als Werner Ullrich 2013 stirbt, erfährt Jan Ullrich die Nachricht vom Tod seines Vaters aus der Zeitung. Die verpasste Gelegenheit bewegt ihn bis heute. So bleiben Ullrich vermutlich nur Erinnerungen wie diese: Am Silvestermorgen 1977, Ullrich war gerade vier Jahre alt geworden, nahm sich sein Vater morgens die Langlaufski und fuhr sieben Kilometer über die mecklenburgischen Äcker von ihrem Heimatort Papendorf nach Rostock. Dort lud er sich den Rucksack voll mit Krapfen, Böllern sowie – als besondere Überraschung für Jan – Raketen und fuhr die sieben Kilometer zurück. »Da war ich stolz, so einen Vater zu haben«, sagt Ullrich in seiner 2004 von Hagen Boßdorf aufgeschriebenen Autobiografie *Ganz oder gar nicht*.

Und dann war da natürlich der Tag im Jahr darauf, als Werner Ullrich seinem Sohn das Fahrradfahren beibrachte. Eine bleibende und offensichtlich prägende Erinnerung. Kurz danach war Werner Ullrich weg. An andere Dinge erinnert sich Jan Ullrich nicht so gut. »Vielleicht wollte ich meinen Vater unbedingt in guter Erinnerung behalten«, sagte er 2004. Und fügte mit erstaunlicher Klarheit an, dass er schon immer sehr gut im Verdrängen war. Das war zweifellos für lange Zeit eine gesunde Überlebensstrategie. Denn allzu genau wird er nicht mehr daran gedacht haben wollen, wie das damals war.

Als Jan Ullrich auf die Welt kam, lebten seine Eltern zusammen mit seinem älteren Bruder Stefan in einer kleinen Dachgeschosswohnung in Papendorf, einem 2.000-Einwohner-Dorf im Süden des Landkreises Rostock. Der Vater, ein Betonarbeiter in einem Plattenwerk in Rostock, war nur selten zu Hause, als Angehöriger der Nationalen Volksarmee übernachtete er meist in der Kaserne.

Marianne Ullrich, die später ihren Mädchennamen Kaatz wieder annahm, kümmerte sich praktisch allein um den Haushalt und die

---

2 Hier und im Folgenden: Ullrich, Jan (mit Boßdorf, Hagen), a. a. O., S. 28 ff.

1

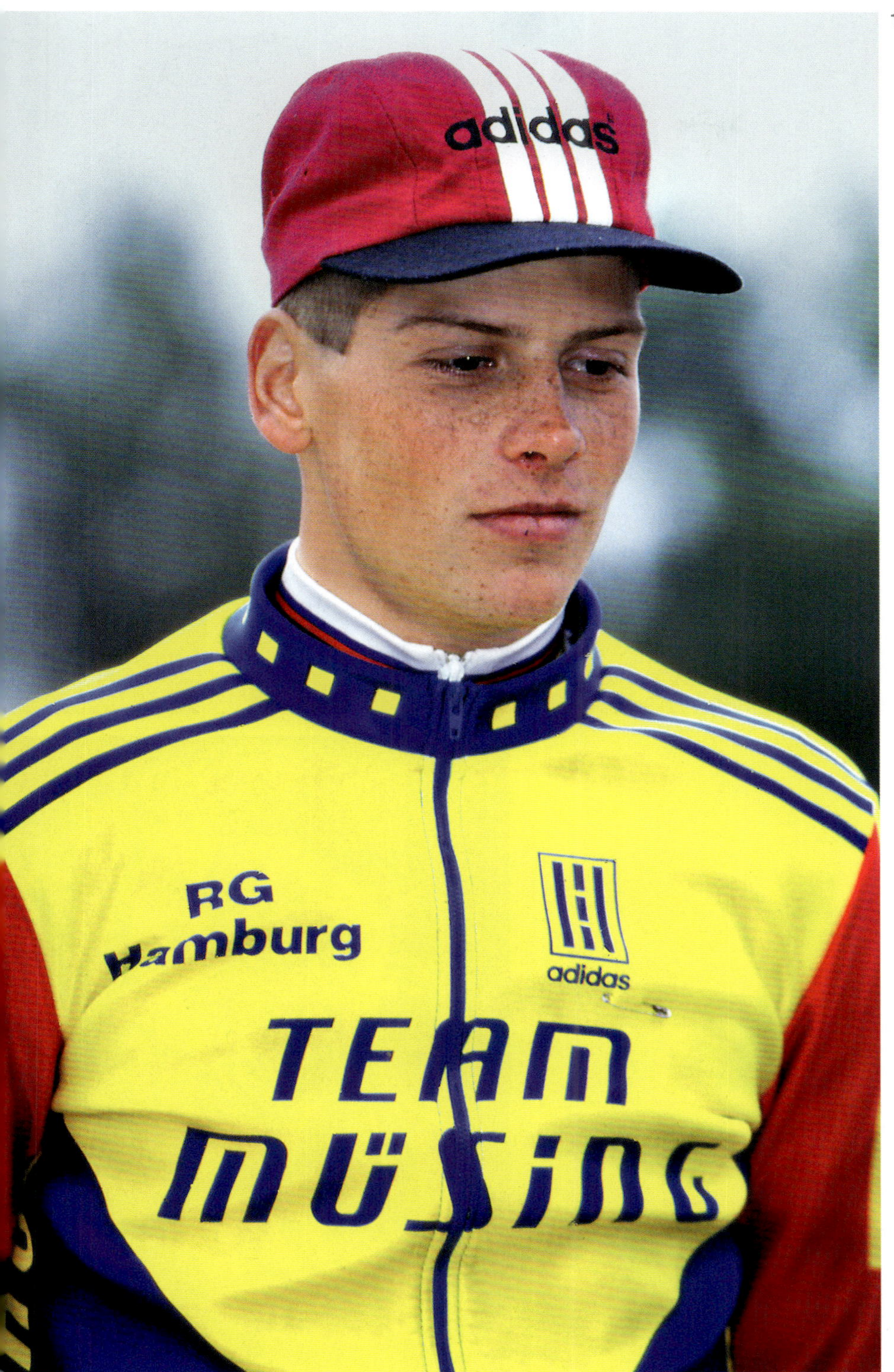

hrjahre: Nach der Wende startet Jan Ullrich für die Radsport-Gemeinschaft Hamburg (RG), lebt in der ansestadt und avanciert schnell zum Star der Fahrrad-Bundesliga.

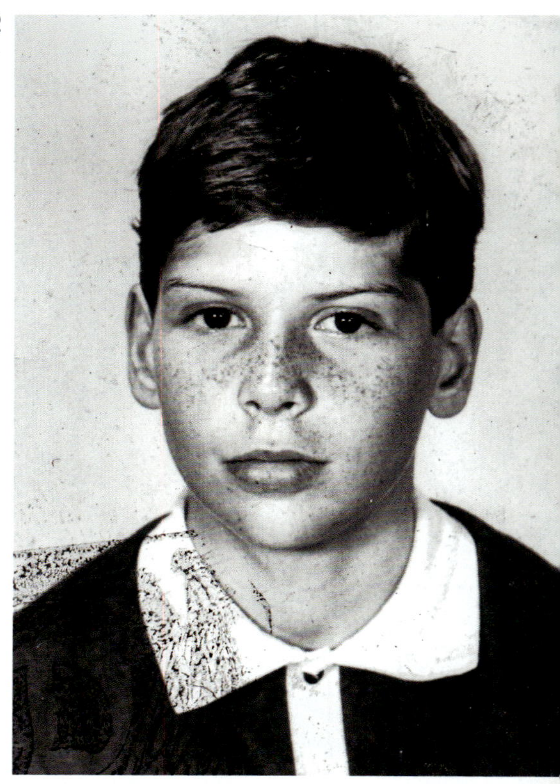

Der Junge aus Papendorf: Jan Ullrich wächst in einem Vorort von Rostock auf.

3

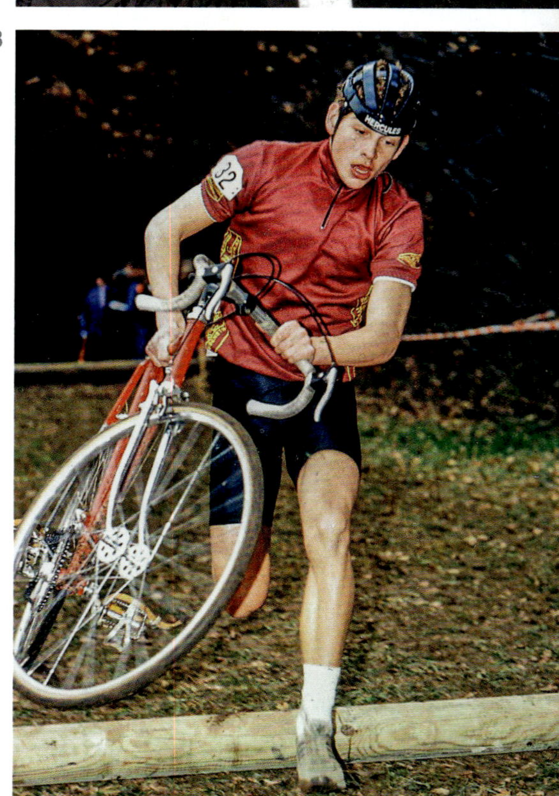

Das Naturtalent: Der junge Jan Ullrich ist die große Hoffnung des DDR-Radsports.

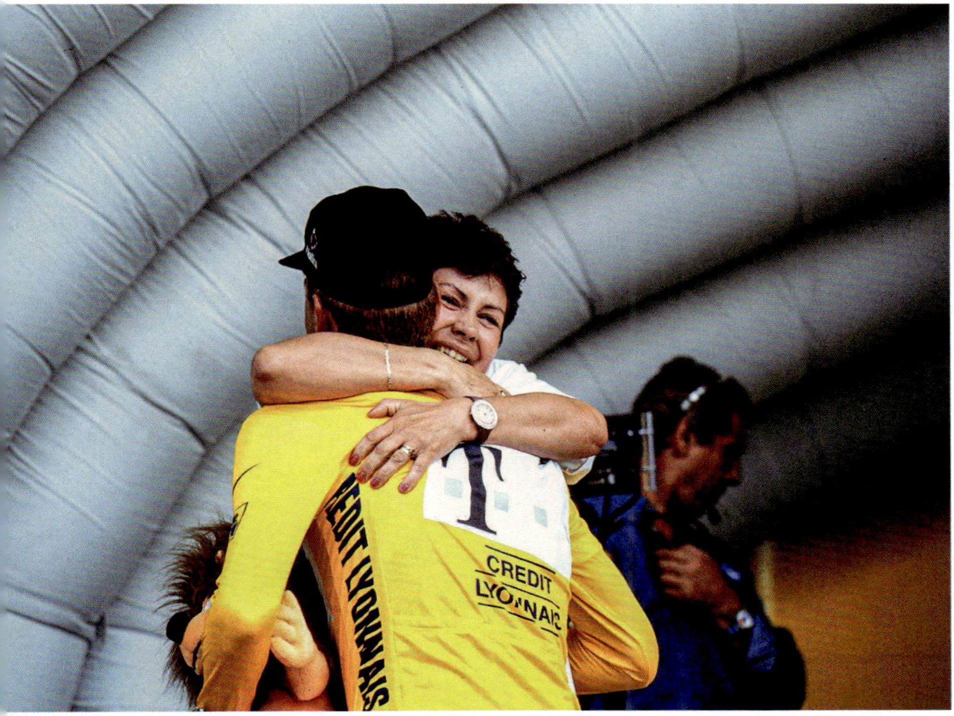

4

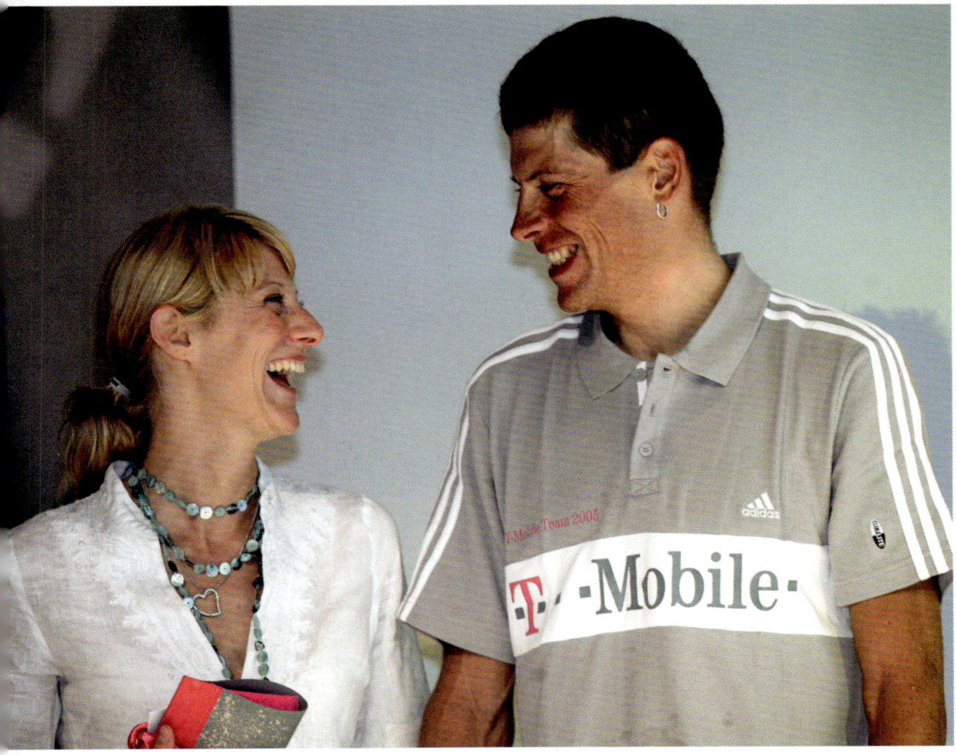

5

ıtterstolz: Marianne Kaatz umarmt ihren Sohn auf dem Podium in Paris.

ımals noch die große Liebe, heute laut Jan Ullrich seine beste Freundin: Sara Steinhauser.

6

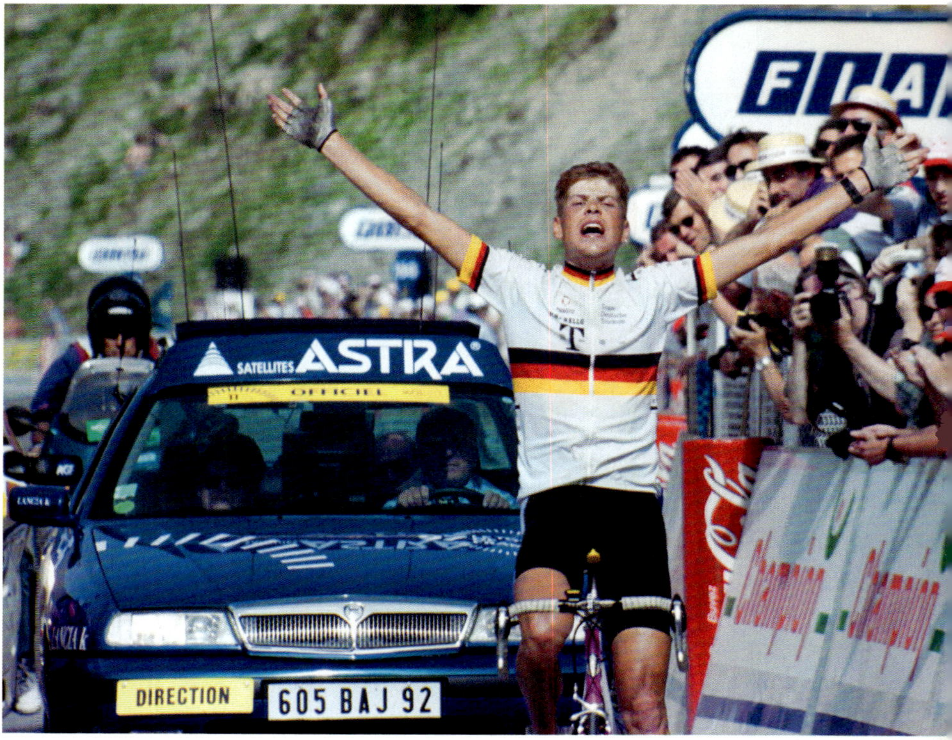

7

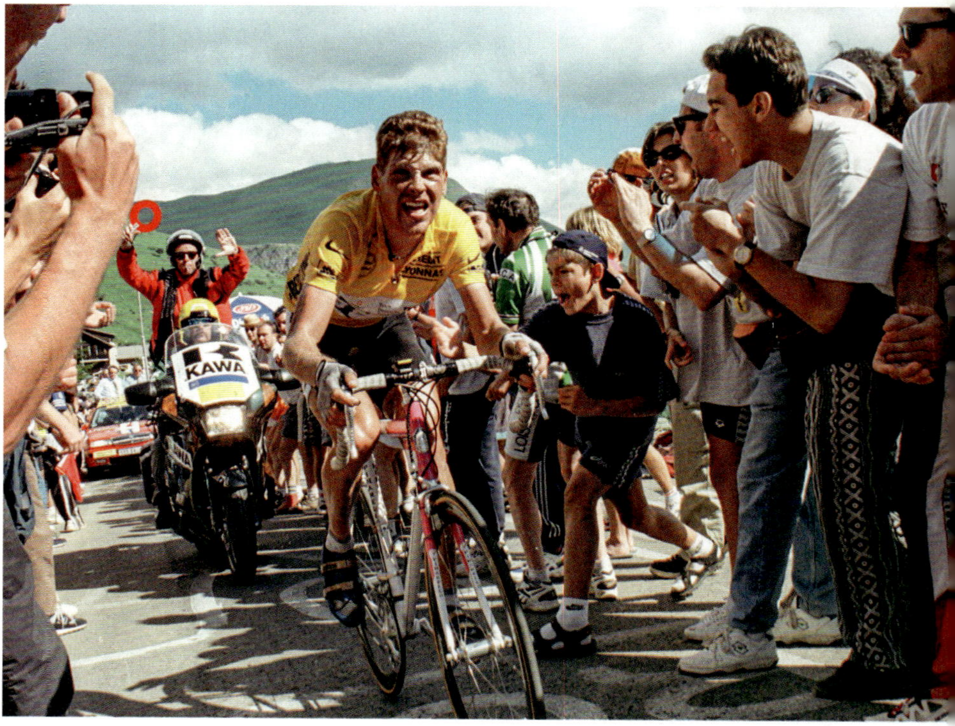

Am Gipfel: Der Deutsche Meister triumphiert in den Pyrenäen und drückt der Tour 1997 seinen Stempel auf.

Der Patron: Der erste und einzige deutsche Tour-Sieger im Gelben Trikot.

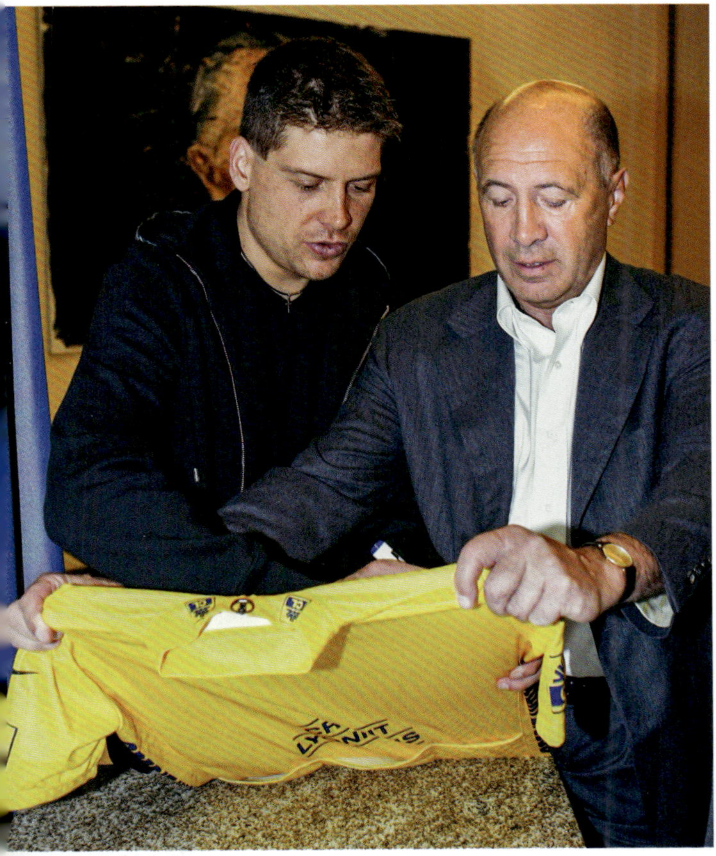

8

Väterlicher Freund: Manager Wolfgang Strohband begleitet Jan Ullrich von seinen Amateurtagen bis zum Karriereende.

9

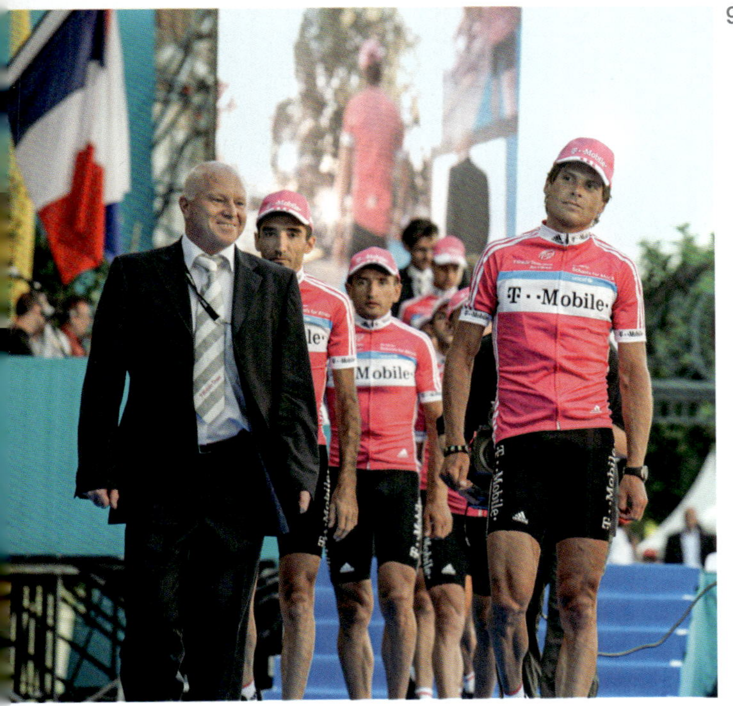

Unzertrennlich: Ullrich mit Rudy Pevenage, seinem Mentor beim Team Telekom und später bei Bianchi.

10

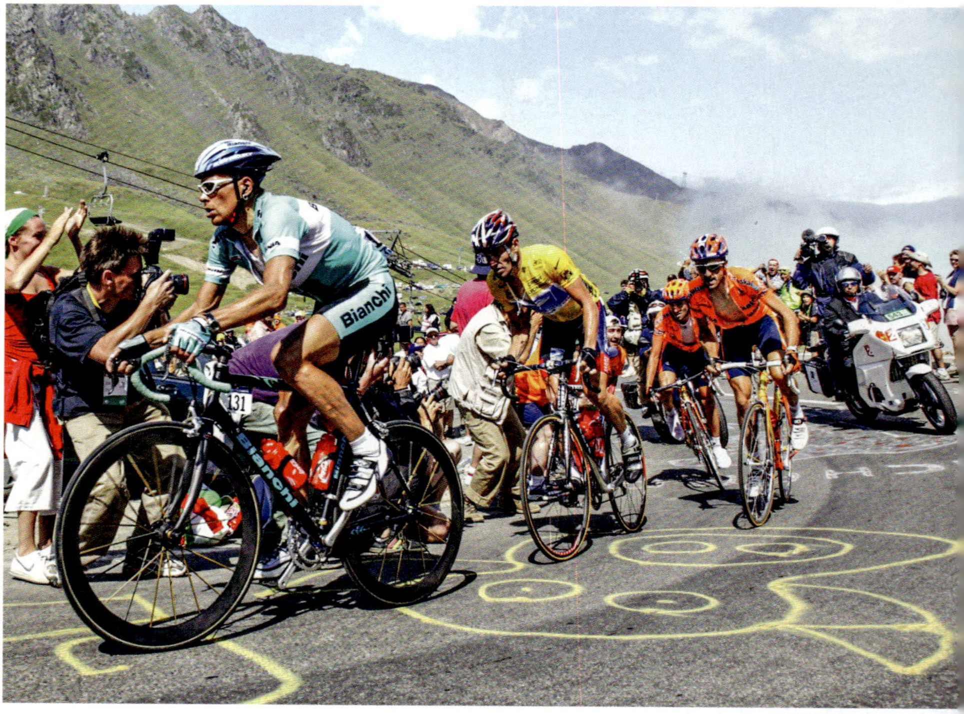

11

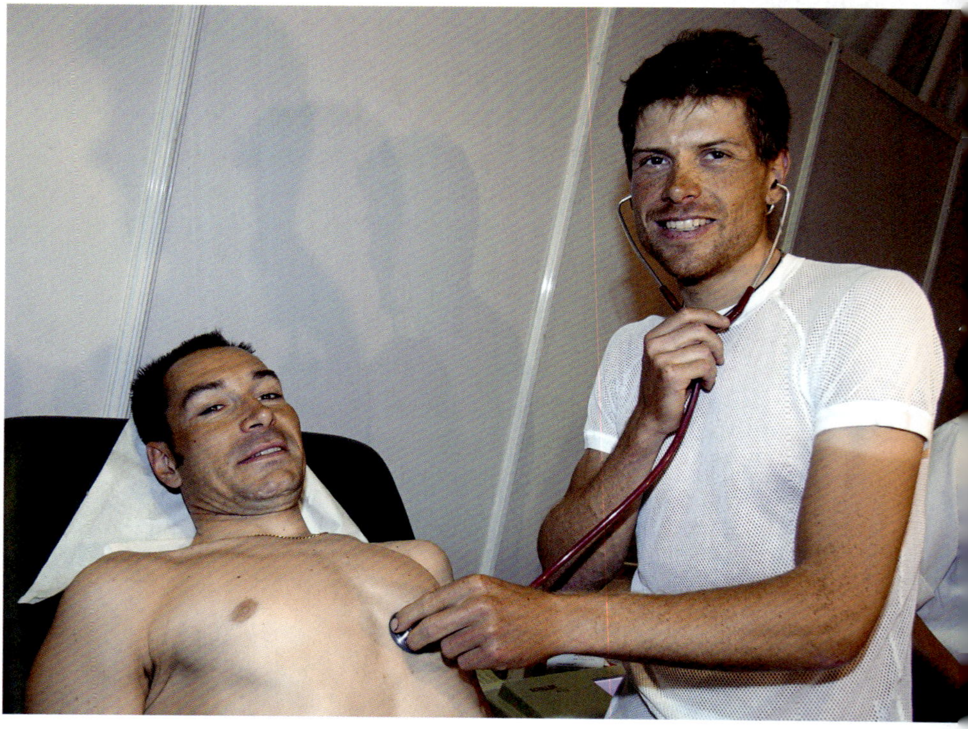

Das Duell: Die Rivalität mit Lance Armstrong bestimmte Ullrichs Karriere und über Jahre die Frankreich-Rundfahrt.

Freunde im Team: Jan Ullrich und Erik Zabel, die beiden damaligen Stars des deutschen Radsports.

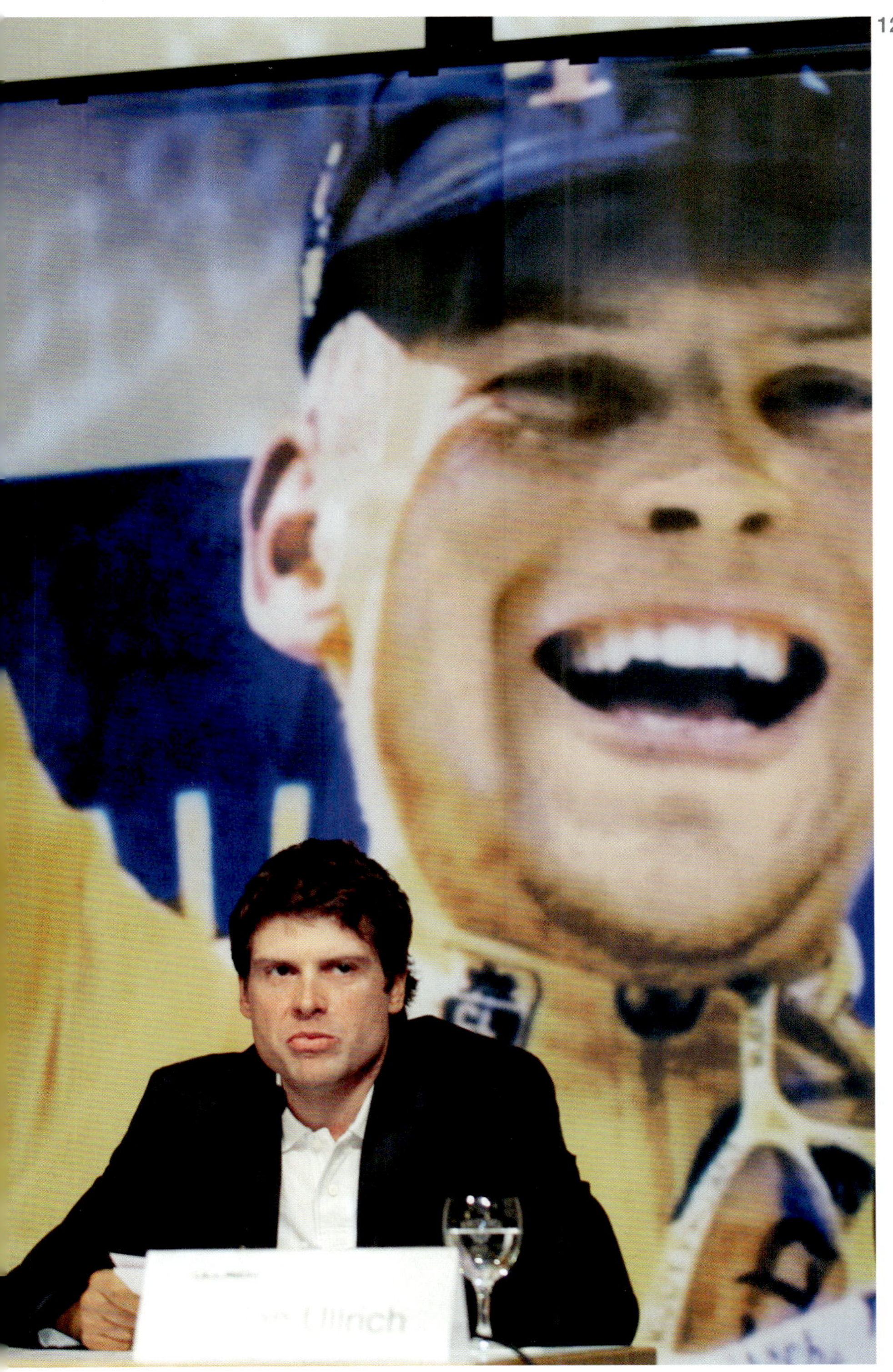

ıbrechnung: Statt einer Dopingbeichte bekommen die Medien 2007 in der legendären Pressekonferenz ı Hamburg bittere Kritik zu hören.

13

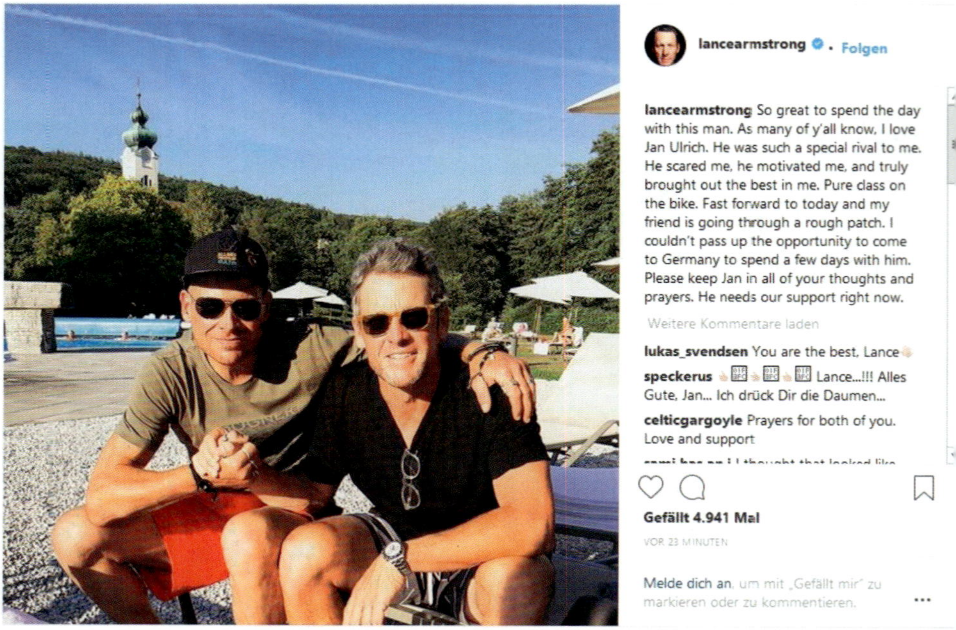

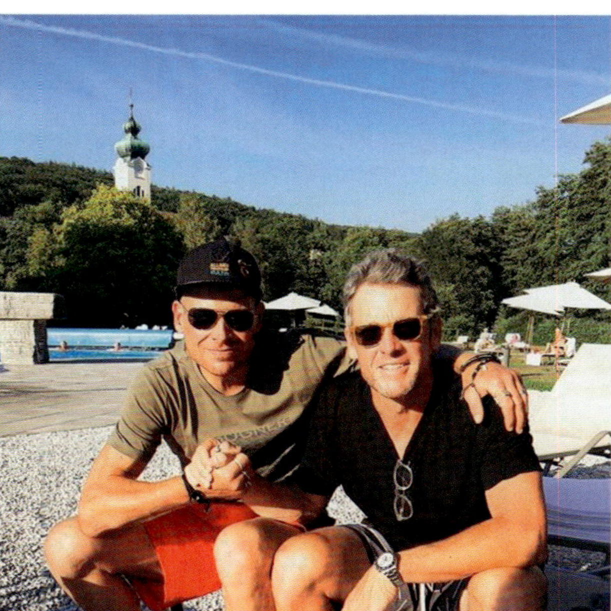

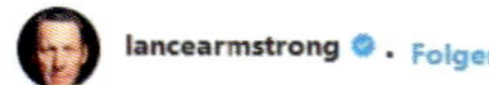

lancearmstrong So great to spend the day with this man. As many of y'all know, I love Jan Ulrich. He was such a special rival to me. He scared me, he motivated me, and truly brought out the best in me. Pure class on the bike. Fast forward to today and my friend is going through a rough patch. I couldn't pass up the opportunity to come to Germany to spend a few days with him. Please keep Jan in all of your thoughts and prayers. He needs our support right now.

Weitere Kommentare laden

lukas_svendsen You are the best, Lance

speckerus Lance...!!! Alles Gute, Jan... Ich drück Dir die Daumen...

celticgargoyle Prayers for both of you. Love and support

Gefällt 4.941 Mal

VOR 23 MINUTEN

Melde dich an, um mit „Gefällt mir" zu markieren oder zu kommentieren.

14

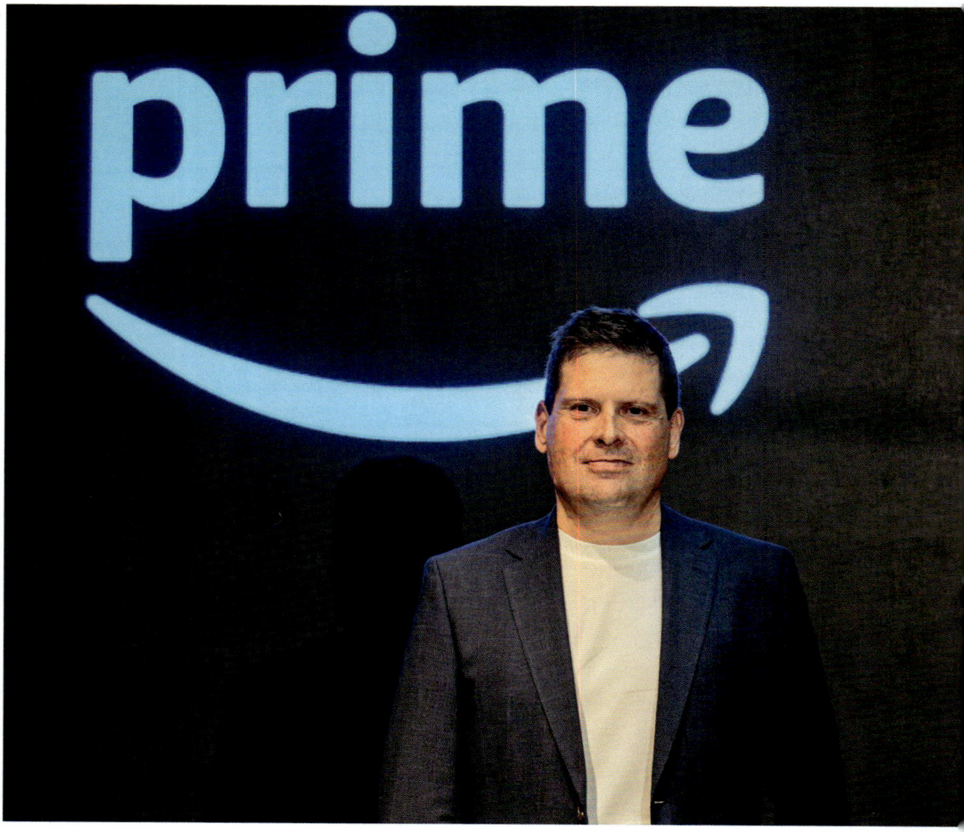

Einst R vale, nun Retter: Lance Armstrong steht Jan Ullrich seit seiner schweren Lebenskrise zur Seite.

Relaunch: Bei der Präsentation der Amazon-Doku »Jan Ullrich – Der Gejagte« im Herbst 2023.

beiden Jungs, die zwei Jahre auseinander waren; daneben kellnerte sie in der Dorfgaststätte, um sich das Studium zu finanzieren, das sie zusätzlich auch noch bewältigte. Ein übermenschliches Pensum.

Wenn Stefan und Jan mit der Mutter allein waren, muss es recht harmonisch zugegangen sein im Hause Ullrich, die Brüder haben ihre Mutter immer als liebevoll und fürsorglich beschrieben[3]. »Ich hatte alles, was ich brauchte an Liebe und Zuneigung«, sagt Jan Ullrich heute. Doch wenn der Vater nach Hause kam, konnten die Jungs nie wissen, was passieren würde. Manchmal war er lustig und ein toller Vater – so wie an jenem Silvestertag 1977. Aber oft kam er wohl auch sturzbetrunken heim. Dann haben die beiden in ihrem Zimmer die Decke über den Kopf gezogen und gehofft, dass das alles bald wieder vorbeiginge.

Leider ging es oft nicht einfach so wieder vorbei. Werner Ullrich wurde jähzornig im Suff, er verprügelte seine Frau vor den Kindern[4]. Wenn sie ihm in die Quere kamen, dann nahm er auch die beiden Brüder ran. Stefan, so Jan Ullrich, bekam es öfter ab, er war älter und versuchte manchmal, seine Mutter zu beschützen. Aber auch der kleine Jan kam immer wieder in die Schusslinie. Bis heute zeugt eine Narbe an seinem Kopf davon. Es ist eine schreckliche Erinnerung, die da immer zum Vorschein kommt, wenn Jan Ullrich sich die Haare kurz schneidet. »Ich habe lange das Bett genässt«, gesteht er vor der Kamera der Dokumentarfilmer. »Wohl auch wegen der ständigen Gewalt bei uns zu Hause.« Als Werner Ullrich ihn einmal dabei erwischte, schlug er den kleinen Jan so heftig, dass der Sohn quer durch den Raum flog. Ein Kindheitstrauma, das man sich schlimmer kaum vorstellen kann.

Für Marianne Kaatz und ihre Söhne gab es Mitte der 1970er-Jahre in der DDR keine Anlaufstelle, um sich Hilfe zu suchen. Beratungsstellen für suchtbelastete Familien, wie es sie heute überall gibt, waren schlicht-

3 Ullrich, Jan (mit Boßdorf, Hagen), a. a. O., S. 24.

4 Ullrich, Jan (mit Boßdorf, Hagen), a. a. O., S. 28.

weg nicht vorhanden. Ebenso wenig Selbsthilfegruppen für Angehörige von Alkoholikern, die man mittlerweile in jeder Stadt findet.

Heute hat man erkannt, wie belastend Suchterkrankungen für Familien sind, was für eine schwere Hypothek solche Abhängigkeiten für Kinder darstellen. Die Drogenbeauftragte der Bundesregierung schätzt, dass fünf bis sechs Millionen Menschen in Deutschland aus solchen Familien stammen, sechs Millionen Menschen also, die dringend Hilfe brauchen.

Die Symptomatik von Kindern aus suchtbelasteten Familien ist mittlerweile genau erforscht. Meist entwickeln solche Kinder Überlebensstrategien, die ihnen helfen, eine solche Kindheit zu überstehen, die für sie jedoch im Erwachsenenalter zu einem schier unüberwindbaren Hindernis dabei werden können, selbst eine glückliche und stabile Existenz zu führen.

Kinder von Alkoholikern neigen dazu, eine von mehreren Rollen einzunehmen: Da ist die Rolle des Retters, der es auf sich nimmt, die Familie zusammenzuhalten und den Suchtkranken sowie den anderen Elternteil zu beschützen. Diese Kinder haben in ihrem späteren Leben oft die größten Probleme.

Jan Ullrichs Rolle war vermutlich jedoch eher die, die Therapeuten als das »verlorene Kind« bezeichnen. Solche Kinder ziehen sich zurück, sind emotional und sozial isoliert. Sie spalten sich von ihren Gefühlen ab, sind Weltmeister im Verdrängen. Doch im Erwachsenenalter bereitet ihnen diese Überlebensstrategie größte Probleme sowohl bei intimen Beziehungen als auch bei sozialen Beziehungen anderer Art. Wenn der Zugang zu den eigenen Gefühlen abgeschnitten ist, ist es extrem schwierig, diesen später wiederherzustellen.

Spätestens mit dem Beginn des Erwachsenenalters bekommen Kinder von Alkoholikern häufiger Probleme mit Depressionen und Angstzuständen. Viele fühlen sich verloren, es fehlt ihnen das Urvertrauen in das Leben und in andere Menschen. Bei Kindern, die Opfer und/oder Zeuge häuslicher Gewalt waren, sind solche Symptome noch weitaus schlimmer.

Auf der Checkliste des Netzwerks für »Erwachsene Kinder von Alkoholikern« stehen unter anderem folgende Charaktereigenschaften:

Wir suchten nach Anerkennung und verloren dabei unsere Identität.
Wir werden selbst Alkoholiker oder heiraten einen solchen oder beides.
Wir haben Angst vor jeglicher persönlichen Kritik.
Wir wurden süchtig nach Aufregung.
Wir haben unsere Gefühle aus unserer traumatischen Kindheit »unterdrückt« und haben unsere Fähigkeit verloren, unsere Gefühle zu fühlen oder auszudrücken, weil das zu schmerzhaft ist.
Wir sind abhängige Persönlichkeiten, die Angst vor dem Verlassenwerden haben und die alles tun werden, um eine Beziehung aufrechtzuerhalten, damit wir die schmerzhaften Verlustgefühle nicht spüren, die wir durch das Zusammenleben mit kranken Menschen, die emotional nie für uns da waren, erlitten haben.

Aspekte dieser Eigenschaften sind auch bei Jan Ullrich klar zu erkennen, er selbst bezeichnet sich heute als Suchtmensch. Die Suchtneigung ist bei Kindern von Suchtkranken etwa viermal so groß wie bei anderen Menschen. Aber auch die Angst vor dem Verlassenwerden könnte man annehmen, als ihn zunächst sein Radsportumfeld fallen ließ und, dann ganz besonders, als seine Familie nachzog, Mallorca den Rücken kehrte und er plötzlich ganz allein dasaß. Für Kinder von Alkoholikern wie Jan Ullrich sind die extremen Gefühle des Alleinseins, die solche Erlebnisse auslösen, vollkommen unerträglich.

Wie viele Kinder von Alkoholikern, waren die Ullrich-Brüder jedoch zunächst einmal sehr gut darin, sich zu behelfen. Stefan und Jan und später auch der 1978 geborene Nachzügler Thomas müssen es irgendwie verstanden haben, sich inmitten all des Unheils in der Dorfstraße in Papendorf, zwischen dem unberechenbaren und manchmal jähzornigen Vater und der fürsorglichen, aber überforderten Mutter eine heile Welt zu schaffen.

Das Refugium der Ullrichs war der Sport, genauer gesagt die SG Dynamo Rostock West. Stefan war der Erste, der dort regelmäßig in die Übungsstunden ging, die nach Maßgabe der zentralen DDR-Sportplaner für die jüngeren Jahrgänge noch allgemein gehalten waren. Freude an der Bewegung, athletische Rundum-Ausbildung und die Entwicklung von Kameradschaft waren gefordert. So wurde am Sportplatz in der Rostocker Südstadt geturnt, gelaufen und Fußball gespielt, nichts deutete darauf hin, dass dies bereits der erste Schritt der systematischen, langfristigen Auslese und Ausbildung zukünftiger Olympiasieger war.

Für die Ullrich-Jungs war der Sportverein in der tristen Südstadt von Rostock das Paradies. Er bot all das, was schwierige Verhältnisse zu Hause nicht bieten können. Beim Training mit anderen Jungs konnten sie alles an angestauter Aggression loswerden. Sie konnten sich austoben, sie selbst sein, Kind sein. Das Training mehrmals in der Woche gab ihnen Struktur und einen Bezugspunkt, die Gruppe war eine Art Ersatzfamilie, in der alles intakt war. Und es gab bei der SG Dynamo eine Vaterfigur, die immer präsent war, verantwortungsvoll, gütig und gewissenhaft. Dieser Ersatzvater aus der Südstadt war Peter Sager. Sager fehlt in keiner Erzählung über die frühen Jahre von Jan Ullrich, er wird als der Entdecker des später erfolgreichsten deutschen Radsportlers aller Zeiten gefeiert.

Ganz entgegen der gemeinhin bekannten Annahmen über die maschinenhafte Systematik der DDR-Sportförderung wurde Ullrichs Talent durch Zufall entdeckt. Im Park am Fischerdorf von Lütten Klein, einer gesichtslosen Vorstadt von Rostock, fand damals ein Querfeldeinlauf statt, und Peter Sager hatte unter seinen Jungs herumgefragt, ob jemand noch einen Neunjährigen kenne, der vielleicht Lust hätte, da mitzumachen. Gemeldet hat sich Stefan Ullrich, er hätte da einen kleinen Bruder.

Der Rest ist Legende, der kleine, schmächtige Jan lief allen davon und überholte sogar noch die Zehnjährigen. Am Montag danach unterschrieb seine Mutter für ihn den Mitgliedsantrag bei der SG Dynamo.

In den folgenden Jahren wurde die SG Dynamo zu Jan Ullrichs Lebensmittelpunkt. Er konnte es nicht erwarten, mit seinem Diamant-Rennrad, das der Klub ihm zur Verfügung gestellt hatte, zum Training zu fahren. Als seine Mutter ihm einmal zur Strafe Trainingsverbot erteilte, tanzte er vor Wut mit seinen mit Spikes bewehrten Schuhen auf dem Küchenboden herum. Sie hatte schließlich ein Einsehen und ließ ihn ziehen.

Im Training und in den Rennen zeigte Ullrich, der ansonsten eher introvertiert und schüchtern wirkte, einen bemerkenswerten Ehrgeiz. Wenn den anderen auf der Betonpiste die Beine und die Lungen brannten und Peter Sager sie anschreien musste, damit sie nicht aufgaben, drehte Jan Ullrich erst recht auf[5]. Wenn Ullrich beim Querfeldeinrennen auf die Nase fiel, rappelte er sich auf, holte den Rückstand auf und trat noch fester in die Pedale, um seinen Gegnern den letzten Nerv zu rauben. In seinen Gesprächen mit Philippe LeGars erinnert Ullrich sich: »Seit ich das Fahrrad für mich entdeckt hatte, war ich nicht mehr der schüchterne kleine Jan, den alle kannten. Ich wurde ehrgeizig, kämpferisch, selbstsicher. Ich habe an nichts mehr anderes gedacht als an das Radfahren. Es war mein Leben geworden.«

Die Wettkampferfolge stellten sich wie von selbst ein. Ullrich räumte in der Region bei den Kinder- und Jugendrennen alles ab. Gemeinsam mit André Korff, der ihn später bis hin zum Berufssport begleiten wird, gewinnt er 1987 die DDR-Schülermeisterschaft. Die Radsporttrainer der ganzen DDR werden auf ihn aufmerksam, die Nachricht seines ungewöhnlichen Talents macht die Runde. Und Jan Ullrich war glücklich. Er erfährt im Sport Anerkennung und Freundschaft. Seine Kameraden und sein Trainer sind ihm und seinem Bruder eine Familie.

Mehr als das, was er hier gefunden hatte, brauchte er nicht.

---

5 Ullrich, Jan (mit Boßdorf, Hagen), a. a. O., S. 46.

VII
HELD DER ARBEITERKLASSE

Die Geschichten erfolgreicher Trainer beginnen in der Regel so: Trainer trifft Sportler im Kindes- oder Jugendalter und erkennt das Talent. Trainer nimmt sich der rohen Begabung an und formt mit Sachkunde, Zuwendung und Erfahrung aus dem Potenzial, das schon immer da war, die Karriere und den Sportler.

Bei Peter Becker ist das nicht anders. In seiner Autobiografie *Der Trainer* – auf deren Cover zu sehen ist, wie er Jan Ullrich mit ausgestrecktem Arm den Weg weist – heißt das zentrale Kapitel »Erste Begegnung mit Ulli«. Man ist bereits gewarnt, dass diese Begegnung schicksalhaft ist, dass sich sowohl für den Trainer als auch für Jan Ullrich von diesem Tag an alles ändern wird.

Der Tag ist ein Novembertag im Jahr 1986, der Ort ist Potsdam. Jan Ullrich ist 13 Jahre alt – 1,58 Meter groß und 45 Kilo schwer, wie Peter Becker sich erinnert. So steht Ullrich im Trikot seiner SG Dynamo am Start eines Querfeldeinrennens. Becker erinnert sich natürlich daran, dass der schmächtige Junge aus Rostock das Rennen überlegen gewann. Er erinnert sich aber auch daran, wie er es gewann: »Kämpferisch, steigerungsfähig, unermüdlich und risikobereit strebte er den Sieg an.«

Als Becker Ullrich im Anschluss gratulierte, wirkte dieser jedoch »schüchtern, zurückhaltend und bescheiden«. Der stille, scheue, verschlossene Sportler, der auf der Kampfbahn plötzlich zum unerbittlichen Krieger wird – es ist ein Heldenklischee, das der Sport gern verwendet. Aber es besitzt auch einen wahren Kern, wenn es um Jan Ullrich geht. Der Junge, der in seinem Familienleben zurückgezogen scheint und nur im Sport aus sich herauskommt. Wenige Wochen später sehen sich Becker und Ullrich in Berlin wieder. Es ist Sichtungstag an der Kinder- und Jugendsportschule, dem ersten entscheidenden Schritt in der »Schleppnetzfahndung« des DDR-Sports nach den Olympiasiegern der Zukunft.

Peter Becker ist Sektionsleiter beim SC Dynamo Berlin und als solcher für die Auswahl und Ausbildung der Besten aus rund 200 Siebtklässlern aus der gesamten DDR zuständig. 13 von ihnen werden es in das Internat schaffen und dort die volle Förderung des Deutschen Turn- und Sportbunds genießen. Aus diesen 13 sollen die späteren Friedensfahrt-Sieger gesiebt werden sowie der Straßenvierer der DDR – der ganze olympische Stolz des DDR-Radsports.

Aus Staatssicht begann damit der sportliche Ernst des Lebens. Von nun an war jeder Pedaltritt Teil eines sorgsam ausgetüftelten Generalplans, dem einen großen Ziel unterworfen, acht oder zehn Jahre später bei internationalen Wettbewerben den Klassenfeind zu besiegen. Das detaillierte, präzise Planen, sagte einmal Zehnkampf-Olympiasieger Christian Schenk, sei in der DDR eine Religion gewesen.

Nachdem Jan Ullrich seine Tour de France gewonnen hatte, prahlte Peter Becker voller Stolz, es sei dieser Planung zu verdanken, dass Ullrich mit nur 23 Jahren der vorwiegend kapitalistisch erzogenen Konkurrenz davongefahren sei, als seien es Hobbysportler. Der systematische Aufbau ab dem 13. Lebensjahr, in dem Kilometerumfänge, Trittfrequenzen und Pulszahlen über Jahre hinweg für jeden Tag vorgegeben waren, habe es für Talente wie Ullrich möglich gemacht, wirklich ihr volles Potenzial auszuschöpfen. Während im Westen Vereinsmeierei, ehrgeizige Eltern und Kurzsichtigkeit den Sport regierten, gab es in der DDR nur ein einziges, zentral gesteuertes, durch und durch rationales Programm.

Auch Jan Ullrich selbst glaubt, dass die DDR-Systematik die Grundlage für seine spätere Karriere war: »Ich bin davon überzeugt, dass ich ohne diese Schule nie Radprofi geworden wäre. Man reduziert das DDR-System immer auf das Staatsdoping. Doch man macht es sich damit viel zu leicht«, sagte er gegenüber Philippe LeGars. Doch in Ullrichs Fall ist es nicht allein der behutsame langfristige Aufbau, der es ihm erlaubte, sein immenses Talent voll zu entfalten. Es ist auch das Fingerspitzengefühl von Peter Becker, der erkennt, dass Jan Ullrich ein Spätentwickler ist: Vom biologischen Alter her hinkt der 13-Jährige zwei Jahre hinterher. Und so schummelt Becker ein wenig. In die Trainingsprotokolle für die Sportführung schreibt er, dass Ullrich das Plansoll erfüllt hat. In Wirklichkeit schont er Ullrich jedoch zunächst noch. Den kleinen Jan macht das zunächst wütend. Er versteht nicht, warum er nicht genauso viel trainieren darf wie die anderen. Im Rückblick ist er Becker jedoch dankbar. »Wer weiß, ob ich so weit gekommen wäre, wenn er mich damals verheizt hätte.«

Natürlich war es schon fast ironisch, dass ausgerechnet der zukünftige DDR-Vorzeigeathlet Jan Ullrich schließlich die Tour de France gewann. Denn die Tour war Teil jener dekadenten westlichen »Unterhaltungskultur«, zu welcher der DDR-Sport einen Gegenpol bilden sollte.

In seinem Buch *Sport and Political Ideology* beschreibt der amerikanische Sporthistoriker John Hoberman, wie die Theoretiker des DDR-Sports vorschrieben, den bürgerlichen Dualismus von Arbeit und Freizeit im Sport aufzuheben. Der Zuschauersport im Osten durfte niemals reine Ablenkung sein und wie im Westen dem »Eskapismus und der Narkotisierung« dienen.

Arbeitersport war immer Erbauung. Gemäß der marxistisch-leninistischen Doktrin gab es keinen Unterschied zwischen dem Arbeiter und dem Sportler. Der Staatsratsvorsitzende Willi Stoph selbst sagte bei der Begrüßung der DDR-Medaillengewinner 1976, dass »ostdeutsche Arbeiter die Opfer und die Charakterstärke erkennen, die dazu notwendig sind, eine olympische Medaille zu gewinnen. Die politisch reifen DDR-Bürger wissen das Leistungsprinzip in allen Bereichen unseres sozialen Lebens zu würdigen.«

So wehren sich bis heute ehemalige DDR-Sportler, wenn man ihnen vorwirft, sie hätten damals Privilegien genossen. Radsportler Mario Kummer, Olympiasieger 1988 und nach der Wiedervereinigung Profi, sagte in einem Interview zu seiner Sportlersozialisierung explizit, er habe nie Privilegien genossen. Schließlich hätten sie extrem hart für alles gearbeitet.

Die Behauptung, dass Leistungssportler privilegiert gewesen seien, ist für ehemalige Ostsportler oft noch immer westliche Propaganda, dazu gedacht, einen Keil zwischen den Athleten und die Arbeiterschaft zu treiben.

Für den Ostsportler bedeutete diese Klassifizierung als Arbeiter, dass von Staats wegen die verhasste bürgerliche Kategorie des Spiels aus seinem Tun ausgeschlossen war. Es galt das absolute Leistungsprinzip, Freizeit- oder Breitensport wurden in der DDR praktisch nicht gefördert, es sei denn als Betriebssport, der die Arbeitskraft erhielt. Die einzige Aufgabe des Sportlers wie auch des Arbeiters war die Planerfüllung.

Um die Produktivität des staatlichen Stadionarbeiters zu steigern, war jedes Mittel recht. Der menschliche Körper, schreibt Hoberman, wurde in der DDR mit streng wissenschaftlichen Mitteln den Anforderungen des Produktionsprozesses angepasst. In den Kinder- und Jugendsportschulen und den Leistungszentren wurde der perfekte sozialistische Körper erschaffen.

Peter Becker nahm diese ideologischen Vorgaben sehr ernst. So hatte er an der Deutschen Hochschule für Körperkultur in Leipzig studiert, die er noch lange nach der Wende als »Kaderschmiede« lobte, »die in der Welt ihresgleichen sucht«. Noch nach den Umwälzungen von 1989 wandte er mit seiner Trainingsgruppe sowohl die Trainings- als auch die pädagogischen Prinzipien an, die er an der DHfK gelernt hatte. Der Einzelne hatte sich bedingungslos dem Kollektiv und dem übergeordneten Ziel unterzuordnen. So schrieb Jan Ullrich in einem Aufsatz für die Schule vor der Kinder- und Jugendspartakiade 1988:

»Durch gute Disziplin und Kampfmoral werde ich meinen Beitrag für das Gesamtziel unserer Trainingsgruppe leisten.« Schon damals, mit 15, hatte er die Botschaft des sportlichen Diensts am Kollektiv zutiefst verinnerlicht. Oder zumindest gut auswendig gelernt.

Doch trotz aller Ernsthaftigkeit des beginnenden Daseins als Sportarbeiter waren die Radsportkadetten des Sportinternats Werner Seelenbinder – benannt nach einem von den Nazis ermordeten kommunistischen Ringer – erst einmal glücklich. »Es war nie so, wie man sich das im Westen immer vorstellt«, sagte Ullrich gegenüber LeGars. »Uns ging es gut.«

Zunächst war da wohl das Gefühl, zu einer Elite zu gehören, ein Stolz, dem sich kein 13-Jähriger erwehren kann. Dazu kam das Abenteuer, in einer WG mit anderen Gleichaltrigen zu leben, selbstbestimmt unter der Aufsicht des väterlich-strengen, aber fürsorglichen Peter Becker.

Heimweh hatte Jan Ullrich vom ersten Tag an nicht. Während viele seiner Altersgenossen zumindest in den ersten Monaten damit rangen, ohne Eltern und Geschwister auskommen zu müssen, fühlte Ullrich sich von Anfang an wohl[6]. Und wenn die anderen am Wochenende nach Hause fuhren, blieb Ullrich bei Peter Becker und dessen Familie am Prenzlauer Berg. »Ich habe kein Kuscheltier gebraucht«, sagte er gegenüber LeGars. »Ich hatte meinen Trainer und meine Kameraden.« Lediglich die regelmäßigen Besuche seiner Mutter in Berlin, bei denen Marianne Kaatz ihrem Sohn am Alexanderplatz ein Eis spendieren durfte, wusste er zu genießen. Das Dreibettzimmer im Internat in Berlin-Weißensee, die Wohngemeinschaft mit seinem Rostocker Kindheitsfreund André Korff und einem Sprinter namens »Schitti«, die tägliche Routine von Fahrradtraining, Schule und gelegentlichen Exkursionen durch Berlin – das alles muss sich für Ullrich direkt viel mehr nach Heimat angefühlt haben als das vermutlich oft chaotische Leben in Papendorf.

6 Ullrich, Jan (mit Boßdorf, Hagen), a. a. O., S. 59/60.

Den jungen Sportlern muss die Kinder- und Jugendsportschule ein wenig wie ein endloses Ferienlager vorgekommen sein. Da waren die Radausfahrten durch Brandenburg am helllichten Tag, wenn alle anderen 13-Jährigen die Schulbank drückten und Russisch oder Staatsbürgerkunde büffelten. Da waren die Wochenendreisen zu Rennen im ganzen Land und in sozialistischen Nachbarstaaten wie der ČSSR und Polen. Und da waren die Trainingslager.

Im Winter fuhr man zusammen nach Klingenthal im Vogtland, wo die Wintersportler trainierten. Becker organisierte lange Winterwanderungen, es wurden Skilanglauf und Eisschnelllauf geübt, und die Jungs durften mit Skiern über kleine Schanzen springen. Im Sommer ging es nach Diesdorf in der Altmark, wo man in einem simplen Forsthaus lebte und in den Weiten des Graslands seine Trainingsrunden drehte. Abends nahm der gelernte Förster Becker die Jungs mit auf einen Jägerhochstand, um das Wild zu beobachten.

Für das Becker-Knabenkollektiv kam der Fall der Mauer ausgesprochen ungelegen. Das trainingswissenschaftliche und pädagogische Experiment des »Generals«, wie Becker hinter seinem Rücken an der KJS genannt wurde, begann nach drei Jahren gerade erst, Früchte zu tragen. Um die nunmehr 16 Jahre alten Jungs ihrer Bestimmung Weltklasse zuzuführen, brauchte Becker mehr Zeit. So war er von Anfang an dazu entschlossen, das Kollektiv unter kapitalistischen Rahmenbedingungen weiterzuführen. Von der Überlegenheit des DDR-Sportsystems zutiefst überzeugt, tat er alles, um die Ausbildung junger Sportler zu Helden der Arbeiterklasse zu Ende zu bringen.

In seinem Buch, das erstmals 2004 und 2012 noch einmal aufgelegt wurde, klagt Becker ausführlich über die Nichtbeibehaltung des DDR-Sportsystems nach der Wende. »Die wissenschaftlichen Zentren im ehedem funktionierenden Sport der DDR wurden zerschlagen, nachdem man sie gebührend verteufelt hatte. Heute, nach anderthalb Jahrzehnten, sind die Folgen überall zu spüren.«

Die internationale Dominanz des deutschen Sports ist laut Becker aus ideologischen Gründen verschenkt worden. Doch nicht nur das.

Der Sport habe im Westen seine pädagogische Kraft eingebüßt: »Ein reformiertes, in die heutige Zeit passendes System ist immer noch zweckmäßiger und auch billiger als eine unbeschäftigte, wenig motivierte, ziellose, zu Unfug neigende Jugend.«

Auch 2012, 23 Jahre nach der Wende, glaubt Becker noch daran, dass nur der disziplinierte, gestählte sozialistische Sportler in der modernen Welt aufrichtig und zielbewusst bestehen kann. Der westliche, verweichlichte und dekadente junge Mensch hingegen ist hoffnungslos verloren.

Psychologische Einfühlsamkeit gibt es in dieser Welt nicht; Psychoanalyse war in der DDR bürgerliche Ideologie. Das sozialistische Individuum ist nicht gespalten und fragmentiert, Triebe und Sehnsüchte können wegerzogen werden. So hatte Peter Becker auf Jan Ullrichs Krise im Jahr 2002 nur eine Reaktion: »Ulli muss trainieren, eine Aufgabe haben.« Ullrichs damals schon offenkundige Probleme mit Alkohol und Drogen tat Becker als »Eselei« und »Sünde« ab. Um dahinter tiefer liegende Schwierigkeiten zu erkennen, die Fürsorge und Aufmerksamkeit bedurft hätten, fehlte Jan Ullrichs Mentor und Ersatzvater neben Sensibilität und Vokabular schlichtweg die nötige Einsicht.

1990 gelingt es Peter Becker jedoch erst einmal, seine Jungs vor den spürbaren Folgen der politischen Umwälzungen abzuschirmen. Ullrich und seine Kameraden bleiben in Berlin und fahren weiter unter Beckers Aufsicht für den SC Dynamo, der bald in SC Berlin umgetauft wird. Sie ziehen von Weißensee in das Sportforum an der Schönhauser Allee und schließen nach der zehnten Klasse die Schule ab. Danach finden Jan Ullrich und sein Kumpel André Korff Lehrstellen als Industriemechaniker. Sie müssen nun Ausbildung und Training unter einen Hut bekommen, eine Belastung, über die sie gewaltig stöhnen. Doch es geht erst einmal weiter.

Ullrichs Leistungskurve bleibt jedenfalls im Plansoll. Er fährt im Westen seine ersten Siege ein. Der Bund Deutscher Radfahrer beruft ihn in den Nationalkader. Davon ist wiederum Peter Becker alles andere als begeistert. Er fühlt sich von den westdeutschen Trainerkollegen, denen er die Kompetenz abspricht, übergangen und gegängelt. »So viel Arroganz und Selbstüberschätzung war mir fremd«, sagt er noch Jahre später gekränkt.

Zum Glück funktionierten jedoch die alten Ostverbindungen noch. Im Herbst 1991 bekommt Peter Becker einen Anruf von seinem ehemaligen Schützling Bernd Dittert, der mittlerweile in Hannover wohnt und dort für den HRC Radrennen fährt. Dittert hatte am Rande eines Rennens ein Gespräch mit einem Autohändler aus Hamburg geführt, der einen Trainer für die dortige Bundesligamannschaft suchte. Der Autohändler hieß Wolfgang Strohband, Vorstandsmitglied der RG Hamburg und lebenslanger Radsportenthusiast, der den Ehrgeiz hatte, seinen Klub in der Bundesliga voranzubringen. Becker rief ihn umgehend an und machte ihm die Idee schmackhaft, nicht nur ihn als Trainer, sondern seine ganze Truppe nach Hamburg zu holen. Becker witterte die Chance, seine Schützlinge bis zur Profireife durchzubringen, ohne den langjährigen Aufbauplan zu unterbrechen. So kam das Becker-Kollektiv im Januar 1992 in Hamburg an. Zum Schreck von Peter Becker war jedoch das Haus in Hummelsbüttel, das ihnen versprochen worden war, noch nicht bezugsfertig. Stattdessen machten die Knaben in einem Hotel eines Freundes von Strohband Quartier – direkt an der Reeperbahn. So begann das Leben im Westen für Jan Ullrich zwischen Striplokalen, Puffs und Fast-Food-Buden. Erst als die Truppe im Frühjahr aus dem Trainingslager in Spanien zurückkehrte, hatten die Frauen der RG Hamburg das Haus im Susebekweg eingerichtet. Nun konnte die Fortführung der KJS mit anderen Mitteln beginnen. Der Radhersteller Panasonic hatte gemeinsam mit der Stadt Hamburg 300.000 DM zugesichert.

Und so ging ab Frühjahr 1992 bei Becker alles seinen gewohnten sozialistischen Gang. Morgens um neun saß Becker vor dem Haus im Auto und blies zum Training – drei Stunden durch das Hamburger Umland, das man vom Susebekweg im Handumdrehen erreichte. »Über zwei Ampeln und man war draußen«, erinnerte sich André

Korff später. Nachmittags kümmerten sich die Noch-Amateure dann um ihre berufliche Absicherung. Ralf Grabsch etwa, der alte DDR-Mannschaftskamerad Ullrichs, der aus Leipzig zur Gruppe hinzugestoßen war, arbeitete bei einem Fahrradgroßhandel und ging auf die Berufsschule. Ullrich und Korff kamen bei einem Stahlwarenhandel als Feiler unter.

Doch Ullrichs handwerkliche Karriere dauerte nicht lange. Schon im Herbst ist er der Arbeit überdrüssig und schmeißt die Lehre. »Ich denke, er wusste damals schon, wo es für ihn hingeht mit seiner Veranlagung«, sagt Ralf Grabsch heute. Jan Ullrich lässt keinen Zweifel daran, dass er Profi werden möchte. Seine Leistungen geben ihm dazu auch allen Anlass. Gleich bei seinen ersten Rennen bei den Männern, Prüfungen mit Namen wie Syke–Okel–Syke oder Berlin–Bad Freienwalde–Berlin, landet er ganz vorn. Im nächsten Jahr geht es so weiter, er entwickelt sich zum Star der Rad-Bundesliga und gewinnt 1993 im Nationaltrikot seine erste Rundfahrt, die tschechische Bohemia. Bei dem Rundfahrtsieg erscheint Ullrich so souverän und cool, als hätte er das schon tausendmal gemacht. Er strotzt vor Selbstbewusstsein, kontrolliert das Feld im Gelben Trikot und gewinnt überlegen die letzte Etappe vor dem späteren Armstrong-Helfer Pavel Padrnos.

Peter Becker will im Nachhinein damals schon den späteren Tour-Sieger erkannt haben. Was aber auf jeden Fall deutlich zu sehen war, ist ein junger Rennfahrer, der weiß, was er kann. Weggefährten wie Ralf Grabsch und André Korff erinnern sich daran, dass Ullrich damals vieles in den Schoß fiel. Schon im ersten Amateurjahr war alles leicht für ihn, vielleicht zu leicht. Ullrich wurde praktisch nie wirklich gefordert. Es ist zugleich Fluch und Segen des überragenden Talents.

Peter Becker ist sich nun zunehmend sicher, dass mit Ullrich die Reise nach ganz oben gehen wird. Und so kapriziert er sich mehr und mehr auf seinen Lieblingsschüler. Allem Gerede vom Kollektiv zum Trotz dreht sich in Hummelsbüttel alles um den »Ulli«. Ralf Grabsch meint heute ganz entschieden: »Das hat Ullrich damals nicht gutgetan.«

Der Status als Klassenprimus der Becker-Truppe könnte Ullrich zu jenem Phlegma verleitet haben, das man ihm angekreidet hat. Er muss gut Rennen fahren, was ihm leichtfällt. Um etwas anderes braucht er sich nicht zu kümmern. Dafür fliegen ihm Anerkennung und Aufmerksamkeit zu und das, was ein junger Mann für Zuneigung halten könnte. Peter Becker ist nur noch für Ullrich da, dessen Leistung auch seine eigene Existenz sichert. Selbst Beckers Sohn Erik, ebenfalls »Soldat« in der Hamburger Radsportkompanie, tritt hinter Ullrich ins zweite Glied.

Schon in seinem zweiten Hamburger Jahr, mit 19, entwächst Ullrich jedoch langsam der Enge des Kollektivs und der Rad-Bundesliga. Er ist viel mit der Nationalmannschaft unterwegs, Trainingslager in Colorado, Weltcuprennen in Südafrika und Australien, Rundfahrten in Frankreich, Spanien und Italien. Becker missfällt es, dass sein Einfluss auf seinen Ziehsohn schwindet. Immer offener meckert er über die Bundestrainer, die nichts mit ihm, dem Heimtrainer, absprechen und es ihm schwer machen, die Bundesligarennen zu bestücken, für die doch seine Sponsoren zahlen.

Natürlich sah Becker Ullrichs Sieg bei der Straßenweltmeisterschaft der Amateure in Oslo 1993 dann auch vor allem als seinen Triumph an. Schließlich war er es gewesen, der Ullrich von klein auf aufgebaut hatte und der sein Leben auf den Kopf gestellt hatte, damit das Programm, das genau zu diesem Punkt führen sollte, durchgehalten werden konnte.

Mit dem WM-Titel, das wusste Becker jedoch auch, war seine Arbeit getan. Die Hamburger Gemeinschaft bestand zwar noch eine Saison, und Becker konnte Ullrich davon überzeugen, noch ein Jahr zu warten, bevor er seinen ersten Profivertrag unterschrieb. Doch es war nur noch eine Frage der Zeit, bis Jan Ullrich den DDR-Muff hinter sich lassen würde und den Schritt in die große Radsportwelt wagte.

VIII
GEBURT EINES DEUTSCHEN IDOLS

Als am 05. Juli 1997 die Tour de France in Rouen startete, war es in Deutschland noch lange nicht selbstverständlich, dass in den folgenden drei Wochen am Nachmittag in den Büros die ARD eingeschaltet wurde und es auf öffentlichen Plätzen und in Kneipen am helllichten Tag Public-Viewing-Partys gab.

Überhaupt war es das erste Jahr, in dem von jeder Etappe zumindest ein wenig live im öffentlich-rechtlichen Fernsehen gezeigt wurde. Vollständige tägliche Liveübertragungen gab es erst später. Noch im Vorjahr, als Jan Ullrich mit angezogener Handbremse Zweiter der Tour geworden war, gab es in Deutschland – mit Ausnahme des Spartensenders Eurosport – nur Livebilder von den wichtigsten Etappen, ansonsten musste man sich abendliche Tageszusammenfassungen anschauen. Waren im Jahr 1995 noch 131 Stunden Tour de France im deutschen Fernsehen zu sehen, war die Zahl bis zum Jahr 1997 auf 530 Stunden angewachsen. Der Werbewert der Mannschaft hatte sich für die Deutsche Telekom quasi vervierfacht.

So saßen am 15. Juli zum Start der zehnten Etappe in Luchon auch nur eingefleischte Radsportfans und ein besonders engagiertes Sportpublikum vor den Fernsehern. Nur Kenner wussten zu diesem Zeitpunkt, dass etwas Großes in der Luft lag. Dennoch wurden die Bilder dieses Tages zu Ikonen. Tausendfach wurden sie in den folgenden

Jahren wiederholt. Auf YouTube, das erst acht Jahre später gelauncht wurde, wurden sie mehr als eine halbe Million Mal geklickt.

Auf dem Programm stand an jenem Tag eine geradezu monströse Etappe mit 252,5 Kilometern und fünf Passüberquerungen in den Pyrenäen. Die Ziellinie zog sich über den höchsten Punkt der Straße hinauf in die Skistation Ordino-Arcalís in Andorra. Die Ausgangslage war so: Im Gelben Trikot fuhr der Franzose Cédric Vasseur, der seinen Vorsprung von einer Attacke der ersten Woche gerade so über den Tourmalet gerettet hatte. Kurz dahinter lauerte Ullrich, der sich am ersten Tag in den Pyrenäen noch zurückgehalten hatte. Dennoch war am Vortag bereits offensichtlich geworden, dass der vermeintliche Kapitän des Teams Telekom, Titelverteidiger Bjarne Riis, seine Leaderrolle nicht würde ausfüllen können. Obwohl Riis ans Limit ging, verlor er satte 30 Sekunden.

Darüber, wann innerhalb der Mannschaft über den Kapitänswechsel entschieden wurde, wurde später noch jahrelang debattiert. Manche glauben, Bjarne Riis habe Ullrich den Stab bereits am Abend vor der Königsetappe nach Andorra übergeben. Andere glauben, die Entscheidung sei erst am nächsten Tag auf der Straße getroffen worden. Wieder andere sind der Meinung, es sei eine Mischung aus beidem gewesen, dass Riis sich vor dem Start noch eine Option vorbehalten habe, falls er doch im Lauf des Tages seine Beine wiederfände, wie es im Radlerjargon heißt. Walter Godefroot hatte der Presse zwar gesagt, die Teamhierarchie bestehe unverändert. Laut Daniel Friebe hatte er am Abend in der Teamsitzung jedoch bereits verkündet, Ullrich brauche nicht mehr auf Riis zu warten.

Wer nun den richtigen Riecher hatte und sich am Nachmittag des 15. Juli 1997 irgendwo ein Fernsehgerät suchte – Streaming gab es noch nicht –, der konnte live jene Bilder sehen, die sich später als Geburt eines deutschen Helden in das kollektive Bewusstsein brannten.

Das Spektakel begann irgendwo auf der Carretera General 2, der Nationalstraße, die Andorra von Osten nach Westen durchquert. Vom Peloton der Tour de France war nach sieben Stunden im Sattel nur noch eine Führungsgruppe von 17 Mann übrig geblieben, die Besten dieser Tour, die nun am elf Kilometer langen Schlussanstieg unter sich den Primus, den Patron, ausfahren würden. Jan Ullrich bewegte sich leicht und locker durch diese Gruppe, so, als hätten ihm die mehr als 3.000 Höhenmeter und mehr als 200 Kilometer des Tages nicht das Geringste anhaben können. Er schien nicht einmal zu schwitzen, und als er sich kurz zum Mannschaftswagen zurückfallen ließ, schloss er so mühelos wieder zur Gruppe auf, dass der Konkurrenz angst und bange werden musste.

Sein Mannschaftskapitän Bjarne Riis hingegen hatte die Stirn in Falten gelegt. Er spürte, dass es an diesem Tag nicht reichen würde. Sobald die Angriffe anfingen, würden ihm die Oberschenkelmuskeln zugehen, und er müsste sich mit Mühe und Schmerz hinauf zur Ziellinie wuchten. Ganz anders Jan Ullrich. Er setzte sich gleich in den ersten Kurven des Anstiegs an die Spitze des Felds, als seien seine Kräfte grenzenlos. Da gab es kein Taktieren, kein Zurückhalten, wie das heute bei der Tour de France unter den Favoriten oft ist, kein Schielen nach Wattzahlen, die damals im Rennen ohnehin noch nicht gemessen wurden.

In der ersten steileren Serpentine ging Ullrich dann kurz aus dem Sattel, es war kein richtiger Antritt, er erhöhte kaum die Trittfrequenz, er brachte nur ein klein wenig mehr Druck auf die Pedale. Doch es reichte, um seine verbliebenen Widersacher abzuschütteln, auch wenn es Richard Virenque zunächst noch verzweifelt versuchte. Danach beugte er sich über seinen Lenker, als würde er im Flachen in den Wind fahren, die Ellbogen angewinkelt, der Oberkörper nur ganz leicht im Rhythmus wippend, und schlug seinen unbarmherzigen Takt an, der das verbliebene Feld der Tour sprengen würde.

Es sah kraftvoll und leicht aus; wie stark er war, sah man erst, als er den bis dahin Führenden des Tages, Jean-Philippe Dojwa, überholte. Dojwa machte nicht einmal Anstalten, sich an Ullrichs Hinterrad zu klemmen, er konnte kaum aufschauen, bevor Ullrich vor ihm in Richtung Gipfel entschwunden war.

Alle verblassten sie an diesem Tag hinter dem neuen Tour-Helden. Die beiden Kletterspezialisten Marco Pantani und Richard Virenque ließen hinter Ullrich ihre Kurbeln wirbeln, was das Zeug hielt, doch ihr Gesichtsausdruck verriet Resignation. Noch bevor Ullrich die Ziellinie erreichte, sagten die Kommentatoren voraus, dass dieser Ullrich die kommenden zehn Jahre die Tour dominieren würde. So, wie er an diesem Tag Rad fuhr, erschien es vollkommen undenkbar, dass ihm jemals wieder irgendwer das Wasser würde reichen können. Er kam aus dem Reich des Menschlichen und entschwebte in die Sphären der Götter. Es gab nur noch das Duell zwischen ihm – ein Sinnbild roher Kraft – und dem Berg. Der Rest: Statisten.

Das Bild, wie er kurz vor dem Ziel den Reißverschluss vom Trikot des deutschen Meisters mit den Nationalfarben zuzog und die Arme in den Himmel streckte, würde an diesem Abend in alle deutschen Wohnzimmer ausgestrahlt werden. Es lief in der Tagesschau und es würde am nächsten Tag die Titelseiten der Zeitungen zieren.

So erlebten am übernächsten Tag schon Millionen an den deutschen Bildschirmen Ullrichs Triumphfahrt beim Zeitfahren von Saint-Étienne. Es war erneut eine Demonstration totaler Dominanz. In aller Seelenruhe wechselte Ullrich am höchsten Punkt der Prüfung das Fahrrad, so, als hätte er alle Zeit der Welt. Den Zweitplatzierten der Tour, Richard Virenque, überholte er dennoch und demütigte ihn vor ganz Frankreich. Ullrich walzte mit seiner unbändigen Power die Konkurrenz bei der Tour de France in Grund und Boden.

Es waren noch neun Tage bis Paris, neun Tage, in denen in Deutschland eine Radsporthysterie ausbrach, wie es sie noch nie gegeben hatte. »Was damals in Deutschland los war, das war vollkommen maßlos. Die Leute sind komplett durchgedreht«, erinnert sich der Journalist Detlef Hacke, der jahrelang für den *Spiegel* über Radsport berichtete. »Die Euphorie war total«, sagte später der Kommunikationschef des Teams Telekom, Jürgen Kindervater.

Man konnte gar nicht genug davon bekommen, Jan Ullrich Tag für Tag dabei zuzusehen, wie er im Gelben Trikot eine Überlegenheit demonstrierte, die man so von einem deutschen Sportler vielleicht noch nie gesehen hatte.

Die deutsche Fußball-Nationalmannschaft hatte den WM-Titel 1990 gewonnen, aber war bei dem Siegeszug alles andere als unantastbar gewesen. Boris Becker kämpfte immer vor aller Augen so sehr mit sich selbst wie mit seinen Gegnern. Franziska van Almsick war launisch, sie konnte siegen, aber sie konnte ihre Wettbewerbe auch verpatzen. Doch Ullrich war bei dieser Tour unverwundbar. Als er dann endlich auf den Champs-Élysées als der »Kaiser« der Tour gekrönt wurde – wie ihn vornehmlich die französische Presse titulierte –, war man in Deutschland außer sich. Sein Empfang am Bonner Rathaus in der Woche danach glich der Ankunft der Beatles in Amerika im Jahr 1964. Die Bonner Bürgermeisterin Bärbel Dieckmann ließ sich bei Ullrichs Eintrag in das Goldene Buch der Stadt zu dem völlig deplatzierten Satz hinreißen: »Sie stehen in einer glaubwürdigen Reihe mit Adenauer, Gorbatschow, de Gaulle und dem Papst.«

In seinem Wahlheimatort Merdingen benannte man gleich eine Straße nach ihm. Die traditionellen Kirmesrennen nach der Tour, Rennen mit klangvollen Namen wie »Rund um den Pfaffenteich«, wurden live übertragen.

Für Jan Ullrich selbst muss das alles überaus verwirrend gewesen sein. Einerseits war diese Aufmerksamkeit natürlich schmeichelhaft, dieser Überschwang an Zuneigung, berauschend vielleicht sogar. Andererseits mussten ihn Vergleiche mit dem Kaiser und Konrad Adenauer und Prognosen einer jahrzehntelangen Dominanz des Radsports doch befremden und beängstigen[7]. Prognosen, dass er die Tour auf die nächsten zehn Jahre hin dominieren würde, stressten Ullrich total, erinnert sich Jens Heppner. Natürlich wusste Ullrich nicht erst seit dieser Tour, dass er ein überdurchschnittlich talentierter Radfahrer ist. Und sicherlich hatte er sich auch spätestens nach 1996 ernsthaft

---

7 Vgl. Burkert, Andreas, *Jan Ullrich – Wieder im Rennen*, Goldmann Verlag, München, 2003, S. 140 ff.

mit der Möglichkeit auseinandergesetzt, einmal die Tour zu gewinnen. Aber auf das, was plötzlich Millionen von Menschen in ihm zu sehen glaubten, hatte ihn niemand vorbereitet.

Man hatte Jan Ullrich in Deutschland zwar schon 1996 wahrgenommen, doch im Jahr seines Tour-Siegs war etwas anderes passiert. Als Ullrich aus Frankreich zurück nach Deutschland kam, gab es ein Massenpublikum, das ihn zehn Tage oder länger stundenlang im Fernsehen gesehen hatte, ganz auf ihn fixiert, wie er heroisch durch die Pyrenäen und Alpen gefahren war, wie er triumphal die Champs-Élysées hoch- und runtergeradelt war und wie er sich schüchtern, aber glücklich das Gelbe Trikot übergestreift hatte, um dann in die Kameras zu stottern, dass sich für ihn ein Lebenstraum erfüllt hat.

Jeder, der dabei zugeschaut hatte, glaubte ihn nun zu kennen, ihm nahe zu sein. Er war »unser Jan« geworden, einer aus den eigenen Reihen, ein Nachbar, ein Kumpel, und doch einer, der Unglaubliches zu leisten vermochte. Sportphilosoph Gunter Gebauer hat die Heldenbildung im Sport einmal so beschrieben: »Das Publikum wünscht sich sein Idol nicht aus seiner Gemeinschaft heraus; es will den Athleten bei sich behalten, als einen der Seinen, aus ihm Hervorgegangenen, und auf diese Weise an der übermenschlichen Leistung partizipieren.«

Es ist ein eigenartiges Verhältnis, das die Fans zu ihren Sportidolen haben, insbesondere und gerade im Zeitalter der Massenmedien. Man glaubt, sie zu kennen, aber es ist eine falsche Nähe. Es ist, wie Gebauer es beschreibt, eine stark libidinöse Beziehung, von überwältigendem Affekt gekennzeichnet. Und doch ist es ein Affekt, der nicht der echten Person gilt. Der Fan verliebt sich nicht in eine komplexe Persönlichkeit, sondern in eine »Maske«, in ein Idealbild – in jenen glorreichen Jan Ullrich, der die französischen Gipfel erstürmt und die Konkurrenz plattwalzt, der symbolisch Frankreich erobert und dann am Bonner Rathaus der Menschenmenge zujubelt, dessen Leben (scheinbar) eine einzige Abfolge von Höhenflügen und Abenteuern ist.

Diese Liebe ist unentwirrbar mit der Selbstliebe des Fans verwoben. Wir lieben den Sporthelden, weil er unser Selbstwertgefühl steigert.

Weil er einer von uns ist und trotzdem übermenschlich, suggeriert er uns allen auf unseren Sofas, dass wir unserer Mittelmäßigkeit ebenso entrinnen können, ganz ohne dass wir selbst etwas tun müssen. Gebauer beschreibt dieses Phänomen mit dem Begriff des Charismas: »Das Charisma des Helden und die innere Unterwerfung seiner Bewunderer bilden eine Balance: Außen revolutioniert der Held die alten Ordnungen, in der Gemeinde bildet sich innere Unterwerfung unter das noch nie Dagewesene, absolut Einzigartige, deshalb Göttliche.«

In den Momenten, in denen das Charisma sich zeigt, wie etwa in jenen Tagen im Sommer 1997, so Gebauer, wird der Alltag gesprengt, es entsteht ein Ausnahmezustand. Jan Ullrichs Ritt durch die Pyrenäen löst einen Taumel aus, in dem für einen kurzen Moment die Gemeinschaft der Anhänger glaubt, aus der Enge ihrer Existenz ausbrechen zu können. Es macht sich eine kollektive Ekstase breit, ein Moment der scheinbar unbegrenzten Möglichkeiten, entfacht durch die außerirdische Leistung des Idols, die sich auf die Anhänger überträgt. Für ein paar Tage, vielleicht sogar Wochen, glaubte Deutschland, dass nicht alles so sein muss, wie es ist, sondern dass es reines Glück geben kann, Erlösung von den Fesseln des Wirklichen und Profanen. Es war ein Gefühl, das süchtig machte, dieses Sommermärchen des Jahres 1997, ein Gefühl, das die Nation danach immer wieder im Juli erleben wollte und von ihrem Erlöser, der jetzt Jan Ullrich hieß, forderte.

Die Psychoanalyse kennt diese Art der affektiven Bindung an ein reduziertes Idealbild als eine überaus unreife Form der Objektbeziehungen – ein Bindungstyp, der jedoch für die massenhafte Verehrung eines Idols oder eines charismatischen Anführers typisch ist. Man ist verliebt in ein bestimmtes Bild einer Person, in diesem Fall das übermenschliche, heroische, das einem angenehme Gefühle bereitet. Dass dieselbe Person auch andere Dimensionen hat, blendet man aus, man will es nicht wahrhaben.

In der Objektbeziehungstheorie nennt man diese Art der Beziehung eine »paranoid-schizoide Position«, die in der Persönlichkeitsentwicklung zwischen dem vierten und dem sechsten Lebensmonat auftritt. Der Säugling kennt nur die gute Mutter, die ihm die Brust gibt und seine Bedürfnisse befriedigt, oder die böse Mutter, die diese Befriedigung verweigert. Die eine wird geliebt, die andere gehasst und abgelehnt. Dass sowohl die Befriedigung als auch die Verweigerung Teil derselben Person sein kann, lernt das Kind erst später.

Dass Jan Ullrich bei seinen Fans nur die Wahl zwischen dem einen oder dem anderen hatte, musste er im Verlauf seiner Karriere schmerzlich erfahren. Er bekam es in den Jahren zu spüren, in denen er wieder »nur« Zweiter wurde und die nationalen Glücksgefühle verweigerte. Und er muss es ganz besonders gespürt haben, als 2006 das Heldenbild, das Medien, Manager und Vermarkter von ihm aufgebaut hatten, endgültig zerbarst.

Die extreme Verteufelung und Kriminalisierung, die Jan Ullrich nach 2006 erfuhr, war zweifellos das Ergebnis des paranoid-schizoiden Verhältnisses der deutschen Fans zu ihrem Idol. Dass er eine komplizierte Person mit Fehlern und Problemen sein könnte, hatte keinen Platz in der öffentlichen Wahrnehmung. Ullrich konnte nur Held oder Halunke sein, eine andere Rolle war für ihn nicht vorgesehen.

Hinzu kam freilich, dass er gezwungen war, in seine Identität als Held hineinzuwachsen. Und als diese Maske weggerissen wurde, blieb nichts mehr übrig. Gunter Gebauer: »Zum Vorschein kommt nicht das ›wahre Gesicht‹, sondern der Sportler hat seine Züge verloren, er ist ein von schlimmen Identitätsproblemen geplagtes Individuum, im Extremfall Lesefutter der Massenpresse, die Alkoholismus, Selbstzweifel und Identitätsauflösung ehemaliger Sportstars, die sich von ihrer eigenen Geschichte entfremdet haben, sich aber immer noch von dieser her definieren, in dramatische Schicksale wendet.«

Das beschreibt Jan Ullrichs Lage nach dem Jahr 2006 vortrefflich.

Im Sommer 1997 war die Rolle, in die Ullrich über Nacht gesteckt wurde, für ihn sicherlich noch wie ein Rausch. Manchmal schien er das Rampenlicht, die Einladungen, die neuen Kreise, die sich ihm eröffneten zu genießen. Manchmal schien er es zu hassen, etwa wenn er versuchte, irgendwo in Ruhe ein Eis essen zu gehen. Als er im Geschäft von Jens Heppner an der belgischen Grenze eine Autogrammstunde geben sollte, tauchten 5.000 Menschen auf. Ullrich musste sich vor den grapschenden, hysterischen Fans hinter der Ladentheke verstecken. Zugleich bekam er beim Paarzeitfahren in Karlsruhe einen Vorgeschmack auf spätere Jahre. Als er mit seinem Partner Rolf Aldag »nur« Dritter wurde, pfiff ihn die Menge aus.

Es war eine Lage, die für jeden verwirrend gewesen wäre, es sei denn, man durchschaut das Geschäft und ist von Anfang an darauf geeicht, sein öffentliches von seinem privaten Ich zu trennen, ohne sich selbst zu verlieren. So wie Lance Armstrong, der im Jahr seines Tour-Siegs seine PR-Strategie bereits in der Schublade hatte und genau wusste, wie die Medien und wie die Fans funktionieren. Auch in dieser Hinsicht war er von Anfang an Vollprofi. Einem bis dahin behüteten jungen Sportler, der zudem aus einer schwierigen Familie kam, kann man jedoch schwerlich vorwerfen, nicht zu erkennen, was die Leute von ihm wollen, wann er selbst gemeint ist und wann nicht.

Natürlich ist diese kindliche Bindung der Fans an ihre Sportstars, jene Bindung, die nur Schwarz und Weiß, Gut und Böse, Liebe oder Hass kennt, nichts speziell Deutsches. Man hat es in Italien sehen müssen, wo Marco Pantani von einem Extrem ins andere fiel und daran zerbrach. Man hat es bei Diego Maradona erlebt, bei Ben Johnson und bis zu einem gewissen Grad auch bei Lance Armstrong. Und doch ist gerade im Fall Jan Ullrich der Eindruck entstanden, dass der Umschwung von Vergötterung zu Verteufelung in Deutschland besonders drastisch war. So reagierte man etwa im internationalen Pressetross der Tour de France 2007 vollkommen verständnislos auf die Entscheidung der öffentlich-rechtlichen Fernsehanstalten, die Tour gar nicht mehr zu übertragen.

Ähnlich verhielt es sich mit dem Radsportboom in Deutschland nach Jan Ullrich und dem extremen Kollaps. Von den drei deutschen ProTour-Mannschaften bleib nicht eine übrig. Die Deutschland-Tour kollabierte, andere Rennen wie die Vattenfall Cyclassics kämpften ums Überleben.

Zuerst konnte die werbende Industrie gar nicht genug Geld in den Radsport pumpen. Nach 2006 konnte sie hingegen nicht schnell genug das Weite suchen. Eine ähnliche Entwicklung war bei den Zuschauern der Rennveranstaltungen in Deutschland zu sehen. Bis heute hält sich die Volksmeinung, dass man Radsport ja gar nicht mehr anschauen könne, auch wenn viele es doch wieder tun, entweder mit mehr oder weniger schlechtem Gewissen oder mit der Selbsttäuschung, dass der Radsport ja nun so viel sauberer geworden sei.

Die deutschen Gefühlsschwankungen im Umgang mit nationalen Idolen beschränken sich freilich nicht auf Jan Ullrich. Deutschland oszilliert gern zwischen Ekstase und dem Zorn des sich betrogen wähnenden Liebhabers, wenn es um seine Helden geht. Das musste nicht zuletzt die deutsche Fußballnationalmannschaft nach dem Debakel bei der WM 2018 erleben. Die Helden von Rio waren in der Volksmeinung bräsig, bequem und arrogant geworden. Und nicht einmal die deutsche Lichtgestalt überhaupt, Franz Beckenbauer, blieb verschont. Bis zu seinem Tod im Januar 2024 verzieh man ihm nicht, dass er im korrupten Spiel der Fußball-Politik mitgemischt hatte.

Den Ursprung dafür haben bereits 1967 die Psychoanalytiker Alexander und Margarete Mitscherlich in ihrem viel diskutierten Aufsatz *Die Unfähigkeit zu trauern* untersucht. Dabei haben sie speziell den ihrer Meinung nach verunglückten Übergang zwischen dem Naziregime und der (demokratischen) Bundesrepublik unter die Lupe genommen. Auch bei den Mitscherlichs ging es um Objektbindungen, besonders um die Bindung an den Führer. Diese Bindung war ihrer Meinung nach ebenfalls eine narzisstische, basierend auf Hitlers Überhöhung. Man hat den Führer geliebt, weil er das Selbstwertgefühl der Masse gesteigert hat. Alexander und Margarete Mitscherlich: »Er war ein Objekt, an das man sich anlehnte, dem man Verantwortung übertrug, und ein inneres Objekt. Als solches repräsentierte und belebte er aufs Neue die Allmachtsvorstellungen, die wir aus der frühen Kindheit über uns hegen; sein Tod und seine Entwertung durch die Sieger bedeutete auch den Verlust eines narzisstischen Objekts und damit eine Ich- und Selbstverarmung und Entwertung.«

Die Deutschen reagierten laut Alexander und Margarete Mitscherlich auf den plötzlichen Verlust der Führerfigur, die sie alle nach der Demütigung des Ersten Weltkriegs, den unerfüllten, jahrzehnte- oder vielleicht jahrhundertealten Großmachtfantasien und den Leiden der Weltwirtschaftskrise aufgewertet hatte, mit einer Vermeidungsstrategie. Anstatt sich der Schmach, der Scham und der Depression, die sicherlich gefolgt wäre, auszusetzen, hat die Mehrheit der Deutschen so getan, als hätte es das Dritte Reich nie gegeben. Man hat angepackt, aufgebaut, die Nazizeit war nur noch so etwas wie ein böser Traum. Die Erfahrung wurde, wie Alexander und Margarete Mitscherlich es bezeichnen, »derealisiert«. Doch in Ermangelung der nötigen Trauerarbeit, der reflektierenden Rückschau, der Analyse, des wahrhaften Mitfühlens mit den Opfern, haben eine echte Integration der Erfahrung und eine wirkliche Trennung vom Objekt der Anbetung nie stattgefunden.

Natürlich gab es in der deutschen Nachkriegsgesellschaft auch starke Bemühungen der Aufarbeitung. Doch laut Alexander und Margarete Mitscherlich blieb all das eher abstrakt und gefühlskalt. Eine Auseinandersetzung mit dem Innenleben, das die Erfahrungen aus der Nazizeit hinterlassen hatten, hat es niemals wirklich gegeben.

So ist es sicherlich nicht allzu weit hergeholt, wenn man behauptet, dass der Sport einer jener Lebensbereiche war, in denen sich das Verdrängte nach 1945 in Deutschland sein Recht suchte. Gleich, ob es die Fußballweltmeisterschaften waren oder eben die Triumphe von Boris Becker, Henry Maske und Jan Ullrich, jedes Mal entfachte der Erfolg einen nationalen Freudentaumel, der distanzierten Beobachtern immer etwas zu viel war und immer etwas Unbehagen bereitete. Insbesondere nach der Fußball-WM 1990, so schien es, glaubte man in Deutschland, diesen Impulsen wieder nachgeben zu dürfen. Aber allein dieses Gefühl, dass es da einen Nachholbedarf gibt, dass man endlich wieder etwas ausleben darf, was unterdrückt war, ist ein deutliches Zeichen für den Bestand von Alexander und Margarete Mitscherlichs Thesen.

So hatte ganz zweifellos die Jan-Ullrich-Euphorie des Jahres 1997 auch einen ganz starken Beigeschmack dieses »Endlich-wieder-Dürfens«. Es war eine Vergötterung, die ein klein wenig zu weit ging, ein klein wenig zu intensiv war. Und die dann später brutal ins Gegenteil umschlug.

IX

DIE BRENNENDE HITZE DES RAMPENLICHTS

Als Teamchef Walter Godefroot Mitte September 1997 Jan Ullrich nach der Kriteriumstour in den Urlaub entlässt, hat Ullrich erst einmal alles andere im Kopf, als Rad zu fahren. »Die nächsten Rennen«, sagte Ullrich in seiner Autobiografie, »schienen unendlich weit weg.«

Ullrich ist nun ein Star, es eröffnen sich völlig neue Welten für ihn. Er wird von Fernsehshow zu Fernsehshow gereicht und von Veranstaltung zu Veranstaltung. Heute bei Harald Schmidt, morgen bei der Gala zum Sportler des Jahres und schließlich zur Bambi-Verleihung. Dann Ehrengast beim Hahnenkammrennen, Partys mit Thomas Gottschalk, Boris Becker und Udo Lindenberg. Hinzu kam ein Geldsegen, den er sich vorher nie hätte vorstellen können. Wolfgang Strohband, der nun fröhlich Ullrichs Geschäfte managte und sein Glück wahrscheinlich kaum fassen konnte, musste fast keinen Finger rühren. Das Telefon klingelte unaufhörlich, jeder wollte das Image des neuen deutschen Helden mit seinen Produkten in Verbindung bringen, gleich ob es Uhren, Nudeln oder Mineralwasser waren. »Ich musste mir nie mehr um Geld Sorgen machen«, so Ullrich, »dabei war ich nicht einmal 25.«

Jan Ullrich war auf all das nicht vorbereitet. Weder er noch irgendjemand aus seinem engeren Umfeld hatte jemals an so etwas wie eine Karriereplanung im Fall eines Sieges gedacht. Das Ziel Tour-Gewinn hatte zwar sicher im Team Telekom und in Ullrichs Entourage im Raum gestanden. Doch niemand hatte sich wirklich darüber Gedanken gemacht, dass dies kein Endpunkt, sondern ein Anfang ist. Und niemand hatte ihn darauf vorbereitet, was abseits des Sports nun auf ihn zukommen würde.

Es wird Ullrich so wie vielen anderen Sportlern ergangen sein, die etwa Olympiasieger werden und dann in ein Loch fallen, insbesondere, wenn der Triumph plötzlich und unerwartet kommt. Alles, was man je erreichen wollte, ist erreicht. Alles ist über Nacht anders geworden, das Leben, das vor einem liegt, ist schwer zu fassen und konturlos. Es ist, als ob der Boden wankt, die Orientierung ist dahin.

Wo es vorher einen simplen Rhythmus von Training, Rennen und Erholung gab, gab es nun einen vollen Terminkalender mit Sponsoren- und Presseterminen und Einladungen. Ullrich reiste kreuz und quer durch die Republik, schüttelte Hände, schrieb Autogramme und tummelte sich auf Promibällen. Ullrich nimmt alles mit, er enttäuscht niemanden, kann nicht Nein sagen. Und niemand in seinem Umfeld hilft ihm dabei, zu filtern. Die gewohnte Struktur, die ihm von Kindheit an Halt gegeben hatte, schien verloren.

Für die weitere sportliche Laufbahn war das natürlich Gift. Der Schwimmer Thomas Lurz, Rekordweltmeister im freien Gewässer, hat einmal gesagt: »Wenn du denkst, dass du automatisch wieder gewinnst, weil du einmal Weltmeister geworden bist, dann hast du schon verloren.« Die Titelverteidigung ist immer schwieriger als der erste Sieg und verlangt noch mehr Konzentration, und das in einem Augenblick, in dem man eigentlich das Bedürfnis hat, sich zu belohnen und den Moment zu genießen.

Im Augenblick des Triumphs zu begreifen, dass man sich den nächsten Sieg noch härter erarbeiten muss als den bereits errungenen, ist eine kolossale Überforderung. Dafür braucht man Manager und Berater mit Erfahrung. Wolfgang Strohband war für diese Rolle sicher nicht der Richtige. Doch um die Zügel an ein professionelleres Management abzugeben, war er zweifellos zu eitel. Außerdem wollte er wohl auch die Ernte für seine jahrelange Aufbauarbeit von Jan Ullrich einfahren, auch wenn seine eigene Leistung hauptsächlich darin bestanden hatte, mit der Becker-Truppe nach der Wende einen unheimlichen Glücksgriff getan zu haben.

Lediglich Jürgen Kindervater, Kommunikationschef des Telekom-Konzerns, machte sich anscheinend die Mühe, mit Jan Ullrich über die Gestaltung seiner Karriere zu sprechen, die gerade erst erblühte. »Du musst dich entscheiden«, sagte Kindervater zu Ullrich. »Du kannst nun zu einem Beckenbauer werden, zu einer über deine Leistungssportkarriere hinausragenden Persönlichkeit. Oder du wirst irgendwann einmal ein abgetakelter Ex-Sportler, der feststellt, dass er sein Talent verschleudert hat.«

Ullrich behauptet in seiner von Hagen Boßdorf aufgeschriebenen Autobiografie, dass er sich diese Worte zu Herzen genommen habe. Und irgendwie wollte Ullrich ja auch noch ein oder mehrmals die Tour gewinnen. Es war jetzt, nach dem ersten Sieg, der logische nächste Schritt. Aber der absolute Wille, seine Karriere zu formen, Kontrolle zu übernehmen, sein Leben zu gestalten, war bei Ullrich nicht wirklich erkennbar.

Im tiefsten Inneren interessierte es Ullrich vermutlich nicht, aus dem Rohmaterial Tour-Held das große Gebilde Lichtgestalt zu schaffen. Vielmehr bekam man schnell das Gefühl, dass Ullrich in eine Situation hineingestolpert war, mit der er nicht so richtig etwas anfangen konnte.

Das entging auch Walter Godefroot nicht, dem im Lauf der Jahre zunehmend frustrierten Teamchef Ullrichs: »Bei großen Champions gibt es nach einem ersten großen Sieg einen Schalter, der umgelegt wird. Bei Ullrich war es eher das Gegenteil. Es schien so, als würde er sich nach seinem ersten Tour-Sieg immer mehr vom Radsport entfernen.«

Dieser Unwille oder besser die Unfähigkeit, zu agieren, zu kontrollieren, ist ein typischer Charakterzug von erwachsenen Kindern von Alkoholikern. Immer wieder findet sich in der Selbsthilfeliteratur der Hinweis, dass Kinder von Alkoholikern gelernt haben, zu reagieren, Krisen zu managen etwa, die Dinge zusammenzuhalten. Doch das kindliche Gefühl, dass man sowieso machtlos ist, geht ein Leben lang nicht weg. Das Heft in die Hand zu nehmen, sein eigenes Leben zu bestimmen, fällt Kindern von Alkoholikern extrem schwer.

Diese Herangehensweise Jan Ullrichs im Angesicht seiner gerade erst beginnenden, möglicherweise grandiosen Profikarriere war, wie vieles andere, das extreme Gegenteil der Art und Weise, wie sein Erzrivale Lance Armstrong mit der gleichen Situation umging.

Armstrong hatte sich nach seiner Krebserkrankung entschlossen, mit dem Radsport reich und berühmt zu werden. Als er die Tour gewann, war er vorbereitet. Die Auferstehungsgeschichte, der Sieg über den Krebs, lag als PR-Story in der Schublade. Den Medienrummel in den USA nach seinem Tour-Sieg managte er souverän und professionell. Seine Autobiografie *It's Not About the Bike: My Journey Back to Life* (dt. *Tour des Lebens. Wie ich den Krebs besiegte und die Tour de France gewann*) erschien nur Wochen nach dem Tour-Sieg. Die Arbeit an der Titelverteidigung und somit an der Legende begann praktisch am Tag nach dem Saisonende. Armstrong und sein Partner Johan Bruyneel, der Sportliche Leiter des Teams US Postal Service, waren rastlose Planer und Bastler, es wurden Fahrer eingekauft, Materialien optimiert, Trainings- und Rennpläne geschmiedet.

Ullrich hingegen hatte beim Treffen zum ersten Trainingslager der Saison 1999 offensichtlich ein Problem: Er war für den Sport übergewichtig, und das nicht zu knapp. Von sieben, acht, manchmal sogar 20 Kilogramm ist im Abstand von vielen Jahren die Rede, sicher ist, dass es viel zu viel war. Bei seinem Tour-Sieg hatte Ullrich 68 Kilo gewogen. Nun waren es fast 90. In einem Sport, in dem sich die Leistungsfähigkeit vor allen in den Bergen als ein einfacher Quotient aus Kraft und Gewicht berechnen lässt, war das natürlich eine Katastrophe. Zehn Kilogramm mehr machen einen Leistungsverlust von 0,7 bis 0,8 Watt pro Kilogramm Körpergewicht aus oder rund zehn Prozent. Das heißt, der Jan Ullrich vom Sommer würde dem Jan Ullrich vom Dezember bei einem Anstieg von einer Stunde rund sechs Minuten abnehmen. Vorausgesetzt, die Beine produzierten genauso viel Watt.

Es war der Beginn eines Musters, das sich für Jan Ullrich Jahr um Jahr wiederholen würde. Nach der Saison schien er sich jeweils völlig gehen zu lassen. Andere Profis machten nach dem letzten Rennen des Jahres eine oder zwei Wochen Pause, dann ging es mit Jogging und Fitnesstraining wieder los, um im Dezember die Basis für den Wiedereinstieg in das Fahrradtraining zu haben. Viele legten ein oder zwei Kilo, vielleicht auch einmal fünf zu. Aber kein wirklicher Profi ließ die Dinge so aus dem Ruder laufen, dass er mit zehn Kilo oder mehr zusätzlichem Gewicht aus der Pause kam.

Ullrich hingegen begann im Dezember bei null. Oder besser bei unter null, denn nun mussten erst einmal wertvolle Wochen, vielleicht Monate aufgewendet werden, um sein Gewicht in den Griff zu kriegen. An Training, das wirklich der Leistungsfähigkeit zugutekommt, war vor März oder April gar nicht zu denken. Hinzu kamen Infekte, weil Ullrich, um den Rückstand aufzuholen, den Körper zu drastisch belastete. Das Immunsystem rebellierte, trotz seiner ansonsten außergewöhnlichen Physis, und stellte sich als seine Achillesferse heraus.

Jan Ullrich verniedlichte später seine alljährlichen Gewichtsprobleme, er sprach davon, dass er eben gern nasche und sich dabei nicht zügeln könne. Wenn er von der Askese der Radprofis während der Saison redete, dann sah man dem Champion anfangs auch schon mal nach, dass er nach der Saison über die Stränge schlug und sich etwas gönnte. Es war ja irgendwie menschlich und sympathisch, das kannte ja jeder von sich selbst.

Doch spätestens im zweiten Jahr nach seinem Tour-Sieg wird klar, dass es sich hier um ein systematisches Problem handelt. Die Berichte, die aus Merdingen an die Öffentlichkeit dringen, deuten auf etwas hin, das man mit Genuss nicht mehr beschreiben kann. Von nächtlichen Fahrten zur Tankstelle ist die Rede, wo sich Ullrich literweise Speiseeis und Dutzende Kartoffelchipstüten besorgt haben soll[8]. Im örtlichen Gasthof werden ihm Unmengen fetter badischer Köstlichkeiten serviert. Rudy Pevenage erinnert sich später, dass Ullrich bei einem Besuch bei ihm zu Hause zwischen dem Mittagessen und dem Abendessen nicht aufhören konnte, alles in sich reinzustopfen. »Es war Angst einflößend, wie er gegessen hat.« Ullrichs Umfeld nimmt das spätestens nach dem zweiten derartigen Winter vor allem als Disziplinlosigkeit wahr. Peter Becker, der auch nach Ullrichs Tour-Sieg immer wieder zurate gezogen wird, wenn es darum geht, seinen Schützling kurzfristig bis zur Tour doch noch fit zu machen, ist sauer, dass sein »Ulli« sein Talent so verschleudert. »Faul« sei er, wetterte Becker, »einfach faul.« Walter Godefroot beschwert sich zunehmend über Ullrichs Unprofessionalität.

Nach 1999 wird im Team dann das berüchtigte Babysitter-System installiert. Um Ullrich auf Spur zu halten, sind den ganzen Winter über Mannschaftskollegen bei ihm, die mittrainieren und auf ihn aufpassen. Er muss sich regelmäßig bei den Ärzten melden, man observiert den Star. Das kostbarste Juwel der Godefroot GmbH und des Telekom-Konzerns soll vor sich selbst geschützt werden.

Doch was eigentlich vor sich geht, mag niemand so recht wahrhaben. Sylvia Schenk, die 2001 zur Präsidentin des Bundes Deutscher Radfahrer gewählt wird, erinnert sich an ein Gespräch mit Ullrichs Manager Wolfgang Strohband aus jener Zeit, in dem sie vorsichtig gefragt habe, ob man es hier nicht mit einer Essstörung zu tun habe. »Ich glaube, Herr Strohband hat nicht wirklich verstanden, wovon ich rede oder was das ist, eine Essstörung.« Für Schenk ist jedoch bis heute klar, dass Ullrich an einer Krankheit litt.

Essstörungen sind im Leistungssport bis heute ein Tabuthema, insbesondere bei den Männern. Erst im Herbst 2019 sorgte der ehemalige Armstrong-Helfer Janez Brajkovič für Aufsehen, als er auf seinem Blog offen über seine eigene Essstörung sprach. »Man kann im Radsport mit niemandem darüber sprechen«, sagte er. »Man kann niemanden

8 Vgl. Burkert, Andreas, a. a. O., S. 75.

um Hilfe bitten.« Dabei, so Brajkovič, der der von 2005–2022 Profi war, sei es ein extrem weitverbreitetes Phänomen im Radsport. »In fast jedem Team, in dem ich war, hatten fünf oder sechs Leute damit zu kämpfen. Darunter waren Mannschaftskapitäne, Leute, die bei großen Rundfahrten auf dem Podium standen. Einfach jeder.«

Prominentestes deutsches Opfer war der vielversprechende Dominik Nerz, der schließlich den Kampf gegen die Magersucht verlor und mit 27 seine Laufbahn beenden musste. Michael Ostermann hat in seinem Buch *Dominik Nerz – Gestürzt: Eine Geschichte aus dem Radsport* dessen bittere Geschichte für die Nachwelt festgehalten.

Doch das Problem ist nicht auf den Radsport beschränkt. Eine jüngere norwegische Studie geht davon aus, dass 13,5 Prozent aller Spitzenausdauersportler unter einer Essstörung leiden, darunter etwa zehn Prozent der Männer und 24 Prozent der Frauen. Die Ursachen liegen auf der Hand. Noch weit stärker als in der allgemeinen Bevölkerung gilt extreme Schlankheit unter Radsportlern, Läufern oder Kletterern als Ideal. Und nicht nur das, ein niedriger Anteil an Körperfett hat eine unmittelbare Auswirkung auf die Leistung. Und die wiederum wirkt sich direkt auf Anerkennung, Zuneigung und auch Verdienst aus.

Tyler Hamilton hat in seiner Autobiografie *The Secret Race. Inside the Hidden World of the Tour de France: Doping, Cover-ups, and Winning at All Costs* (dt. *Die Radsport-Mafia und ihre schmutzigen Geschäfte*) beschrieben, dass die Essgewohnheiten der Radprofis vor allem während der Saison pathologisch seien. Das Erste, was er zu hören bekam, als er seinen ersten Profivertrag unterschrieb, war, dass er zu fett sei – bei einer Körpergröße von 1,76 Meter und 61 Kilo! Das Runterhungern auf Tour-Gewicht beschreibt Hamilton als absolut krankhaft. »Du fährst sechs Stunden, ohne etwas zu essen, und fällst fast vom Rad. Dann gönnst du dir einen Apfel und eine Cola Light und fährst noch ein paar Stunden.«

Ein gesundes Verhältnis zum Essen und zum eigenen Körper ist da kaum herzustellen. Bei Sportlern wie Brajkovič mündete die Manie in Magersucht, er konnte auch nach der Saison das obsessive Kalorienzählen nicht mehr lassen. Ullrich hingegen entwickelte wohl eine unkontrollierte Esssucht.

Die Neigung passt zweifelsohne zu Jan Ullrichs Suchtanfälligkeit, die viele Jahre später für jeden offenkundig wurde. Für Ullrich war das Essen ein Ventil, wie später auch der Alkohol und die Tabletten, um eine innere Leere zu füllen.

Mit seinem Durchbruch zum Star schlug seine Essstörung augenscheinlich durch. Ullrich stand 1997 ganz oben. Er hatte als Radprofi alles erreicht, was man erreichen kann, er hatte souverän das größte Rennen der Welt gewonnen. Er hatte Ruhm, Reichtum, im Grunde alles, was gemeinhin ein Lebenswerk ausmachen würde. Aber fühlte er sich wohl in seiner Haut? Wohin er auch ging, irgendjemand wollte immer etwas von ihm. Wenn er im Café saß, kam er nicht dazu, seinen Cappuccino zu trinken, weil jemand ein Autogramm von ihm wollte. Wann immer er auf die Straße trat, waren Fotografen da. Die Presse konnte nicht genug von ihm bekommen. Wenn er zu einer Gala ging, wurde am nächsten Tag darüber geschrieben, was er trug und was er getrunken hatte. Die Räume, in denen Ullrich einfach nur er selbst sein konnte, wurden immer weniger. Essen muss da einer der letzten Bereiche gewesen sein, in denen er machen konnte, was er wollte.

Insofern waren seine Fressanfälle anderen Essstörungen eng verwandt. Man sagt, Menschen, die unter Bulimie oder Anorexie leiden, reagieren mit ihrer Essstörung auf das Gefühl, die Kontrolle über ihr Leben verloren zu haben. Wenigstens ihre Nahrungsaufnahme kontrollieren zu können, vermittelt ihnen den Eindruck, noch irgendetwas im Griff zu haben. Für Jan Ullrich dürfte es ähnlich gewesen sein. Nachts am Kühlschrank verweigerte er trotzig die Rolle des Radsportheroen. Hier war sein Rückzugsraum, den er kontrollieren konnte, ohne Einflussnahme von außen.

Mit den Schwierigkeiten, sich einen solchen Raum der Selbstbestimmtheit zu schaffen, haben viele Sportler Erfahrungen. Die französisch-amerikanische Schwimmerin Casey Legler, die 1996 im

Vorlauf der Olympischen Spiele Weltrekord schwamm und dann auf den 29. Platz abstürzte, schreibt in ihrer Autobiografie *Godspeed*: »Ich kann mich genau an den Moment erinnern, an dem ich für meine Eltern und meine Trainer eine Art Währung wurde. Ich war zwölf Jahre alt, 1,80 Meter groß und schlank. Sie hatten einen genetischen Jackpot gewonnen.« Doch Legler wollte nichts für andere sein, sie sträubte sich gegen die Enteignung ihres Körpers. Das Resultat war ähnlich wie bei Jan Ullrich eine Art des Nihilismus. Legler trank zeit ihrer Karriere, rauchte, nahm Drogen und schaffte es doch nicht, ihre überlegene Physis komplett zu zerstören.

Man hat den Eindruck, als hätte bei Jan Ullrich schon 1997 eine ähnliche Dynamik gewirkt; als hätte er dem stählernen Heldenleib Fettpolster angefügt, um der Welt zu zeigen: Das ist immer noch mein Körper, über den bestimme immer noch ich. Und wenn er die Hochleistungsmaschine, aus der von Godefroot bis Kindervater jeder Siege und Triumphe bis in alle Ewigkeit herauspressen wollte, ramponieren wollte, dann war das seine eigene Sache.

Natürlich war die Lage für Ullrich wie auch für Legler nicht ganz eindeutig. Denn ein Teil von Ullrich war ohne Zweifel noch immer Radrennfahrer und Wettkämpfer. Ein Teil von Ullrich liebte den Sport, der ihm einst wohl die Zuflucht vor einem schwierigen Zuhause geboten hatte, der ihm Selbstbewusstsein, Freude und eine Ersatzfamilie gegeben hatte.

Es war ein Zwiespalt, der Ullrich bis zum Ende seiner Karriere verfolgt hat, ein Zwiespalt, den viele große Sportler nur allzu gut kennen. So beschreibt Andre Agassi in seiner Autobiografie *Open* den Kampf, sich den Sport, zu dem er sich über viele Jahre gezwungen fühlte, selbst zu eigen zu machen und lieben zu lernen. Mehr als 20 Jahre brauchte Agassi dafür. Der Schwimmer Ian Thorpe, Superstar der Spiele von Sydney 2000, beendete nach 2004 seine Karriere, weil er, wie er sagt, »nicht mehr das Gefühl hatte, für mich zu schwimmen. Ich habe nur noch die Erwartungen anderer erfüllt«. Doch das Aufhören hat ihn auch nicht glücklich gemacht, Thorpe hatte mit schweren Depressionen und Alkoholproblemen zu kämpfen und versuchte 2012 dann ein glückloses Comeback.

Zur Tour 1998 kriegt Ullrich gerade noch einmal die Kurve. Nach einem holprigen Saisonauftakt geht er mit Peter Becker im Mai in Klausur. Die Zeit wird zurückgedreht auf circa 1990: Da gibt es nur den Trainer in seinem Auto, Jan auf seinem Rad und die Berge und Täler des Schwarzwalds. Und natürlich die Freiburger Sportmedizin um die Ecke. Es gibt keine Presse und keine Bälle und keine Promis und keine Teamleitung, die Druck macht. Und wieder hilft Ullrich sein außergewöhnliches Talent. Er spult in kürzester Zeit ein übermenschliches Trainingspensum gepaart mit einer spartanischen Diät ab. Sein Körper verkraftet das nicht nur, sondern er wird dabei auch noch von Tag zu Tag stärker. Bis Juni ist Ullrich bis auf fünf Kilo an sein Idealgewicht herangekommen. Die Leistungstests an der Freiburger Uniklinik zeigen eine gewichtsbezogene Leistung an, mit der sonst kaum einer auf der Welt mithalten kann. Und so steht Ullrich zu Beginn der Tour in Dublin zur Titelverteidigung gerüstet am Start.

Doch Ullrich verliert die Tour, an einem einzigen Tag. Beim Einbruch in der Regenschlacht am Galibier vom 27. Juli büßt er fast neun Minuten auf Marco Pantani ein. Ullrich verarbeitete den Tag auf seine Weise. Er ließ sich noch in der Badewanne von Masseur Dieter »Eule« Ruthenberg drei Teller Müsli und sechs Bananen reichen. Nach dem Abendessen nahm er drei Nachtische zu sich. »Ich schlug mir den Bauch so voll, dass ich drei Magentabletten nehmen musste.«

Ullrich gewann am nächsten Tag die zweite große Alpenetappe und vier Tage später das letzte Zeitfahren. Er zeigte, wer eigentlich der stärkste Fahrer dieser Tour war, wenn es nur nicht diesen einen Tag gegeben hätte. In Deutschland blieb der Traum einer jahrelangen Dominanz Ullrichs am Leben, man sah ihm den Schnitzer nach.

Doch für Jan Ullrich gingen die Dinge längst in eine andere Richtung. Er ließ sich im Herbst offensichtlich wieder gehen und schien zum Einstieg in die Saison mit noch größerer Unlust als im Jahr zuvor anzutreten. Seinem Biografen Andreas Burkert gestand er später: »Diese wahnsinnigen Trainingskilometer, die Schmerzen, das hat mir alles keinen Spaß mehr gemacht. Das war eine Phase, in der ich es bitter ernst meinte. Ich hatte keine Lust mehr.«

Im April gesteht Ullrich Pevenage und Peter Becker, dass er mit dem Radfahren aufhören will. Das rüttelt seine Entourage auf. Man trifft sich zu Krisensitzungen, redet auf ihn ein. Alles wird getan, um den Goldesel nicht zu verlieren. Telekom vereinbart eine Sitzung mit einem Psychologen. Doch Ullrich kann mit dem Gespräch nichts anfangen. »Das hat mich nicht weitergebracht.« Viel eher bewegt hat Ullrich die Ehrlichkeit seiner Lebensgefährtin Gaby Weis. »Okay, dann such dir halt etwas, womit du dich in Zukunft beschäftigen willst«, sagte sie. »Aber vergiss nicht, dass du nichts anderes gelernt hast, als Rad zu fahren.«

So nahm Ullrich seinen Beruf wieder auf, den einzigen, den er kannte, doch die Begeisterung fehlte. Ullrich brachte sich nur halbherzig für die Deutschland-Rundfahrt in Form, so schien es. Dort fuhr er bei einer bedeutungslosen Flachetappe auf das Hinterrad von Udo Bölts auf und stürzte. Man kann das einen Unfall nennen, wenn man an Unfälle glaubt, doch es war gewiss kein Unfall, der Jan Ullrich ungelegen kam. Er bot ihm einen Ausweg. Schulter und Knie waren ramponiert, von der Gehirnerschütterung ganz zu schweigen. Der erneute Rückschlag gab ihm die perfekte Entschuldigung, nicht bei der Tour an den Start gehen zu müssen. »Ich hatte, seit ich neun war, an nichts anderes gedacht als an Radfahren«, schreibt Ullrich in seiner Autobiografie. »Ich brauchte dringend eine Pause.«

Ullrich trat noch zur Tour de Suisse an, doch nach der ersten Etappe stieg er aus. Kurz darauf verkündete er in der ARD, dass er bei der Tour de France nicht an den Start gehen werde. Ullrich hatte sich des Drucks entledigt, für Deutschland den Tour-Helden spielen zu müssen. Jens Heppner beschrieb Ullrichs Verhältnis zu Druck von außen einmal so: »Jegliche Verpflichtung war für Ullrich ein Problem, sei es abnehmen, gewinnen, trainieren. Wann immer jemand etwas von ihm verlangte, wollte er nach Hause gehen und sich verstecken und jedem am liebsten sagen, er solle ihm den Buckel runterrutschen.«

Doch der Leistungsdruck war wohl nicht das Einzige, dem Ullrich sich in diesem Sommer entziehen wollte. Nach dem Festina-Skandal der Tour 1998 war im Frühjahr 1999 im *Spiegel* ein Enthüllungsartikel über systematisches Doping im Team Telekom erschienen. In seiner Autobiografie schreibt Ullrich, wie er sich darüber geärgert hatte, wie respektlos dort über ihn und seine Mannschaft gesprochen worden war. Ullrichs wahre Gefühlslage dürfte jedoch deutlich komplizierter gewesen sein.

Mit dem Artikel deutete sich für Ullrich schon an, dass genau das passieren könnte, was ihm dann Jahre später widerfahren ist. Dass er vom Heldenthron gestürzt und in die kriminelle Ecke gestellt werden könnte. Dass der Halbgottstatus, den Deutschland ihm verliehen hatte und den er ohnehin hasste, sich ganz rasch in etwas verwandeln könnte, was er noch viel mehr hassen würde. So verschwand Jan Ullrich von der Bildfläche. Und erst einmal funktionierte das laut eigener Aussage auch. »Ich fühlte mich befreit von einer riesigen Last. Und kaum war der Druck weg, ernährte ich mich plötzlich ganz normal, naschte keine süßen Sachen und achtete auf mein Gewicht.«

Ullrich muss seine neu gefundene Freiheit genossen haben: Er fuhr mit seinem Freund Mike Baldinger Motorrad, spielte mit Tobias Steinhauser in der Schweiz Golf und besuchte Bjarne Riis in der Toskana. Die 1999er-Tour, die erste, die Armstrong gewann, verfolgte er nur am Rande.

Doch Bjarne Riis empfiehlt Ullrich freundschaftlich, das Rad noch nicht ganz in die Garage zu stellen. Dem Dänen, der sich alles hart erarbeiten musste, tut es weh, zu sehen, dass Ullrich sein Talent einfach so wegwirft. Auf Riis, der für ihn noch immer ein Mentor ist, hört Ullrich. So steht Ullrich am 04. September am Start der Vuelta a España in Murcia. Es soll nur eine »Trainingsrunde« werden, zu der ihn die Telekom-Teamleitung überredet hat, Rennkilometer, um eine Grundlage für eine mögliche Saison 2000 zu legen. Um Ullrich bei Laune zu halten, darf er seine engsten Kumpel mit ins Aufgebot nehmen – seinen Hamburger WG-Gefährten Ralf Grabsch, Dirk Baldinger, Andreas Klöden sowie Danilo Hondo.

Für die deutschen Medien ist die Spanienrundfahrt zunächst nur eine Randnotiz, man erwartet nichts mehr von Ullrich in diesem Jahr. Und all das ist für Ullrich perfekt. »Ich konnte vollkommen ohne Druck fahren, zum ersten Mal seit 1996«, erinnert er sich später. Und so wirkt Ullrich dann auch. Von Tag zu Tag fährt er sich besser in Form. Die Pfunde sind von seinen Hüften verschwunden, wie um die wiedergewonnene Leichtigkeit des Seins nach außen hin sichtbar zu machen. Und als er auf der zwölften Etappe denselben Anstieg nach Andorra hinauffährt, an dem er zwei Jahre zuvor das Gelbe Trikot der Tour erobert hatte, sieht sein Tritt genauso mühelos kraftvoll aus wie damals.

Ullrich gewinnt die Vuelta überlegen und legt im Herbst auch noch den Weltmeistertitel im Zeitfahren nach. Es scheint, als habe er zu sich selbst gefunden und zurück zu der ursprünglichen Freude an seinem Sport. Als er während der Vuelta bei einer Abfahrt über die weiten Täler blickt, denkt er sich: »Was für ein Traumberuf. Wie konnte ich jemals daran zweifeln.«

Doch der Doppeltriumph, mit dem Ullrich das Jahr 1999 beendet, setzt in Deutschland bereits wieder die Erwartungsmaschine in Gang. Ganz sicher würde es nun im nächsten Jahr klappen mit dem zweiten Tour-Sieg. Der Ullrich der Vuelta würde es dem amerikanischen Emporkömmling, den 1999 bei der Tour alle bejubelt hatten, schon zeigen.

MARCO

Es gibt im Sport Schicksalstage, an die man sich später erinnert und sich einig ist, dass die Leben der Beteiligten an jenem Tag eine unumkehrbare Wendung genommen haben. Der Kampf zwischen Muhammad Ali und Joe Frazier in Manila am 01. Oktober 1975 ist zweifellos ein solches Ereignis, jener Kampf, aus dem beide als gebrochene Männer hervorgingen. Oder jener Tag am Puy de Dôme während der Tour de France 1964, an dem Raymond Poulidor seine einzige und vielleicht letzte Chance hatte, seinen Erzrivalen Jacques Anquetil zu besiegen. Für Jan Ullrich und Marco Pantani war es der 27. Juli 1998. Es war die erste Bergankunft in den Alpen dieser verfluchten Tour, die unter dem Zeichen des gnadenlosen Durchgreifens der französischen Justiz stand.

Der Tag begann in Grenoble unter einem strahlend schönen Sommerhimmel, doch der wärmende Sonnenschein hielt nicht lange. Je tiefer die Fahrer in die Berge vordrangen, desto dichter wurden die Wolken. Als sie begannen, den Galibier, den gefürchtetsten Bergpass der Alpen, zu erklimmen, waren die Temperaturen am Gipfel auf 3 °C gesunken, und dichter Regen verkürzte die Sicht auf die wenigen Meter bis zum Vordermann.

Jan Ullrich, der in Grenoble im Gelben Trikot an den Start gegangen war, wurde offensichtlich vom Wettereinbruch überrascht. Als Marco Pantani vier Kilometer unterhalb des Gipfels dann aus dem Sattel ging und ruckartig das Tempo erhöhte, hatte Ullrich an jenem Tag nur wenig entgegenzusetzen. Bis zur Passhöhe verlor er mehr als zweieinhalb Minuten. Doch die Etappe war noch lange nicht zu Ende, nach der Abfahrt ins Tal stand noch der qualvolle Anstieg nach Les Deux Alpes bevor. An diesem Schlussanstieg, so hatte Ullrich gehofft, würde er Pantani wieder einholen, doch daran war an diesem ver-

flixten Tag nicht zu denken. Er fing sich im Tal einen Plattfuß ein und konnte sich nur noch entkräftet, demoralisiert und vor Kälte zitternd irgendwie zur Skistation von Les Deux Alpes hinaufkämpfen. Dass er neun Minuten auf den kleinen Mann aus der Emiglia Romana verlieren würde, konnte er nicht mehr verhindern: Pantani flog den Berg trotz des Hundewetters mit jener engelhaften Leichtigkeit hinauf, die seinen Stil kennzeichnete, seit er vier Jahre zuvor bei seinem Tour-Debüt gleich Gesamtdritter geworden war.

Ullrich kämpfte sich in den folgenden Tagen wieder heran. Er gewann die nächste Etappe, obwohl er Pantani nicht abschütteln konnte. Beim abschließenden Zeitfahren fuhr er wieder bis auf dreieinhalb Minuten an Pantani heran, um sich in Paris den zweiten Platz auf dem Podium zu sichern.

Doch Ullrichs Aura war beschädigt. Der junge Deutsche, der nach seinem Sieg im Vorjahr so unverwundbar wie der Nibelungenheld Siegfried schien, hatte plötzlich gezeigt, dass er genau wie Siegfried eben nicht unverwundbar war. Nach 1998 sprach niemand mehr davon, dass Ullrich auf Jahre hin die Tour dominieren würde. Für Pantani hingegen galt das Gegenteil. Mit seinem Tour-Sieg hatte er als erster italienischer Fahrer seit Fausto Coppi das Double aus Giro und Tour geschafft. Als er zurück nach Italien kam, erlebte er eine Hysterie, die das, was Ullrich im Vorjahr in Deutschland erlebt hatte, aussehen ließ wie einen Kindergeburtstag.

In seiner Heimatstadt Cesenatico wartete das halbe Land auf ihn. Nicht einmal Premierminister Prodi war sich zu schade, in den Gassen des Ferienorts unter Fahnen, gigantischen Pantani-Köpfen aus Pappmaschee und unzähligen Pantani-Transparenten die Nacht durchzutanzen. Doch der Höhepunkt von Pantanis Ruhm stellte sich gleichzeitig als der Beginn eines langen und tiefen Absturzes heraus. Kein Jahr später wurde Pantani öffentlich und brutal auf eine Art und Weise entehrt, die Ullrichs Thronsturz von 2006 noch als geradezu sanft erscheinen lässt. Der sensible kleine Mann mit der unbändigen Kraft erholte sich nie mehr davon.

Am 05. Juni 1999, nur 36 Stunden vor seinem sicheren zweiten Sieg beim Giro, wurde Pantani im Skiort Madonna di Campiglio aus dem Verkehr gezogen. Zu der Zeit gab es noch keinen direkten Test auf EPO. Stattdessen prüfte die UCI den Hämatokritwert, also den Anteil an roten Blutkörperchen – ein starker Indikator für Blutmanipulation. Die Probe von Pantani überschritt den Grenzwert von 50 Prozent deutlich. Die öffentliche Demütigung, der Spießrutenlauf, der anklagende Ton der Presse setzten Pantani schwer zu. Er hätte nach einer zweiwöchigen Sperre wieder zur Tour antreten und Lance Armstrong bei dessen erstem Tour-Sieg herausfordern können. Doch Pantani versank in eine tiefe Depression. Später berichtete seine Freundin Christina Jonsson, er habe in jener Zeit angefangen, Kokain zu konsumieren.

Für das Jahr 2000 riss Pantani sich noch einmal zusammen, kam offenbar aus seiner Depression heraus und brachte sich für die Saison in Form. »Es war, als ging die Sonne auf«, erinnert sich seine Mutter. Pantani verhalf Stefano Garzelli zu seinem Giro-Sieg und forderte in Frankreich Lance Armstrong heraus. Doch nachdem Armstrong behauptete, er habe Pantani am Ventoux den Sieg geschenkt, ritt Pantani eine beleidigte, epische Attacke und stieg dann aus.

Pantani war verletzt, weil Armstrong seinen Status als Patron nicht anerkannte. Schließlich war er es, der in einem Jahr sowohl den Giro als auch die Tour gewonnen hatte, und nicht der Amerikaner. Wenn jemand in der Position war, Geschenke zu verteilen, dann er, Pantani.

Die Verletzung passte zu dem, was ihm in Italien widerfahren war. Der Ausschluss vom Giro war für ihn ebenso eine Demütigung wie die juristische Untersuchung gegen ihn wegen Sportbetrugs. Pantani tauchte in den Akten des Labors von Dr. Conconi in Ferrara auf, aber wurde das Labor nicht vom Nationalen Olympischen Komitee geführt? Warum er stellvertretend an den Pranger gestellt wurde, wollte ihm nicht einleuchten. Später, in den Tiefen einer Depression, schrieb er einmal, dass Armstrong das Problem sei. Dass Armstrong ungehindert Ruhm und Reichtum einfuhr, während er geächtet wurde, konnte Pantani wohl nicht verwinden.

In den folgenden Jahren scheinen sich für Pantani depressive Phasen mit Zeiten abzuwechseln, in denen er sich wieder zusammenriss. Beim Giro 2003 kam er auf einen achtbaren 14. Platz, doch als seine Mannschaft nicht zur Tour eingeladen wurde, versank er wieder in Verzweiflung. In einem emotionalen Interview in jenem Herbst sagte er, dass der Sport, den er einst liebte, für ihn nur noch negative Assoziationen habe, Assoziationen mit schlimmen Dingen, die ihm und seiner Familie widerfahren waren.

Am 09. Februar 2004 nahm Pantani sich ein Zimmer im Hotel Le Rose in Rimini, keine 20 Kilometer von seinem Heimatort Cesenatico entfernt. Er wollte nur eine Nacht bleiben, doch es wurden fünf daraus. Der Letzte, der ihn sah, war der Restaurantbesitzer Oliver Laghi, der ihm jeden Abend ein Omelett brachte. Laghi erinnert sich, dass Pantani tieftraurig gewirkt habe. Seine Augen seien ausdruckslos gewesen, so, als sei er schon gar nicht mehr anwesend. Am Samstagabend fand ihn das Zimmermädchen dann tot in seinem Zimmer. Die Möbel standen Kopf, Pantanis Arme und Beine waren angeschwollen. Er starb an einer Überdosis Kokain.

Auf den leeren Seiten seines Passes hatte Marco Pantani in seinen letzten Stunden seine Gedanken und Gefühle niedergeschrieben.

»Die Welt versteht, dass meine Kollegen und ich gedemütigt wurden. Dass sie viele Familien ruiniert haben. Wie kann man sich da nicht selbst verletzen? Mein Sportlerleben und mein Privatleben wurden zerstört. Was bleibt, ist Zorn und eine tiefe Traurigkeit über die Brutalität des Strafrechtssystems. Ich habe mich selbst verletzt, um meine Privatsphäre nicht aufgeben zu müssen und die Privatsphäre meiner Freundin sowie die aller Kollegen und deren Familien, die ebenfalls angeklagt wurden.«

X

SEIN EIGENER HERR

Ziemlich genau drei Jahre, nachdem Jan Ullrich 1999 alles hinschmeißen wollte, schien er wieder an genau demselben Punkt angelangt zu sein. Es war Ende Juni des Jahres 2002, eine Woche vor dem Start zur Tour de France, aber Jan Ullrich hatte wohl seine Ambitionen, zum vierten Mal nach 1997 den Tour-Sieg zu versuchen, schon begraben.

Im Jahr 2000, dem ersten großen Duell zwischen Ullrich und Armstrong, das als Zweikampf des Perfektionisten gegen das schlampige Talent angekündigt worden war, hatte Ullrich keine Chance gehabt. Der goldene Herbst 1999 schien bei Ullrich nicht den Drang ausgelöst zu haben, früher und disziplinierter in die Saison zu starten. Eher im Gegenteil. Vielleicht in der Annahme, dass er sich mit seiner überwältigenden Begabung Dinge erlauben kann, die sich sonst nur sehr wenige erlauben können. So war er offenbar zu spät in die Saison eingestiegen und wieder mit Übergewicht. Gerade rechtzeitig zur Tour war er noch in Schwung gekommen, und seine Form reichte aus, um jeden anderen Fahrer der Welt zu besiegen. Aber für Lance Armstrong reichte es nicht.

Dass Ullrich in jenem Herbst dann in Sydney vor seinen Telekom-Teamkollegen Alexander Winokurow und Andreas Klöden das olympische Straßenrennen gewann, war wie der Vuelta-Sieg ein wunderbarer Schmuck für seinen Palmarès. Aber letztlich war es wieder nur ein Trostpreis. Wieder schaffte er es, dort zu brillieren, wo es eigentlich nicht darauf ankommt und wo kein sonderlicher Druck auf seinen Schultern lastet. Trotzdem schien der der Olympiasieg Ullrich zu beflügeln. Er fiel offenbar weit weniger tief in sein übliches Winterloch, und schon im Dezember ging es für ihn nach Südafrika ins Trainingslager. Das »Babysitter-System«, bei dem abwechselnd die Freiburger Sportärzte, Rudy Pevenage und seine Mannschaftskameraden sein Training überwachten, griff besser als je zuvor.

Zur Tour-Vorbereitung 2001 startete Ullrich erstmals beim Giro d'Italia. Es war wieder so ein Rennen, bei dem niemand etwas von ihm erwartete und er sich locker in einen Flow strampeln konnte. In der dritten Woche, bei der Etappe rund um Sanremo, zeigte er sich im Finale vorn im Peloton und ließ die Muskeln spielen. Wenn er wollte, so war an diesem Tag zu sehen, dann konnte er alle stehen lassen.

Am selben Tag entging Ullrich jedoch um ein Haar einer Katastrophe. Bei einer Razzia durch die italienischen Behörden in den Mannschaftshotels wurde auch das Zimmer von Rudy Pevenage durchsucht, wie dieser in seinem Buch schildert. Pevenage entsorgte im letzten Augenblick Spritzen in der Toilette. Die doppelbödige Coladose im Zimmer-Kühlschrank, in der ebenfalls EPO versteckt war, blieb nur durch Glück unentdeckt. Pevenage behielt die Episode für sich und belastete seinen Star damit nicht.

Ganz blieb Ullrich von einem Stressmoment dennoch nicht verschont. Zusammen mit anderen Fahrern wurde er vier Stunden im Foyer des Hotel d'Anglais von Sanremo festgehalten, während die Nationale Antidopingagentur eine Spritze untersuchte, die in Ullrichs Zimmer gefunden wurde. Doch es handelte sich um ein Naturpräparat gegen sein Asthma, Ullrich konnte am Tag nach der ausgefallenen Etappe wieder an den Start gehen.

Zum Start der Tour 2001 in Dünkirchen reiste Jan Ullrich so fit an, wie vielleicht seit 1997 nicht mehr. Und er schaffte es diesmal tatsächlich, Armstrong das Leben schwer zu machen. Nachdem Armstrong das Team Telekom in den Alpen mit einem Bluff überrumpelt hatte, wurde Ullrich in der Schlusswoche immer stärker. Tag für Tag setzte er Lance Armstrong mehr unter Druck, doch der Amerikaner konnte stets parieren.

Wenn Ullrich es also im kommenden Jahr schaffen würde, zeitig in die Saison einzusteigen und schon in der ersten Tour-Woche voll da zu sein, dann würde er auch eine Chance haben, Armstrong zu besiegen. Doch das Rennsportjahr 2002 entpuppte sich für Jan Ullrich als eine Aneinanderreihung von Irrungen und Wirrungen. Schon am dritten Tag des ersten Trainingslagers im Dezember begann Ullrichs Knie zu schmerzen, das ihm seit 1999 keine Probleme mehr bereitet hatte. Ullrich brachte das Trainingslager noch zu Ende, aber mit angezogener Handbremse. Der gewünschte frühe Trainingsvorsprung war dahin.

Beim Team-Trainingslager in Mallorca war es nicht besser, Ullrich konnte mitrollen, aber sich nicht richtig belasten. Die Kniebeschwerden blieben[9]. Nach einem passablen Saisonauftakt in Katar konnte Ullrich somit keinen Trainingsrhythmus finden. Der europäische Saisonstart wurde immer weiter verschoben. Statt intensiver Trainings- und Rennwochen wechselten sich Rehawochen mit wiederholten Versuchen, ins Training einzusteigen, ab, die jedes Mal wieder mit Beschwerden endeten.

Irgendwann im Mai, bei einer Trainingswoche im Badischen mit Andreas Klöden, riss Ullrich dann der Geduldsfaden. Die Besonnenheit war wohl zwei Monate vor der Tour nicht mehr auszuhalten. Ullrich wollte es wissen. »Ich knalle jetzt den Berg dort hoch«, ließ er seinen Kameraden wissen. »Und entweder das Knie hält oder es hält nicht.« Es hielt nicht. Auch der Giro, den Ullrich als Vorbereitung wieder fahren wollte, musste abgesagt werden; bis zur Tour in eine Form zu kommen, in der er um den Titel mitfahren konnte, wurde immer unrealistischer.

Als wäre der erste Akt der Selbstsabotage, die 500-Watt-Fahrt durch das Glottertal, nicht genug gewesen, setzte Ullrich gleich noch einen zweiten drauf. Vermutlich in einer »Scheißegal-Laune« ging er

9 Ullrich, Jan (mit Boßdorf, Hagen), a.a.O., S. 208.

mit seinem Kumpel, dem Bahnradfahrer Eyk Pokorny, einen trinken. Um 4 Uhr morgens stolperten sie aus einer Freiburger Disco. Um zwei junge Frauen zu beeindrucken, die die beiden aufgegabelt hatten, versuchte sich Ullrich mit seinem Porsche spät in der Nacht als Poser. Die Reifen quietschten, der Porsche drehte sich, und der Wagen landete ausgerechnet in einem Fahrradständer. Die Nacht endete auf der Polizeiwache.

Es ist schwer, die Symbolik des gerammten Fahrradständers in dieser Episode zu ignorieren. Wer an ein Unterbewusstsein glaubt, der könnte meinen, dass Ullrich ausgerechnet sein »Arbeitsgerät« mit dem Porsche aufs Korn genommen hatte, sei kein Zufall. Es war so, als ob sich einmal mehr sein Zorn auf seinen Beruf entlud, der ihm so viel Frust, Ärger und Schmerz bereitete. Ullrich sagte die Tour ab, doch seine Leidensgeschichte des Jahres 2002 war noch lange nicht zu Ende. Es folgten Arztbesuch um Arztbesuch, eine OP, ein Rehaaufenthalt in Oberbayern und ein neuer Tiefpunkt in Ullrichs Biografie.

Erst einmal fuhr Ullrich jedoch mit seiner Freundin Gaby für ein paar Tage in seinen Heimatort Papendorf. Er zeigte Gaby die Orte, an denen er mit seinen Brüdern gespielt hatte, wo er sich mit einer Affenschaukel hatte in den See plumpsen lassen. Er ließ sich von seiner Mutter, die in ihrem Leben so viele Hindernisse überwunden hatte, Mut machen, und zum Dank kaufte er ihr in einem Neubaugebiet in Papendorf ein Haus. Doch das seelische Auftanken hielt nicht lange vor. Während seine Kollegen sich für die Tour den letzten Feinschliff holten, war Ullrich in der Rehaklinik am Tegernsee: Aquajogging statt Alpenpässe. Wie bereits in Freiburg, unternahm er hier immer regelmäßiger Ausflüge ins Münchner Nachtleben, häufig gekoppelt mit Alkohol und Drogen. Wenn Ullrich sein Training nicht hatte, dann gab es damals schon nicht vieles, was ihm Halt bot.

Dass ausgerechnet in jener Zeit ein Dopingkontrolleur der NADA am Tegernsee vorbeischaute, mag man im Nachhinein als bizarren Zufall interpretieren. Oder man konnte, wie es damals einige taten, eine komplizierte Verschwörungstheorie daraus stricken, ein Komplott, um sich von dem zunehmend zum PR-Desaster mutierenden Jan Ullrich zu trennen. Fest steht, dass Ullrich auf ein Amphetamin positiv getestet wurde. Die Nachricht erhielt er von der Freiburger Sportmedizin, eine knappe SMS, er solle sich dringend melden. In seiner Autobiografie stellt Ullrich das nachfolgende Treffen mit Lothar Heinrich und Andreas Schmid als ein besorgtes Gespräch dar, bei dem man fiebrig versuchte, herauszubekommen, wie dieser Befund zustande gekommen war.

Das wird vermutlich der Gegenstand der Unterredung gewesen sein. Aber ob Heinrich und Schmid wirklich so ahnungslos waren, wie Ullrich das später dargestellt haben wollte? Fest steht: Irgendwann in jenen Tagen muss sich Ullrich mit seinem Umfeld auf die Partydrogen-Story geeinigt haben, die er in Absprache mit T-Mobile am 06. Juli bei einer Pressekonferenz in Frankfurt der Öffentlichkeit verkaufte. Jan Ullrichs erster Impuls war es indes überhaupt nicht gewesen, an die Öffentlichkeit zu gehen. In seiner Vorstellung war dies eine Gelegenheit, alles hinter sich zu lassen – das ständige Rampenlicht, den Erwartungsdruck von allen Seiten, die ständige Angst vor einem positiven Dopingtest – kurz, den ganzen vermaledeiten Radsport, der ihm schon lange zur Last geworden war, aus dem er jedoch aus eigener Kraft keinen Ausweg fand. Er wird sich wahrscheinlich vorgestellt haben, zu behaupten, er müsse seines Knies wegen seine Karriere beenden. Damit wäre alles aus der Welt – der Dopingtest, die Fragen, der Stress. Doch so leicht ließ man ihn nicht von der Angel.

So berichtet die damalige BDR-Präsidentin Sylvia Schenk von einem Treffen an einer Autobahnraststätte im Schwarzwald, wo sie mit Ullrich über einen Zaun kletterte und durch die in praller Sommerpracht stehenden Felder spazierte. Das Testergebnis, machte Schenk Ullrich klar, würde sowieso herauskommen. Der einzige Weg nach vorn sei nun Transparenz. Ein Geständnis, ein Reuebekenntnis und eine kurze Sperre, die den Umstand widerspiegelte, dass es sich ja nicht direkt um eine leistungssteigernde Substanz gehandelt hatte. Es war ein guter Rat, und im Rückblick wünscht man sich, dass jemand wie Schenk auch 2006 noch Zugang zu Ullrich gehabt hätte.

Schenk, die selbst als Leichtathletin an den Olympischen Spielen 1972 teilgenommen hatte, warb noch bei der Pressekonferenz in den Räumen des Deutschen Sportbundes um Verständnis für Ullrich. Vielleicht, so die Präsidentin, hätte man lieber Ullrich auf seine Weise noch ein paarmal Zweiter bei der Tour werden lassen sollen, anstatt aus ihm auf Teufel komm raus noch einen zweiten Tour-Sieg herauszupressen.

Am Abend im *Aktuellen Sportstudio* setzte die Präsidentin ihre PR-Kampagne zum Verständnis für den gefallenen Star fort. Sie sprach von Sportlerbiografien, wie der von Nils Schumann, dem 800-Meter-Olympiasieger, der mit 22 Jahren schon den Zenit seiner Sportlerkarriere erreicht habe und nun vor der komplizierten Aufgabe stand, danach eine irgendwie sinnhafte Existenz aufzubauen. Wie bei Jan Ullrich sei für Schumann der Leistungssport zur Sackgasse, ja zum Fluch geworden.

Die PR-Kampagne zeigte zumindest kurzzeitig Wirkung. Die *FAZ* schrieb am nächsten Tag von Ullrich als dem »gestrauchelten Helden, der um Verständnis warb«. Statt Ullrich zu verteufeln, hatte man Mitgefühl mit ihm. Jürgen Kindervater gab an, dass es jetzt erst einmal darum gehe, sich »um den Menschen Jan Ullrich zu kümmern«. Dazu organisierte Kindervater einen Rückzug für Ullrich nach Kanada. Unmittelbar von der Frankfurter Pressekonferenz ging es zum nur wenige Kilometer entfernten Flughafen und dann mit dem Privatjet nach Seattle. Dort wartete Bob Stapleton auf Ullrich, der radsportverrückte Chef des Telekom-Tochterunternehmens VoiceStream, der ein paar Jahre später das Team übernehmen sollte. Mit Stapleton sowie dem Adidas-Manager Otto Wiedemann und dem Promi-Arzt Walter Möbius ging es dann in eine Berghütte am Mount Whistler in Britisch-Kolumbien, weit weg von den deutschen Medien und der Tour de France. Ausruhen, einen klaren Kopf bekommen, Mountainbiken, aber nur in Maßen.

Ullrichs Leben lag in Trümmern. Sein Vertrag mit Telekom ruhte erst einmal, es war unklar, ob er noch einen Job hatte. Unklar war ebenfalls, ob er mit seinem Knie jemals würde wieder Radrennen fahren können. Und genauso unklar war für ihn in diesem Augenblick, ob er das jemals wieder wollte. Irgendwie war alles so ähnlich wie schon 1999. Alles lag in Scherben, es gab nichts mehr zu verlieren. Und wie schon damals, schien sich Ullrich befreit zu fühlen. Niemand wollte mehr etwas von ihm, niemand erwartete mehr etwas von ihm. Viele hatten ihn abgeschrieben. Und genau daraus schöpfte er wohl Kraft.

Als Ullrich noch unentschlossen ist, ob und wie es weitergehen soll, bekommt er eine SMS von Tobias Steinhauser, seinem alten Kumpel aus Amateurtagen. Steinhauser und Ullrich hatten sich immer gut verstanden, sie hatten über die Jahre stets Kontakt gehalten, auch wenn sie als Radprofis getrennte Wege gegangen waren. Steinhauser wusste, wie orientierungslos und verloren Ullrich war, und die SMS war ein ehrlich empfundenes Hilfsangebot. Irgendwo im Hinterkopf hatte Steinhauser aber sicher auch den Gedanken an die Möglichkeit, im Windschatten von Ullrich bei dessen Comeback mit seiner eigenen Laufbahn weiterzukommen. Zumindest ein Tour-de-France-Start könnte ganz gewiss dabei herausspringen. Erst einmal lud Steinhauser Ullrich jedoch einfach zu sich ein, zu einem Gespräch unter Freunden. Ullrich willigte ein und fuhr kurz nach seiner Rückkehr aus Kanada zu den Steinhausers ins Allgäu. Zwei Tage verbrachten die beiden zusammen, und danach schien es, als wenn Ullrich mit dem Radsport noch lange nicht fertig sei. Zusammen wollten sie mit einem Trainingslager in der Toskana anfangen, wo Steinhauser sich seit Jahren auf die Saison vorbereitete.

Schon kurz nach dieser Klausur zeigt Ullrich Qualitäten, die man so von ihm nicht gekannt hatte. Er nimmt offenbar sein Schicksal in die Hand, er trifft Entscheidungen, er gestaltet. Zuerst verlagert er seinen Lebensmittelpunkt von Merdingen in die Schweiz. So heimelig es dort gewesen war, so beengt muss ihm der Ort erschienen sein, da die Paparazzi vor seinem Haus lauerten und sogar Touristenbusse bei ihm vorfuhren. Zudem hatte er in der Schweiz als Trainingspartner Fahrer von Weltklasseformat wie seinen Telekom-Teamkollegen Andreas Klöden.

Als sich herausstellte, dass das Team Telekom mit einer Wiedereinsetzung seines Vertrags zögerte und ihm nicht zutraute, sich wieder zurückzukämpfen, entschied Ullrich souverän, die Seile zu kappen und sich nach einem neuen Arbeitgeber umzuschauen. Und in die Suche nach einem neuen Team war er gemeinsam mit Wolfgang Strohband und Rudy Pevenage voll eingebunden.

Ullrichs Wahl, gemeinsam mit dem Essener Textilfabrikanten Günther Dahms etwas Neues aufzubauen, anstatt sich wieder in einen bestehenden großen Rennstall einzugliedern, zeugte ebenfalls von seinem neu gewonnenen Unternehmergeist. Nicht einmal seinem alten Teamgefährten Bjarne Riis wollte er sich unterordnen und bei dessen Team CSC fahren. Gegenstand der schließlich gescheiterten Vertragsverhandlungen waren neben unterschiedlichen Vorstellungen bei den Finanzen bestimmte Bedingungen, die Riis an die Vorbereitung geknüpft hatte. »Er hätte grundsätzlich alles ändern müssen«, sagte Riis später gegenüber Daniel Friebe. »Doch er wollte diesen Schritt nicht gehen.« Ullrich hatte seine eigenen Vorstellungen.

Ullrich strahlte, vielleicht zum ersten Mal in seinem Leben, Initiative und Entschlusskraft aus. Das Jahr 2003 sollte sein Jahr werden, er fuhr gewissermaßen jetzt für sich, nicht für den Konzern, nicht für die deutschen Fans oder die *BILD*-Zeitung und nicht für die Schulterklopfer aus den Verbänden und der Politik. Mit der Eigenständigkeit kam offenbar auch der Spaß am Radsport zurück.

Die Trainingslager in der Toskana mit Steinhauser waren eher Radurlaube als Arbeitsaufenthalte. Die beiden wohnten schlicht, in der Nähe von Lucca, es gab keine Aufpasser, keine Pressetermine, keine Promibesuche. Einfach nur zwei Freunde, die Fahrrad fuhren. Und natürlich die exklusive Betreuung durch Luigi Cecchini. Cecchini hatte das richtige Händchen für Ullrich. Er fuhr auf dem Motorroller manchmal sechs Stunden neben ihm her, kümmerte sich, motivierte ihn. Und wenn es um das Essen ging, gab er Ullrich zwar präzise Ratschläge für die richtige Ernährung, aber wenn Ullrich abends Lust hatte, sich für das harte Training mit einem leckeren Mahl in einem hübschen toskanischen Restaurant zu belohnen, verbot er ihm das auch nicht.

So gelang Jan Ullrich im Frühjahr 2003 mit Leichtigkeit, was ihm in den Jahren zuvor trotz bester Vorsätze immer wieder misslang. Ullrich startete in bester Verfassung in die Rennsaison, und das, obwohl er noch bis zum Jahresende sein Knie schonen musste und das neu gegründete Team Coast finanziell an einem seidenen Faden hing. Als Ullrich im April zu seinem ersten Rennen zusammen mit Tobias Steinhauser nach Frankreich fuhr, war noch im Flugzeug unklar, ob Coast auch eine Startlizenz bekommen würde.

Zu all diesem offensichtlich neu gewonnenen Selbstbewusstsein passte Ullrichs Renndebüt in Deutschland, beim rheinischen Klassiker Rund um Köln, in diesem Jahr perfekt. 53 Kilometer vor dem Ziel funkte Ullrich Pevenage im Mannschaftswagen an und gab ihm knapp durch: »Du, Rudy, ich probier jetzt was.« Dann griff er an den Unterlenker und fuhr los. Seine ehemaligen Teamkollegen vom Team Telekom hinter ihm konnten sich in der folgenden Stunde abmühen, wie sie wollten. Ullrich war nicht mehr einzufangen. Wie 1997 in Andorra, fuhr Ullrich in einem anderen Universum als die übrigen Vertreter seiner Zunft.

So hatte Ullrich schon zum Tour-Start wieder das deutsche Publikum hinter sich. Aber nicht nur das deutsche Publikum, die gesamte Radsportöffentlichkeit drückte Ullrich die Daumen, als er zum Start der 100. Tour-Ausgabe nach Paris kam. Und wenn es noch zusätzliche Motivation gebraucht hat, dann lieferte ihm diese sein Privatleben. Am 1. Juli, vier Tage vor dem Tour-Start, kommt seine Tochter Sarah-Maria zur Welt.

Die Story, die Ullrich in diesem Jahr anzubieten hatte, war einfach zu gut. Ullrich hatte sich aus eigener Kraft aus einer persönlichen Krise befreit. Er war anscheinend stärker denn je daraus hervorgegangen, und das, obwohl er bei seinem Comeback allerlei Hindernisse hatte überwinden müssen. So waren bis wenige Wochen vor der Tour weder Lizenz noch Finanzierung des Teams gesichert. In letzter Minute sprang Bianchi ein, zum ersten Mal seit Fausto Coppis Zeiten würde wieder ein Bianchi-Team bei der Tour starten. Doch es musste bis zum Schluss improvisiert werden, die Zeitfahrräder etwa trafen erst in der Nacht vor dem Mannschaftszeitfahren ein, die Mechaniker, darunter Ullrichs Bruder Stefan, waren bis kurz vor dem Start mit dem Montieren beschäftigt.

Aber all das machte die Ullrich-Truppe nur noch sympathischer. Sie waren ein zusammengewürfelter Haufen, das Gegenteil von Armstrongs straff durchorganisiertem Radsportkonzern und auch von der deutschen Konzerntruppe mit dem rosaroten Trikot. Jeder gönnte Bianchi die Sensation.

Die Tour wird die denkwürdigste Frankreich-Rundfahrt seit Langem, nach nunmehr vier Jahren Armstrong-Herrschaft weht erstmals wieder ein frischer Wind. Und das nicht nur, weil es Ullrich tatsächlich erstmals gelingt, Armstrong ernsthaft herauszufordern. Ullrich besiegt Armstrong souverän im ersten Zeitfahren und kann ihn in den Bergen mehrmals attackieren. Am Ende liegen lediglich 61 Sekunden zwischen den beiden Männern, die unter anderem auch deshalb zustande kommen, weil Ullrich während des verregneten abschließenden Zeitfahrens in Nantes stürzt.

Aber diese Tour lieferte auch noch so viele andere Bilder und Geschichten, die haften bleiben. Da war der Sturz Armstrongs während der entscheidenden Etappe nach Luz Ardiden, bei dem er sich in der Tragetasche eines Zuschauers verhakte, und seine darauffolgende Attacke, mit der er sich den Tour-Sieg sicherte. Da war aber auch der tragische Sturz von Joseba Beloki auf der Abfahrt nach Gap, nachdem der glühende Asphalt seine aufgeklebten Reifen abgelöst hatte. Belokis Pech zwang Armstrong, in Manier eines Querfeldeinfahrers durch einen Acker zu fahren, um knapp selbst einem Unglück zu entgehen.

Da war schließlich der Heldenritt von Tyler Hamilton, der sich mit einem gebrochenen Schlüsselbein durch die gesamte Tour durchbiss, am Ende Vierter wurde und nach einem 142 Kilometer langen Solo eine Etappe gewann. Und da war der Tag in den Alpen, an dem Rolf Aldag nach einer Attacke mit Richard Virenque quasi aus Versehen zum neuen – zumindest vertretungsweisen – Träger des Bergtrikots wurde.

Es sind Geschichten, die nachher immer und immer wieder erzählt wurden. Auch das Wissen, dass alle Protagonisten dieser Tour mit Bluttransfusionen operiert hatten, vermag diese Geschichten und diese Bilder nicht zu übertünchen. Sie bleiben bei jedem, der sie erlebt hat, haften, ganz gleich, wie viel im Hintergrund gepanscht wurde.

In Deutschland brach in dieser Zeit zum ersten Mal seit 1997 wieder so etwas wie ein Ullrich-Fieber aus, nicht ganz so hysterisch und verrückt wie bei Ullrichs erstem Tour-Sieg, aber doch spürbar. Als die letzte Tour-Woche startete, saß man in den Büros und den Cafés wieder an den Bildschirmen und drückte Ullrich die Daumen. Amphetaminpillen, Autounfälle und Ausflüge ins Nachtleben waren längst vergessen. Der deutsche Held war wieder da, auch wenn er jetzt im Celeste-grünen Trikot einer italienischen Traditionsmarke fuhr.

XI
DER LETZTE TANZ

Deutschland hatte Jan Ullrich nach der Tour 2003 wieder ins Herz geschlossen. Im Herbst wurde er zum zweiten Mal zum Sportler des Jahres gewählt. Zum Jahresende bekam er vom Medienhaus Burda den Entertainment-Preis *Bambi* verliehen und schließlich noch den *World Award*, den ihm Michael Gorbatschow überreichte. In seiner Dankesrede ließ Ullrich Gorbatschow wissen, dass er ohne ihn und Glasnost wohl niemals die Tour de France gefahren wäre, sondern seine Radsportkarriere bestenfalls mit einem Friedensfahrt-Sieg hätte krönen können.

Ullrich war wieder Everybody's Darling. Und das weckte Begehrlichkeiten. Sein Marktwert stieg, sowohl in der werbenden Industrie als auch innerhalb des Radsportbetriebs. Trotzdem gelang es Jacques Hanegraaf, dem Partner von Rudy Pevenage im Management des Bianchi-Teams, nicht, die Finanzierung der Mannschaft für das kommende Jahr zu sichern. Und so war Ullrich wieder zu haben.

Natürlich wurde seit der Tour 2003 auch in der Telekom-Teamzentrale in Bonn wieder über Jan Ullrich gesprochen. Sicher, es gab da noch den Imageschaden durch den Dopingtest von 2002 und die Alkoholfahrt in Freiburg. Aber der Imagegewinn durch das Comeback 2003 machte das mehr als wett. Seit dem Ritt im Bianchi-Trikot waren die Probleme des Vorjahres vergessen. Ein paar kleine Ausrutscher, Schwamm drüber.

Ein Sponsoringkonzept zum Comeback von Ullrich bei Telekom lag in der Kommunikationsabteilung ebenfalls bereits in der Schublade.

Im Jahr ohne Ullrich hatte sich das Team mit internationalen Stars verstärkt. Der Italiener Paolo Salvodelli, der Australier Cadel Evans und der Kasache Alexander Winokurow waren eingekauft worden, um den Abgang von Ullrich zu kompensieren. So richtig hatte das beim deutschen Publikum jedoch nicht gezogen, das feuerte lieber Ullrich im Bianchi-Dress an. Nun würden die internationalen All-Stars gemeinsam mit Ullrich eine kosmopolitische Multikulti-Truppe bilden, die nicht mehr nur für den deutschen Telekommunikationsriesen, sondern für dessen globalen Mobilfunkdienst T-Mobile werben würde.

So war Ullrich bereits eine neue Rolle zugewiesen, bevor er überhaupt bei T-Mobile unterschrieben hatte. Nachdem er zum radelnden Helden der Arbeiterklasse ausgebildet worden war, um dann als gesamtdeutsches Idol sein Meisterstück abzuliefern, sollte er nun zum smarten Botschafter eines Weltkonzerns mutieren.

Wahrscheinlich wird Ullrich Vorbehalte gehabt haben, zu Telekom zurückzukehren. Die Erinnerungen, wie ihm das »Babysitter-System« die Luft zum Atmen abgeschnürt hatte und wie anders es sich angefühlt hatte, bei Bianchi sein eigener Herr zu sein, dürften noch frisch gewesen sein. »Das war fürchterlich bei Telekom«, sagte Ullrich später in einem Interview, »dass jeder dich ständig auf die Waage stellen wollte. So geht man mit einem kleinen Kind um.« Andererseits bot ihm die Zusammenarbeit mit T-Mobile jedoch die finanzielle Sicherheit. Lizenzprobleme würde es hier nicht geben und ebenso wenig Lieferschwierigkeiten mit den Zeitfahrrädern. Und das Angebot von zwei Millionen Euro »Unterzeichnungs-Bonus«, einem Salär von 2,76 Millionen für 2004 und weiteren 3,26 Millionen für das Jahr 2005 konnte sich auch sehen lassen.

Wirklich überzeugt von einer Rückkehr zu T-Mobile, so Ullrich, habe ihn jedoch ein persönlicher Besuch von Andreas Klöden und Alexander Winokurow bei einem Grillabend im Spätsommer in Ullrichs neuer Villa am Bodensee. Dort habe man mit einem herrlichen Blick über den See zusammengesessen und sich ausgemalt, wie man im kommenden Jahr zu dritt Lance Armstrong auseinandernehmen würde, erinnert Ullrich sich später.

Eine Radtour mit Freunden würde die Tour werden, kein generalstabsmäßiges Projekt Gelb.

So gab Ullrich schließlich den Avancen von Telekom nach. Allerdings nicht, ohne seine 2003 hart erkämpfte Verhandlungsposition auszunutzen, um Bedingungen zu stellen. Ullrich wollte all das mit zu T-Mobile bringen, was für ihn im Jahr seiner Eigenständigkeit funktioniert hatte.

Da war etwa seine Physiotherapeutin Birgit Krohme, die er schon 2002 bei einem Trainingslager in Südafrika kennengelernt hatte. Krohme war dort mit einem Mountainbike-Team unterwegs und behandelte geduldig und sorgsam Ullrichs lädiertes Knie.

Da waren aber auch seine engsten Vertrauten bei Bianchi, Tobias Steinhauser und André Korff, gegen den er schon als Kind in Rostock Rennen gefahren war. Ohne die beiden würde Ullrich unter keinen Umständen in die Saison starten. Und da war sein Bruder Stefan, der sich bereits als Mechaniker bei Bianchi verdient gemacht hatte, als er über Nacht die Zeitfahrmaschinen montiert hatte, und auch 2004 zum Paket Ullrich gehörte. Und schließlich war da Ullrichs Partner, engster Vertrauter und Mentor Rudy Pevenage.

Allein die Sache mit Pevenage war heikel. Seit Pevenage bei Telekom gekündigt hatte, um mit Ullrich zum Konkurrenzteam Coast zu wechseln und dann Bianchi zu gründen, war er im Team Telekom Persona non grata. Für Walter Godefroot, dem noch immer die Mannschaft gehörte, war es völlig ausgeschlossen, Pevenage wieder einzustellen und mit ihm zusammenzuarbeiten.

Schließlich wurde die Regelung gefunden, dass Pevenage als persönlicher Berater von Jan Ullrich am Rand der Mannschaft geduldet wurde – auf der Lohnliste des Sponsors T-Mobile, aber nicht auf jener des Teams. Die Kompetenzen und Befugnisse von Pevenage wurden in zähen Verhandlungen haarklein definiert. Noch während der Saisonvorbereitung im Frühjahr, erinnert sich Jan Ullrich, musste er immer wieder zu Sitzungen nach Belgien fahren, um Gesprächen zwischen Godefroot, Pevenage und dem neuen Sportlichen Leiter Mario Kummer beizuwohnen. Es ging formal um die Aufgabenteilung, in Wirklichkeit wurden jedoch die persönlichen Befindlichkeiten der handelnden Personen geklärt. Ullrich schaute sich das Theater mit wachsender Ungeduld an.

Die Kommunikationshoheit ging fortan an den Konzern, der sorgsam und umfassend Message Control betrieb. Jedes Interview, jeder Fototermin musste mit T-Mobile geklärt und abgesprochen werden. Spontane Termine wie während der Tour de France 2003, als Ullrich auch schon mal aus einer Laune heraus völlig unbeaufsichtigt im Garten eines Hotels zur Plauderstunde mit Reportern zusammensaß, würde es nicht mehr geben.

Ein Erfolgsrezept, das konnte jeder ahnen, der diese Entwicklungen beobachtete, war diese neue Konstellation nicht. Die Spontaneität und die Freiräume, die Ullrich 2003 genossen hatte, waren dahin. Dafür sorgte allein schon ein 108 Seiten langer Vertrag, der Ullrich Tag und Nacht vorschrieb, was er zu tun und zu lassen hatte, bis hin zum Versprechen, sich im Restaurant stets das Wasser selbst aus dem Hahn zu zapfen, damit es nicht manipuliert werden kann. Gleichzeitig war der Druck, siegen zu müssen, um ein Vielfaches größer als je zuvor. Denn schließlich hatte Ullrich nun das beste und teuerste Team der Welt um sich. Vom Papier her sollte T-Mobile in der Lage sein, nicht nur die Tour zu gewinnen, sondern das komplette Podium zu besetzen.

Um sich das alles einigermaßen vom Leib zu halten, verschanzte sich Ullrich in seinem Team im Team. Nicht selten war es Birgit Krohme, die ihn vor den Begehrlichkeiten der Presse, des Konzerns und der Sportlichen Leitung abschirmte. Die gesamte Konstellation erinnerte an eine zutiefst dysfunktionale Familie. Die Spannungen und Konflikte wurden nur mit Mühe übertüncht. Ullrich, der im Zentrum von allem stand, hatte sich unterdessen einen Raum geschaffen, in dem ihn das alles nichts angehen brauchte.

Von dem Spirit von 2003 war offenbar nichts mehr übrig. Gestaltungsfreiheit gab es für Ullrich nicht mehr, was vermutlich auch Einfluss auf seinen Gestaltungswillen gehabt haben dürfte. Stattdessen schienen all die alten Muster wieder zutage zu treten. Ullrich startete mit zu viel Gewicht in die Saison, der Versuch, mit harten Trainingsblöcken Boden gutzumachen, wurde mit Infektionskrankheiten bestraft. Bis Mai hinkte er in seiner Vorbereitung schon wieder hinterher. So sehr er sich und der Öffentlichkeit auch weismachen wollte, dass er voll motiviert sei, so sehr wehrte sich offenbar sein Körper gegen die Versuche, ihn zu kontrollieren, ihn auf Linie zu halten. Das ganze Gerangel darum, wer zu ihm Zugang hat, wie man die Interessen im Team und am Team ausbalanciert, die engmaschige Kommunikationskontrolle, muss in ihm Widerwillen und Trotz ausgelöst haben.

So kam es, wie es kommen musste, auf die brillante, erfrischende Tour de France 2003 folgte die schlechteste Tour in Ullrichs Karriere. Bereits beim Prolog in Lüttich nahm Armstrong ihm auf einem extrem kurzen Kurs so viel Zeit ab, dass man von einem Klassenunterschied sprechen musste. Der Eindruck bestätigte sich in den Bergen. Ullrich musste nicht nur Armstrong davonfahren lassen, sondern auch Ivan Basso und seinen Team-Kameraden Andreas Klöden.

Doch Ullrich nahm das alles scheinbar mit einem für viele verblüffenden Gleichmut hin. In seinen Memoiren mit Hagen Boßdorf spricht er zwar davon, dass er auf den Champs-Élysées Tränen in den Augen hatte, weil er nicht auf dem Podium dabei war, und dass er sich schwor, noch einmal zurückzukommen, noch einmal anzugreifen. Bei den Pressekonferenzen und Interviews vermittelte er jedoch nicht den Eindruck von einem, der darauf brennt, sich seinen Platz zurückzuerobern. Man hatte viel eher das Gefühl einer gewissen Resignation und Gleichgültigkeit. Die von Konzernstrukturen, Kommunikationsabteilungen und Managergremien enteignete Karriere schienen ihn nicht mehr wirklich brennend zu interessieren. »Nach 2003 ist etwas in Jan zerbrochen«, sagte Walter Godefroot im Rückblick.

Dazu passte sein Auftritt kurz darauf bei den Olympischen Spielen von Athen. Seine Kapitänsrolle im Straßenrennen konnte er nicht annähernd ausfüllen, bei den entscheidenden Attacken der Spitzenfahrer wirkte er chancenlos und träge. Sein Mannschaftskamerad Jens Voigt sagte danach, er wolle nie mehr wieder in der Nationalmannschaft für Ullrich fahren.

Zu der lustlosen Performance kamen die Bilder und Geschichten von Ullrichs Athener Nächten. Von ausschweifenden Gelagen im Deutschen Haus war da die Rede. Augenzeugen berichteten davon, dass Ullrich noch am Abend vor seinen Rennen tief ins Glas schaute. Unter seinen Teamkollegen handelte er sich den Spitznamen »Weißbier-Ulle« ein. Selbst wenn die Gerüchte überzogen waren, der Eindruck blieb, dass Ullrich sich innerlich schon damals von seinem Job und seiner Karriere ganz weit entfernt hatte.

Ullrichs unbefriedigende Saison machte die ohnehin schon angespannte Situation im Team nicht eben besser. Teambesitzer Godefroot machte seiner Frustration über die Medien Luft. In französischen Tageszeitungen kritisierte er Ullrich und Pevenage offen. Zu Ullrich sagte er lediglich: »Talent allein genügt eben nicht.« Pevenage wiederum sei nicht dazu in der Lage, Ullrich das Siegen beizubringen. In Zukunft, so Godefroot, werde er deshalb selbst wieder die Zügel in die Hand nehmen, schließlich gehöre das Team ihm, und er sei den Sponsoren gegenüber verantwortlich.

Auf Ullrich hatten alle diese Versuche, ihn so einzuzingeln, dass er gar keine andere Wahl mehr hatte, als Erfolg zu produzieren, die erwartbare Wirkung. Sein Saisonstart 2005 war erneut von den üblichen Problemen gekennzeichnet. Man konnte den Eindruck gewinnen, dass das psychosomatische System Ullrich rebellierte und all die Planer und Investoren, die meinten, einen Anspruch auf einen erneuten Tour-Triumph durch ihn zu haben, sabotierte. Schließlich kam Ullrich wie immer im Juni doch noch ganz ordentlich in Schwung. Ullrich gewann bei der Tour de Suisse ein Zeitfahren und wurde Gesamtdritter.

Zum Tour-Start an der Atlantikküste sagte Ullrich dann jedem, der fragte, dass er natürlich alles tun werde, um Lance Armstrong das Leben schwer zu machen und die letzte Gelegenheit zu nutzen, den Dominator der vergangenen sechs Jahre herauszufordern. Doch das klang damals schon auswendig gelernt.

Einen Tag vor dem Eröffnungszeitfahren von Fromentine nach Noirmoutier-en-l'Île dann das: Jan Ullrich trainiert auf seinem Zeitfahrrad im Windschatten eines Teamwagens, an dessen Steuer Rudy Pevenage sitzt. Die Bremslichter, die plötzlich aufleuchten, während er mit knapp 60 Sachen durch die Landschaft gleitet, sieht er offenbar nicht, sondern hört wahrscheinlich nur ein Klirren, spürt einen dumpfen Aufprall mit seinem Helm und sitzt mit einem Mal auf der Ladefläche des Kombis. Die stark blutende Wunde am Hals wird im Krankenhaus von Fromentine sofort versorgt. Ullrich zeigt den wartenden Kameras einen Daumen hoch, als er mit einem großen Pflaster am Hals abends vor die Klinik tritt. Sein Start ist nicht gefährdet.

Doch seine Form oder seine Psyche haben ganz offenbar gelitten, die sturzsteifen Muskeln verweigern am nächsten Tag den Dienst. Beim 19 Kilometer langen Zeitfahren wird er von Lance Armstrong eingeholt und gedemütigt, so wie er selbst einst Richard Virenque und Marco Pantani gedemütigt hatte. Die Tour ist praktisch verloren, bevor sie angefangen hat. In der letzten Woche, in den Pyrenäen, kommt Ullrich zwar noch einmal ganz ordentlich in Schwung und kann vorn mitfahren. Zu mehr als einem dritten Platz reicht es jedoch nicht. Das Duell mit Armstrong, das es eigentlich nur einmal, 2003, wirklich gegeben hatte, bleibt aus. Wieder.

Natürlich könnte man wieder eine Einwirkung höherer Gewalt unterstellen, das Unglück vor dem Prolog, so wie den Auffahrunfall bei der Deutschland-Tour 2002. Und doch fällt es auch hier schwer, die Symbolik des Crashes zu ignorieren. Ullrich hatte es geschafft, einen Tag vor dem Tour-Start allen Druck von seinen Schultern zu nehmen. Sicher würde nach diesem Malheur niemand mehr Wunder von ihm erwarten, vor allem nicht er selbst.

Es sollte Jan Ullrichs letzte Tour werden, das letzte Kapitel einer trotz allem großartigen Radsportkarriere, doch das wusste Jan Ullrich noch nicht, als er am 24. Juli 2005 neben Lance Armstrong und Ivan Basso auf dem Podium an den Champs-Élysées stand.

Am Abend machte Ullrich Armstrong seine Aufwartung bei dessen Abschiedsbankett von der Tour de France. Ullrich erhob sein Glas auf seinen großen Rivalen und auf ihre Rivalität und wünschte ihm alles Gute für sein weiteres Leben – eine Geste, die den ansonsten nicht eben sentimentalen Armstrong zutiefst rührte. Es war das Ende einer Ära im Radsport, einer nicht besonders glücklichen. Beide Fahrer wurden später aus den Ergebnislisten dieses Jahres gestrichen. Und während Armstrong, der sich eigentlich von der Tour verabschieden wollte, noch zweimal zurückkommen sollte, würde Ullrich nie mehr wieder eine Startnummer der Tour de France an sein Trikot heften.

LANCE

Als Lance Armstrong im September 2008 in einem Hotel in Midtown Manhattan sein Comeback ankündigte, war die Reaktion der amerikanischen Öffentlichkeit durchweg wohlwollend. Armstrong versprach, wie schon zu Beginn seiner Tour-de-France-Karriere, eine wundersame Auferstehungsgeschichte, an der man sich würde weiden können. Noch einmal würde er seine magischen Kräfte wirken lassen und das Unmögliche schaffen: nach vier Jahren Rennpause noch einmal, ein achtes Mal, die Tour de France gewinnen.

Nur Radsportkennern war bei der Geschichte mulmig. Der irische Journalist Paul Kimmage schrieb, dass mit Armstrongs Rückkehr das Krebsgeschwür des Dopings den Radsport wieder mit voller Wucht befallen würde. Eine Äußerung, die ihm während der Tour of California im darauffolgenden Frühjahr eine zornige Tirade von Armstrong eintragen würde.

Aus Insiderperspektive war die Comeback-Ankündigung von Armstrong in der Tat eine Unverfrorenheit sondergleichen. Die beiden zurückliegenden Frankreich-Rundfahrten waren unter PR-Gesichtspunkten eine Katastrophe gewesen. Da war zunächst die Tour 2006, die schon vor dem Start durch die Operación Puerto und die Suspendierung von Jan Ullrich und Ivan Basso verhagelt war. Am Ende wurde der Sieger Floyd Landis nur Tage nach der letzten Etappe des Testosterondopings überführt.

2007 wurde die Sache nicht besser. Patrik Sinkewitz und Michael Rasmussen wurden ausgeschlossen, schließlich auch Alexander Winokurow und das gesamte Team Astana. Ähnlich wie die deutsche Presse im Jahr 2006, schlug die französische Presse einen apokalyptischen Ton an. Obwohl weitergeradelt wurde und weiterhin Millionen am Straßenrand standen, erklärte man die Tour für tot.

Doch genau dieses Szenario war im Grunde ganz nach dem Geschmack von Lance Armstrong. Schon bei seinem ersten Tour-Sieg 1999 war er als Retter der Tour nach dem Festina-Skandal 1998 aufgetreten. Und er glaubte vermutlich, dass man ihm diese Rolle zumindest in den USA noch einmal abnehmen würde. Auch wenn die europäische Öffentlichkeit längst skeptisch geworden war, zumal seit 2005 positive Dopingproben aus dem Jahr 1999 vorlagen und der Journalist David Walsh in zwei Büchern unzählige Hinweise auf systematische, jahrelange Manipulation durch Armstrong angehäuft hatte.

Doch Armstrong sah in all dem eine Herausforderung. Es war genau die Art von Situation, die ihn reizte. Daniel Coyle schreibt in seiner Armstrong-Biografie Armstrongs Kreuzzug: *»Armstrong steht für den Mut, einer gefühlskalten Welt seinen Willen aufzudrücken.« Ganz zweifellos hatte Armstrong der Radsportwelt sieben Jahre lang seinen Willen aufgedrückt. Spätestens als ihm nach seiner Krebserkrankung kein Team einen Job geben wollte, beschloss er, niemals mehr bloß Lohnfahrer zu sein. Das Team US Postal Service war von Anfang an weniger sein Arbeitgeber als seine Mannschaft. Armstrong war der Boss.*

Armstrong nahm die Dinge nie einfach so hin. Er gestaltete. Er definierte die Rolle des Athleten neu – er war einer, der am Tisch sitzen wollte, der Macht und Einfluss ausüben wollte, der bestimmen wollte.

Seinem Handeln lag eine nüchterne, eiskalte Analyse des Radsportbetriebs zugrunde. Lance Armstrong war von romantischen Vorstellungen von der Tour de France vollkommen unbelastet. Radrennen war für den Amerikaner stets Business – in den USA, dem Land der Sport-Franchises, ist diese Ansicht weitverbreitet und alles andere als verwerflich. Und im Business des Radsports gab es nur zwei Sorten von Teilnehmern – Gewinner und Verlierer.

Für Armstrong schien klar zu sein, dass er, wenn er nach seiner Krebserkrankung noch einmal mit dem Radsport anfängt, unter keinen Umständen zu den Verlierern zählen wollte. Er wollte gewinnen und dabei möglichst viel verdienen. Um im Radsport richtig Geld zu machen, das war dem Unternehmer Armstrong auch bewusst, gab es nur einen Weg: die Tour de France zu gewinnen. Dieses Ziel verfolgte er mit kompromissloser Direktheit. In seinem Unternehmen wurde keine Anstrengung ausgelassen, die nicht dem einen Ziel untergeordnet wurde. In allen Bereichen wurde das Maximale getan, um die Tour zu gewinnen: die besten Räder, die besten Helfer, die beste Taktik, das beste Training und das beste Doping. Wer sich dieser Gradlinigkeit nicht unterwerfen wollte, hatte keinen Platz in seiner Mannschaft.

Niemals schien es bei Armstrong ein Zögern zu geben, irgendwelche Skrupel, ob vielleicht mit dem Doping irgendeine ethische Grenze überschritten würde. Er folgte den Regeln der Branche – so konsequent wie vielleicht noch niemand vor ihm. Doch das große Comeback 2009 lief für Armstrong nicht so wie gewünscht. Es war vielleicht das erste Mal seit 1999, dass sich die Welt nicht seinem Willen beugte. Bei der Tour 2009 wurde er von seinem eigenen Mannschaftskameraden Alberto Contador geschlagen. Der stolze Spanier weigerte sich schlichtweg, sich dem Champion unterzuordnen. Bei der Tour 2010 kam es noch schlimmer. Armstrong hatte erstmals in neun Jahren Tour de France Pech, er stürzte und landete schließlich abgeschlagen auf dem 23. Platz. Das sportliche Debakel war nur der Beginn der Rebellion der Welt gegen Armstrongs Willen. In den USA formierte sich langsam Widerstand in den Institutionen und der öffentlichen Meinung gegen die Tyrannei Armstrongs, nachdem er Europa schon lange verloren gegeben hatte. Nicht zuletzt ausgelöst durch das Geständnis von Floyd Landis, gingen die US-Antidopingbehörde und die amerikanischen Bundesbehörden immer zielgerichteter gegen Armstrong vor. Durch die eidesstattlichen Aussagen einiger seiner ehemaligen Mannschaftskollegen wuchs der Druck auf Armstrong, seine Dopingvergangenheit zuzugeben.

Doch Armstrong wäre nicht Armstrong gewesen, wenn er nicht auch dieses Kapitel seiner Biografie hätte selbst bestimmen wollen. Armstrong rief die beliebteste Talkmasterin des Landes an, Oprah Winfrey, und bat um einen Termin. Anders als Ullrich bei seinem Auf-

tritt in der ARD-Talkshow Beckmann *im Jahr 2007, fand Armstrong in dem Interview im Jahr 2013 deutliche Worte. Er gab unmissverständlich zu, während seiner gesamten Karriere leistungssteigernde Mittel genommen zu haben. Und doch resultierte die Show nicht darin, dass die Nation ihm vergab und ihn wieder ins Herz schloss.*

Armstrong ließ in dem Interview jegliche Zerknirschtheit vermissen. Sein Geständnis klang beinahe aggressiv. »Ja, so war es«, schien Armstrong zu sagen, nur um hinzuzufügen: »Na und?« Wie Ullrich und wie alle ertappten Fahrer seiner Generation, sah Armstrong offenbar gar nicht ein, als Athlet den alleinigen Sündenbock für ein krankes System zu geben. Und anders als etwa Erik Zabel mit seiner tränenreichen Darbietung, bot er dem Publikum auch kein Reue-Theater.

Doch die folgende Entfremdung von der US-Öffentlichkeit, die ihn so lange so heiß geliebt hatte, setzte Armstrong scheinbar zu. Seine Haare wurden grau, es wurden zunehmend Ringe unter seinen Augen sichtbar. Floyd Landis, der zu Armstrongs Sturz maßgeblich beigetragen hatte, meinte, er sähe »ziemlich fertig« aus. Armstrong, so Landis, wirke nicht wie ein Mann, der gut schlafe. Doch Armstrong schien sich zu weigern, daran zu zerbrechen: Armstrong ist ein Survivor, er hat den Krebs überlebt und er würde sich auch von der Ächtung, der Ausgrenzung und dem Zorn nicht unterkriegen lassen, die ihm nun von allen Seiten entgegenschlugen.

Armstrong begab sich in Therapie, er arbeitete intensiv an sich und an seiner Einstellung. Wenn er heute auf den Lance Armstrong zurückschaut, der nicht nur unter Eid gelogen hat, sondern seine Kritiker und Skeptiker attackiert und diffamiert hat, dann schämt er sich. »Ich war ein arrogantes Arschloch«, sagt er, und selbst Skeptiker nehmen ihm die Läuterungsbekundung zumindest bis zu einem gewissen Grad ab.

Lance Armstrong hat ein stabiles privates Umfeld, seine Lebensgefährtin Anna Hansen ist seit 2008 an seiner Seite, und ein Kern von Freunden begleitet ihn von Beginn seiner Karriere an. Er hat seine Kinder, um die er sich sorgt, und er behält ein diszipliniertes

Trainingsprogramm bei, das ihm hilft, sich gegen Depressionen zu immunisieren. Und Armstrong schuf sich neue Aufgaben. Er nutzte sein Talent, zu reden und in der Öffentlichkeit zu stehen, und startete einen Podcast mit dem Titel Forward. *Thema der Sendung waren Menschen in Krisensituationen, die ihr Leben neu sortieren und einen Neuanfang wagen müssen. So half er sich selbst, indem er sich offen mit seiner Situation auseinandersetzte. Hinzu kommt der überaus populäre Radsport-Podcast* The Move, *der mit viel Sachverstand die großen Profirennen begleitet.*

Anders als Jan Ullrich, dessen Berater ihn wohl daran hinderten, beizeiten offen über Doping zu sprechen, nahm Lance Armstrong in Kauf, dass er nach seinem Auftritt bei Oprah 2013 mit Klagen überzogen werden könnte. Er riskierte, Haus und Hof zu verlieren, und nahm auch diesen Kampf auf sich. Armstrong ließ Federn bei diesen Kämpfen, er zahlte in zwei Verfahren, die mit einem Vergleich endeten, Summen über viele Millionen Dollar. Doch auch das zerstörte ihn nicht.

Wenn man Armstrong heute reden hört, dann hört man einen Mann, der mit sich im Großen und Ganzen im Reinen ist. Armstrong kennt sich, er hat über sich nachgedacht und an sich gearbeitet. Er hat seine destruktiven Züge abgelegt, seine Stärken hingegen gepflegt. Armstrong kann heute gut damit leben, dass viele Menschen ihn noch immer verachten. Er kann akzeptieren, dass sie sich davon betrogen fühlen, dass er sich als Hoffnungsträger und als Idol verkauft hat, während er sich seinen Ruhm mit unerlaubten Mitteln erschlichen hat.

Folgende Anekdote erzählt er gern: Als er im Juli 2018 in eine Bar in Colorado ging, sei eine ganze Gruppe von Menschen aufgestanden und hätte ihm den ausgestreckten Mittelfinger gezeigt und ihn mit »Fuck you«-Sprechchören begrüßt. Armstrong war aufgebracht, aber er tat nicht, was er früher getan hätte – mit ihnen einen Streit oder gar ein Handgemenge anfangen. Stattdessen spendierte er dem ganzen Lokal eine Runde und zog von dannen. Darauf ist er heute stolz.

Doch Armstrong versucht noch immer nicht, jedem zu gefallen. Er sagt noch immer Dinge, die provozieren. So gab er im Sommer 2019 zum Besten, dass er nichts anders machen würde, wenn er die Chance dazu hätte. Und er ist davon überzeugt, dass er auch in einem durchweg sauberen Wettbewerb die Tour sieben Mal gewonnen hätte. Armstrong sagt solche Dinge, weil er sie glaubt. Wenn er wieder vor die Wahl gestellt würde, den Radsport aufzugeben und vor dem Nichts zu stehen oder zu dopen, ist er sicher, dass er wieder dopen würde. Und er lässt sich den Stolz auf das, was er als Athlet erreicht hat und was nicht allein mit Doping zu tun hatte, nicht wegnehmen. »Die Abertausenden harten Trainingskilometer, die Askese, die Konzentration, die Taktik, die Teamarbeit, all das hat es ja auch gegeben.«

Als Jan Ullrich im Herbst 2018 ganz unten angekommen war, bot Lance Armstrong seinem einstigen Rivalen seine Hilfe an. Schließlich war er einer der ganz wenigen Menschen auf der Welt, die nachvollziehen konnten, was Ullrich durchmachte. Nur eine Handvoll Sportler wurde wie Armstrong und Ullrich über Nacht vom Sockel des Idols für Millionen gestoßen und zum Volksfeind deklariert. Und noch weniger als diese Handvoll überlebte das.

Der Kontakt besteht weiter und wächst sich zu einer echten Freundschaft aus. Seit Herbst 2021 fahren die beiden in jedem Jahr zusammen auf Mallorca Rad, und auf Instagram tauchten Bilder von Ullrich-Besuchen in Texas auf, bei denen neben Country-Star Willie Nelson auch alte Mitstreiter wie Christian Vandevelde und George Hincapie dabei waren. Und in der Jan-Ullrich-Doku auf Amazon spielt der Amerikaner eine zentrale Rolle. Armstrong scheint eine wichtige Stütze für Ullrich zu sein, und sowohl der große Respekt als auch so etwas wie eine brüderliche Verbindung zu Ullrich, die Armstrong nach außen demonstriert, wirken genuin, auch wenn Zyniker darin wieder nur PR sehen wollen.

Auch wenn es unpopulär ist, Sympathien für Armstrong aufzubringen – er hat einen guten Weg gefunden. Er hat Verantwortung für seine Vergangenheit übernommen, ohne sich einer überzogenen

Entrüstungskampagne zu beugen. Er hat sich ein neues Leben und neue Aufgaben geschaffen, ohne sich ganz von seiner vorherigen Biografie abzukoppeln. Er hat einen Weg gefunden, ehrlich und authentisch in der Öffentlichkeit zu stehen und sich nicht verstecken zu müssen. Und auch wenn die Massen ihn nicht mehr anbeten, gibt es doch ein wachsendes Publikum, das ihn als den akzeptiert, der er nun einmal ist – eine komplizierte, aber hochinteressante Figur mit einer langen, wechselvollen Geschichte. Vor allem aber ist er einer, der nicht stehen bleibt, der sich weiterentwickelt. Und der sich niemals vom Leben besiegen lässt.

XII
ZAUNGAST

20 Jahre nach Jan Ullrichs großem Triumph mobilisiert die Tour de France in Deutschland erneut die Menschen zu Hunderttausenden. Es ist der 1. Juli 2017, und die Tour ist an den Rhein gekommen, nicht wie bei der großen Show im Jahr 2000 ins Badische, sondern nach Düsseldorf.

Es ist der erste Grand Départ in Deutschland seit 1987, im Grunde eine perfekte Bühne, um Jan Ullrich zu ehren, eine einmalige Gelegenheit für die Radsportnation, sich mit ihrem gefallenen Helden zu versöhnen. Doch Ullrich ist zu den Veranstaltungen rund um den Tour-Start nicht eingeladen, er ist noch immer unerwünscht.

Im Mittelpunkt steht in den Tagen vor dem Start eine neue Generation deutscher Fahrer wie Marcel Kittel, Tony Martin, Simon Geschke, André Greipel, Nikias Arndt; und altgediente Helden wie Laurent Jalabert, Bernhard Hinault sowie Ullrichs alter Rivale Richard Virenque.

Sie alle haben sich dafür ausgesprochen, Ullrich eine Tür aufzustoßen. »Er hat genug gebüßt«, sagt Marcus Burghardt, der 2005 als Jungprofi noch Teamkamerad von Ullrich war. Niklas Arndt meint, Ullrich habe »eine zweite Chance verdient«. Selbst Lance Armstrong bricht aus der Distanz für seinen ehemaligen Rivalen eine Lanze und attestiert der Tour Scheinheiligkeit.

Doch die Tour-Veranstalter und die Stadt Düsseldorf bleiben hart. Jan Ullrich als offizieller Gast der Tour in Deutschland – das würde Kontroversen anheizen, die man sich wohl lieber vom Hals halten will. Die Aufmerksamkeit soll lieber bei den heutigen Akteuren und dem Rennen bleiben. Ullrich gilt als toxisch.

Aber wenigstens die Stadt Korschenbroich hat sich getraut, Ullrich zu holen. Hier rollt die erste Etappe auf ihrem Weg nach Belgien eine knappe Stunde nach dem Start in Düsseldorf durch, und man wollte den Menschen, die an die Strecke kommen, etwas bieten.

Also erscheint Jan Ullrich am späten Vormittag im Autohaus Dresen, um mit 50 geladenen Gästen mit einem Glas Altbier auf die Tour anzustoßen. Zu ihm gesellt sich der Däne Michael Rasmussen, der genau zehn Jahre zuvor an der Spitze der Tour de France liegend aus dem Rennen genommen wurde. Wie bei Ullrich gab es keinen positiven Dopingtest, Rasmussen war lediglich über einen längeren Zeitraum nicht für die Fahnder auffindbar gewesen.

Es ist hier in Korschenbroich ein wenig eine Gegenveranstaltung zum offiziellen Tour-Start, eine Versammlung der Unerwünschten. Die Fans goutieren das. Vor dem Autohaus sind T-Shirts mit dem Aufdruck »Jan – Tourgott« zu sehen, einige tragen magentafarbene Trikots.

Ullrich gibt ein paar Autogramme, dann posiert er für Fotografen am Streckenrand, während das Peloton vorbeirauscht. Reportern sagt er, er sei ganz relaxed, doch Tim Farin, der für das Radsportmagazin *TOUR* unterwegs ist, erlebt Ullrich als gestresst. Nachdem Ullrich abends noch beim Ortsfest auftritt, kann er es offenbar kaum erwarten, in den Flieger zu steigen und wieder davonzurauschen. Ab in Richtung Mallorca, schnell wieder weg aus Deutschland.

Der Auftritt bei der Tour war bereits der zweite Annäherungsversuch in jenem Jahr zwischen Jan Ullrich und der Nation, die ihn zuerst als Helden gefeiert und dann als Verräter gebrandmarkt hatte. Bereits im Frühjahr 2017 hatte das Kölner Radsport-Urgestein Artur Tabat Ullrich mit offenen Armen wieder in die deutsche Radsportfamilie eingeladen.

Tabat war seit vielen Jahrzehnten Organisator und Rennleiter des deutschen Radklassikers Rund um Köln und hatte nicht vergessen, wie Ullrich mit seinem Ritt durch das Rheinland im Jahr 2003 die

Menschen elektrisiert hatte. Nun wollte Tabat ihn zum Sportlichen Leiter des Rennens machen.

Doch Tabat hatte unterschätzt, wie tief die Verletzungen der deutschen Seele durch Ullrich noch immer sind. Seine Personalentscheidung entfachte einen Feuersturm der Entrüstung. Ein Sportlicher Leiter, der mit seiner Vergangenheit nicht gründlich genug aufgeräumt habe, der sich nicht offensiv genug gegen das Doping positioniere, so der Tenor der Reaktion, setze für eine deutsche Radsportveranstaltung das falsche Signal.

Ullrich zog sich freiwillig wieder zurück, er wolle das Rennen durch seine Anwesenheit nicht weiter belasten. Er wollte es Tabat und auch sich selbst nicht antun. Doch die anhaltende Ausgrenzung hat Ullrich zweifelsohne geschmerzt. »In Deutschland verzeihen sie dir nichts«, sagte er im selben Jahr im Interview Phillippe LeGars. »Ich finde, ich habe eine zweite Chance verdient.«

Ullrichs damaliger PR-Berater Ole Ternes verspürt bis heute die Verbitterung und Frustration jener Zeit. Ternes hat seit 2018 den Kontakt zu seinem Kunden verloren, doch in seiner Agentur in Gütersloh hängen noch immer zwei Leibchen von Ullrich – ein Gelbes Trikot von der Tour de France 1997 und ein Goldenes Trikot von der Vuelta 1999.

Ternes, selbst ein ehemaliger Radrennfahrer – »Feldfüller«, wie er sagt –, hatte sich etwa im Jahr 2012 der Vermarktung von Ullrich angenommen. Ullrich schien damals auf einem guten Weg zu sein. Nach einem Klinikaufenthalt 2010, wegen »Burn-out«, wie Ullrich selbst es gern beschrieb, hatte er sich seelisch gefangen. Das Urteil des Court of Arbitration of Sport im Jahr 2012 setzte endlich einen Schlusspunkt hinter seine Dopingaffäre. Ullrich konnte nach vorn schauen.

Als Ex-Rennfahrer war Ternes tief in der Szene verwurzelt und wusste, dass Ullrich noch immer eine solide Anhängerschaft hatte, die sich von der Verteufelung in den Medien nicht anstecken ließ. Die noch immer nicht dazu bereit war, sich von den guten Gefühlen zu trennen, die Ullrichs große Radsportmomente in ihr ausgelöst hatte, und die ihn noch immer verehrte.

Das alles sah Ternes als eine Basis für eine Vermarktungsstrategie. Zumal in Deutschland der Radsport seit Anfang der Nullerjahre auch immer stärker eine High-End-Klientel ansprach – Anwälte, Ärzte, Spitzen aus der Wirtschaft, für die Ullrich eine Identifikationsfigur sein könnte. Doping hin oder her – für sie könnte Ullrich noch immer die Faszination Radsport transportieren.

Dabei half natürlich, dass Ullrich als Teil seiner Rehabilitation seinen Sport wiederentdeckt hatte. Gemeinsam mit seinem Freund Frank Wörndl trainierte er wieder regelmäßig und nahm an Breitensportveranstaltungen wie dem Ötztaler Radmarathon unter dem Decknamen »Max Kraft« teil.

So war es für Ternes ein Leichtes, Radsport-Edelmarken wie Rapha und Storck an Land zu ziehen. Als flankierende Maßnahme wurde Ullrich exklusiv im Rapha-Lifestyle-Magazin *Rouleur* gefeatured. *Ullrich – Back on the Bike* hieß die Reportage, für welche der Reporter exklusiven Zugang zu Ullrich erhielt.

Als Bedingung für die generelle Zusammenarbeit hatte Ternes von Ullrich jedoch »absolute Transparenz« gefordert, was seine Dopingvergangenheit angeht. Ullrich willigte ein und hielt sich auch daran – bis zu einem gewissen Grad.

So sagte er in einem Interview mit dem Magazin *Focus* im Jahr 2013: »Ja, ich habe unerlaubte und falsche Entscheidungen getroffen.« Und auch die Zusammenarbeit mit Fuentes gab er zu. Doch Ullrich wiederholte gleichzeitig sein Mantra, er habe niemanden geschädigt oder betrogen. Im Interview mit LeGars, vier Jahre später, bekräftigt er das. »Zu jener Zeit hat sich im Radsport niemand schuldig gefühlt. Jeder, der betrogen hatte, wusste, dass die Kollegen alle dasselbe getan haben. Man fühlte sich auf Augenhöhe.«

Das reichte den Fans völlig aus, die genau wie Ullrich selbst der Meinung waren, dass es doch nun endlich an der Zeit sei, die Dinge ruhen zu lassen und ein neues Kapitel aufzuschlagen. Für viele in den

Medien und für die Entscheidungsträger im Radsport war es jedoch noch immer nicht genug, um Ullrich zu rehabilitieren. Sie wollten einen Kniefall.

»Man verlangte von Ullrich ein Detailgeständnis«, so Ole Ternes heute. »Er sollte alle Namen derer nennen, die beteiligt waren, und haarklein alle seine Praktiken aufdecken.« Doch das wollte Ullrich offensichtlich nicht, er wollte niemanden belasten. Und er weigerte sich, stellvertretend die Schuld für die Probleme des Radsports, ja des gesamten Profisports auf sich zu nehmen.

Ternes' Arbeit behinderte das nicht. Die exklusiven Radsportcamps mit Ullrich in den USA beispielsweise liefen blendend. Zumal Ullrich im Rahmen dessen aufblühte. »Er ist kein guter Geschäftsmann, und er hasst Pressearbeit«, so Ternes. Aber unbeobachtet sei Ullrich im Umgang mit Menschen einsame Spitze. »In seiner Umgebung fühlen sich die Leute unheimlich wohl.«

So hätte es weitergehen können für Jan Ullrich, mit einem seriösen Management, einem stetigen Einkommen und einer Anhängerschaft, die zu ihm steht. Das einzige Problem, das sich stellte, sei laut Ternes Ullrichs zeitweilige Unkenntnis über seinen Stellenwert auf dem Markt gewesen. Die Zeiten, in denen er für einen Auftritt sechsstellige Summen abrufen konnte, waren im deutschsprachigen Raum vorbei.

Doch das Jahr 2017 brachte für Ullrich einen großen Knick. Schon im Frühjahr begann das verflixte Knie wieder zu schmerzen. Das regelmäßige Training, das Ullrich offenbar für sein seelisches Gleichgewicht so dringend brauchte, wurde immer beschwerlicher. Als er für ein Werbevideo die berühmten Serpentinen von Sa Calobra hinauffahren sollte, musste er bereits auf ein E-Bike zurückgreifen. Hinzu kam die doppelte Ächtung in Deutschland, die Ullrich bitter vor Augen führte, dass es für ihn eine Wiedereingliederung in das gesellschaftliche Leben in seinem Heimatland so schnell nicht geben würde.

Irgendwann im Winter 2017/2018 riss dann die Geschäftsbeziehung zwischen Ternes und Ullrich ab. Termine waren nicht mehr zu vereinbaren, es wurde laut Ternes immer schwieriger, an Ullrich heranzukommen. Seine Frau Sara, die wichtigste Person, um den Laden zusammenzuhalten, hatte sich verabschiedet.

Ole Ternes konnte nur noch, wie viele andere, die Ullrich nahestanden, versuchen, da zu sein, wenn Ullrich ihn brauchte. Um 4 Uhr morgens etwa, wenn Ullrich allein in seinem Haus war, dann kam es vor, dass er Ternes' Nummer wählte. »Ich konnte mir das nur anhören und versuchen, ruhig und freundlich zu reagieren.« Ansonsten fühlte er sich so hilflos wie alle anderen, die es je mit Jan Ullrich gut gemeint hatten.

EPILOG

Das Jahr 2024 beginnt vielversprechend für Jan Ullrich. Die Amazon-Doku und die flankierenden Interviews, in denen er sich durchweg überaus sympathisch verkauft hat, haben ihm eine Tür zurück ins Leben aufgestoßen. Ullrich kann wieder durch eine deutsche Stadt laufen, ohne sich einen Hoodie über den Kopf zu ziehen, die Möglichkeit, als Betrüger oder Verräter beschimpft zu werden, ist praktisch aus der Welt. Wahrscheinlicher ist, dass man ihm auf die Schulter klopft, ihm sagt, wie schön es ist, dass es ihm besser geht, und ihm alles Gute für seinen weiteren Weg wünscht.

Auch beruflich stehen ihm wieder alle Türen offen. Ullrich ist als Geschäftspartner wieder akzeptabel. Gleich, ob es Firmen sind, die Produkte bewerben wollen, Radsportteams, Reiseveranstalter oder Medienunternehmen – Ullrich ist wieder im Gespräch. Sein Marktwert ist im Aufwind. Und er ist, wie er sagt, motiviert. Sein größtes Problem ist, sich nicht vor lauter Enthusiasmus mit neuen Projekten zu überfordern.

Privat hat Ullrich sich ein stabiles Umfeld geschaffen. Seine Rückkehr nach Merdingen war für ihn der richtige Weg, und – für ihn ganz besonders wichtig – es war der Weg, den er, zwischen allen Ratschlägen von Wohlmeinenden, für sich selbst gewählt hat. Am Ende einer Irrfahrt durch die Schweiz, auf der Suche nach einer geeigneten Rehaklinik, erzählt er heute, hat sein Freund Mike Baldinger zu ihm gesagt, er solle doch einfach erst einmal mit zu ihm kommen. Unter der Bedingung allerdings, dass er sich von Alkohol und Drogen fernhält.

Der ehemalige Motorradrennfahrer Baldinger war ein Rettungsengel für Ullrich. Vielleicht war er der erste Mensch in Ullrichs

Umgebung seit vielen Jahren, der keine Eigeninteressen verfolgte und dem es wirklich nur um Ullrichs Wohl ging. Am Anfang tat er nichts weiter, als zusammen mit Ullrich in seinem Garten einen Kinderspielplatz zu bauen. Es stellte sich als die bestmögliche Therapie für Ullrich heraus. Es war eine konkrete Aufgabe, etwas, das ihn morgens aufstehen ließ und das ihm Spaß machte. Danach kam eines zum anderen. Er begann wieder, Rad zu fahren. Er nahm wieder Kontakt zu seiner Ex-Frau Sara Steinhauser und zu seinen Kindern auf. Und er hielt regelmäßig Kontakt zu Lance Armstrong, der sich für ihn ebenfalls als wichtiger Anker entpuppte.

Es war Baldinger gewesen, der Armstrong kontaktierte, als es Ullrich besonders dreckig ging. Baldinger fiel einfach niemand sonst ein, dessen Wort und Urteil Ullrich respektieren würde. Und er behielt recht. Ullrich konnte die Hilfe von Armstrong annehmen, weil Armstrong als einer der wenigen Menschen wirklich verstand, was mit Ullrich los war. Der selbst in einer ähnlichen Situation war und sich dort herausgekämpft hatte.

Wenn Ullrich heute, wie im Podcast mit Matze Hielscher, von seinem Privatleben erzählt, dann wirkt er zufrieden. Er lebt in Harmonie mit seinen ehemaligen Partnerinnen und kümmert sich auch wieder um seine Kinder. Seine neue Partnerin Elizabeth Napoles, die mit ihm nach Merdingen gezogen ist, beschreibt er als »Herzensmensch«. Es entsteht das Bild einer glücklichen Patchworkfamilie. Den Radsport hat Ullrich als lebenslange Liebe wieder für sich zurückgewonnen, er genießt seine Ausfahrten durch den Kaiserstuhl und das Elsass, auch wenn sie nicht mehr annähernd so schnell sind wie früher. Die Tour de France verfolgt er am Bildschirm mit Begeisterung. »Ich bin ein totaler Fan.«

Was Ullrichs seelische Stabilität angeht, bleiben freilich noch immer Fragen. Das Ausmaß von Ullrichs seelischen Verletzungen klingt in der Doku zwar nur kurz an, aber es ist erschreckend. Als Ullrich davon erzählt, wie er wegen der Konflikte in seinem Elternhaus lange Zeit Bettnässer war und dafür von seinem Vater verprügelt wurde, stockt einem der Atem. Seinem Mentor Peter Becker hat Ullrich laut Daniel Friebe einmal Dinge anvertraut, die dieser »unaussprechlich« fand und die ihm »Rage in die Augen« getrieben haben. Dinge freilich, die Becker gelobte, mit ins Grab zu nehmen, die aber zweifelsohne höchst traumatisch für den kleinen Jan waren.

Dass all das nur fünf Jahre nach seinem »Rock Bottom« voll verarbeitet ist, scheint unwahrscheinlich. Man kann Ullrich jedoch nur wünschen, dass er jetzt eine Umgebung hat, die es ihm erlaubt, ohne zerstörerische und selbstzerstörerische Zwischenfälle damit umzugehen. Ein Umfeld, in dem er sich von niemandem mehr bedrängt fühlt und in dem er nicht mehr das Gefühl hat, irgendwelche Ansprüche erfüllen zu müssen, die von außen an ihn herangetragen werden. Nicht die des Boulevard, nicht von Managern, nicht von Fans. Man wünscht ihm, dass er sich endgültig von jenem Druck befreit, der seit mehr als 20 Jahren auf seinen Schultern lastet und der ihn in ein tiefes Unglück gestürzt hat.

Der französische Philosoph Roland Barthes hat in seinem berühmten Aufsatz zur Tour de France aus dem Jahr 1957 geschrieben, dass die Hauptfiguren im großen Drama der Tour charakterliche Essenzen darstellen. Es ist eine unverzichtbare Zutat für die Wirkung der Tour als Mythos, insofern diese als Epos »jenen brüchigen Moment der Geschichte zum Ausdruck bringt, in welchem der Mensch – wenn auch täppisch, hinters Licht geführt – dennoch auf seine Weise hinter unreinen Fabeln eine vollkommene Übereinstimmung zwischen sich, seiner Gemeinschaft und dem Universum erahnt«.

Etwas einfacher ausgedrückt: Das große Drama der Tour und ihre Faszination beruhen darauf, dass die Protagonisten Heldenfiguren mit einer festgelegten Identität sind, die mit der Natur sowie mit anderen Heldengestalten um Siege und einen Funken göttlichen Glanz ringen. Als Beispiele nennt Barthes Louison Bobet, den er als »promethischen Helden« bezeichnet, »eine großartige Kämpfernatur, ein gewitztes Organisationstalent, ein Berechnender, der realistisch den Sieg anvisiert«. Oder Charly Gaul, den »Erzengel der Berge, den sorglosen

Epheben, den bartlosen Jungen, den schlanken Cheruben«. Oder Fausto Coppi, »den perfekten Helden«.

Ullrichs Ritt nach Andorra im Jahr 1997 hatte alles Zeug dazu, Ullrich in eine mythische Gestalt zu verwandeln. Da war die jugendliche Frische Ullrichs, als er allen davonfuhr, gepaart mit der eigenen Ungläubigkeit darüber. Ullrich war eine Naturgewalt, von sich selbst wohl am meisten überrascht. Sie hatte eine gewisse Unschuld, diese Fahrt: eine Reinheit, die ein kalkulierter Sieg eines erfahrenen Favoriten nie hätte umwehen können. Ullrich war der junge Prinz der Tour, von den Göttern überreicht und mit Talent gesegnet, dem die Regentschaft über das größte Radrennen der Welt unverhofft in den Schoß gefallen war. »Voilà Le Patron« titelte damals *L'Équipe*.

Es wäre an Ullrich gewesen, diese Rolle auf- und auszubauen. Doch der weitere Verlauf seiner Karriere eignete sich nicht zur Mythenbildung. Er wuchs nicht in die Rolle des Regenten hinein. Sein einstiger Teamchef Walter Godefroot beschrieb genau das, als er sagte, bei den wahren Champions mache es Klick, wenn sie zum ersten Mal etwas Großes gewinnen. Bei Jan Ullrich passierte das Gegenteil, er entfernte sich offenbar innerlich immer mehr vom Radsport.

Ullrichs Karriere blieb ein Versprechen. Er wurde der Unvollendete, derjenige, der niemals seiner Begabung gerecht wurde. *The Best There Never Was* heißt die englischsprachige Biografie von Daniel Friebe – Der Beste, der es nie wurde. Grund dafür war nicht zuletzt seine Weigerung, die Heldenrolle anzunehmen. Es scheint, als ob Ullrich nicht übermenschlich sein wollte, um in der großen Inszenierung des Epos Tour de France seinen Part geben zu können. Immer wieder unternahm er alles Mögliche, um die Aufführung zu sabotieren.

Immer wieder störte das Profane die Heldenbildung Ullrichs. Er war nicht der Asket, der er hätte sein müssen, um im Juli wirklich heldenhaft aufzutreten. Im Oktober und November mutierte er zu einem Durchschnittsbürger, der zu bequem war, jeden Tag sechs Stunden zu trainieren, und lieber auf dem Sofa saß und naschte. Er war auch jemand, der mit privaten Problemen zu ringen hatte, die immer wieder sein Heldenbild durchlöcherten. Er ging in Discos, er trank, er nahm Drogen und flirtete mit Frauen, die nicht seine Lebensgefährtinnen waren. Er setzte sich nach durchzechten Nächten ans Steuer seines Sportwagens, markierte den pubertierenden Macho und ramponierte dabei öffentliches Eigentum.

Schließlich wurde Jan Ullrich beim Doping erwischt, die Todsünde für einen Tour-Helden. Doping ist für Barthes ein Sakrileg, es kommt der Imitation der Götter gleich. Der Doper, so Barthes, stiehlt Prometheus gleich den Göttern das Privileg des göttlichen Funkens. Durch Doping wird der Sport banal. Ullrich entzauberte nicht nur sich selbst, den Überflieger in den Jahren 1997 und 2003 und zu verschiedenen Gelegenheiten dazwischen. Er entzauberte gemeinsam mit vielen seiner Generationsgenossen die Tour und den gesamten Radsport.

Spätestens nach der Tour 2007, als ein Dopingskandal nach dem anderen die Tour de France erschütterte, ist im Radsport der Generalverdacht angebracht. So sehr sich auch die nachfolgenden Generationen bemühen, die Glaubwürdigkeit ist dahin. Das ist natürlich nicht allein den Recken aus der Generation Ullrichs anzulasten. Sicher, die »Chemikalisierung« des Radsports hat in den 1990er-Jahren eine neue Dimension hinsichtlich Systematik und Professionalität angenommen. Das Hauptproblem der Generation Ullrich war jedoch, dass Behörden und Fahnder ebenfalls ihren Job ernster nahmen als je zuvor. Kurz, Ullrichs Problem und das seiner Mitstreiter war weniger, dass sie gedopt hatten, sondern dass sie erwischt wurden. Deshalb lastete man ihnen an, den »Radsport kaputt gemacht zu haben«. Was man damit meint, ist die (kindlich naive) Enttäuschung darüber, dass die schöne Heldensage kaputt ist, die die Tour über viele Jahrzehnte zur Attraktion gemacht hat. Wenn man nicht mehr an den Epos der Tour und das Göttliche der Protagonisten glauben kann, dann macht die Tour nur noch halb so viel Spaß.

Natürlich ist das auch für Rennveranstalter, Teambesitzer und Sponsoren ein Problem. Denn der epische Charakter der Tour, ihre Funktionsweise als Alltagsmythos, ist die Corporate Identity des Radsports. Es ist das Branding, das Hauptvermarktungsinstrument. Und schuld daran, die gute, schöne Ware verdorben zu haben, ist am Ende immer der Athlet, der seine Rolle nicht ordentlich gespielt hat.

Jan Ullrich hat diese Schuldzuweisung besonders hart getroffen. Er hatte lange das Gefühl, ganz allein die Verantwortung für die ganze marode Brache tragen zu müssen. Dabei liegt seine Tragik unter anderem darin, dass er Deutscher ist. Wie Peter Sloterdijk einmal in einem Interview mit dem *Spiegel* 2008 sagte: »Die Italiener und die Spanier sind Angehörige einer Kultur, in der die Abspaltung des Scheins vom Sein zur populären Metaphysik gehört. Die Deutschen, speziell die protestantischen, wollen dagegen die Wörter und die Dinge wieder zur Deckung bringen. Wir sind, glaube ich, die einzige Nation auf der Welt, wo man an ehrliche Neuanfänge glaubt. Wir bleiben unberechenbar, 1945 wurden wir demokratisch, 2007 dopingfrei.« Will heißen: Italienische und spanische und wohl auch französische Radsportfans können mit ein wenig Verlogenheit gut leben. Sie können das Radsportepos genießen, ohne allzu genau wissen zu müssen, wie es gemacht wird.

In Deutschland löste der Sturz des größten Radsportheroen der Geschichte und seines Teams jedoch eine Säuberungswelle aus. Kreuzritter wie Werner Franke und Hajo Seppelt traten auf den Plan, die die Guten ins Töpfchen und die Schlechten ins Kröpfchen stecken wollten und den Radsport, ja, überhaupt den Leistungssport von seinem Krebsgeschwür befreien.

Wobei man einschränkend sagen muss, dass es wohl vor allem die Medien und Teile der Politik waren, die das wollten und vom patriotischen, für alles blinden Tifosi zum puritanischen Moralapostel umschwenkten. Was der gemeine Fan will, weiß man nicht so genau. Aber es ist anzunehmen, dass er sein Tour-Epos noch immer genießen kann.

Dennoch ist der Genuss an der Tour und am Radsport insgesamt komplizierter geworden und zumindest mit einem nagenden schlechten Gewissen verbunden. In Deutschland jedenfalls. Und die Schuld dafür gibt man insgeheim noch immer vor allem Jan Ullrich und dem Team Telekom.

Die Geschichte, die man sich heute von Jan Ullrich erzählt, ist kein Heldenepos. Zum Heldendarsteller hat Ullrich nie getaugt. Er wollte und konnte das nicht. Deshalb hat er, ohne es zu beabsichtigen, dem ganzen Produkt die Maske heruntergerissen, auch schon lange vor den späteren Dopingskandalen. Und das wird man ihm für immer übel nehmen.

An Jan Ullrich war immer schon abzulesen, wie der ganze Zirkus wirklich funktioniert. Wie er gemacht wird und was die menschlichen Kosten sind. An Ullrich war immer schon zu sehen, dass die vermeintlichen Halbgötter der Landstraße eigentlich arme Säue sind, die buchstäblich durchs Dorf getrieben werden.

Jan Ullrich hat den Radsport geliebt. Als er jung war, bedeutete das Radfahren für ihn Freiheit und Unabhängigkeit von einem schwierigen Zuhause. Es bedeutete für ihn Anerkennung und Selbstwertgefühl und die Geborgenheit einer Gemeinschaft. Doch Ullrichs Fluch war das außergewöhnliche Talent, das er mitbrachte und das seit seinem 13. Lebensjahr Begehrlichkeiten weckte. Von Trainern und einem staatlichen Sportapparat, später von Verbänden, Vereinen und cleveren Managern. Mit all dem kam er noch einigermaßen zurecht, er konnte es von sich fernhalten und einfach nur Rad fahren.

Aber was nach seinem großen Durchbruch auf ihn einstürzte, überforderte ihn sicherlich kolossal. Jan Ullrich verstrickte sich in einem komplizierten Geflecht von Ruhm und Reichtum und einem Status als Idol, der ihm nie behagte. Der Radsport, der ihm einst alles bedeutet hatte, wurde ihm zuwider. Er stand mit dem Betrieb bis zum Ende seiner Laufbahn auf dem Kriegsfuß. Glücksmomente, in denen er einfach nur Radfahrer sein durfte, wurden immer seltener, bei der Vuelta 1999 und bei der Tour 2003 vielleicht, und sicher auch bei der einen oder anderen Trainingsausfahrt mit Kollegen.

Im Großen und Ganzen machte er jedoch nie seinen Frieden damit. Einen Ausweg fand er aber auch nicht. Er blieb in einer unglücklichen

Situation gefangen, über die er die Kontrolle verloren hatte. Am Ende musste er die Erfahrung machen, dass sich im Radsportbetrieb zeit seiner Laufbahn zwar vieles um ihn drehte, aber dass es nie um ihn ging. Man kann es als eine gewisse Art der Naivität ansehen, dass er diese Einsicht lange Zeit nicht hatte. Aber es ist auch eine große Tragödie, die damit verbunden ist.

Selbst seinen vermeintlich engsten Vertrauten ging es vor allem darum, ihn in der Spur zu halten. Man wollte ihn um jeden Preis in die Heldenrolle hineinpressen, die er so nie haben wollte. Innere Kämpfe, ein schwieriges Vermächtnis einer komplizierten Kindheit, nahm unterdessen niemand wahr. Oder erst, als es zu spät war. Dabei hat Jan Ullrich reichlich Hinweise darauf gegeben, wenn auch nicht immer direkt. Seine bewussten und unbewussten Ausbrüche aus dem Leistungs- und Heldenkorsett erscheinen rückblickend nicht nur als kleine Rebellionen, sondern auch als Hilferufe.

Doch diese Hilferufe gingen unter in einer Mythenmaschinerie, die zu Beginn des 21. Jahrhunderts immer erbarmungsloser wurde. Die Romantik der sportlichen Mythenproduktion, von der Barthes noch schrieb, wurde zunehmend vom Zwang zur Produktion kurzlebiger Bilder überlagert: Bilder, die sich dem Konsumenten tief einprägen, so wie jene von Jan Ullrich, wie er die Passstraße nach Arcalis hinaufstürmt. Es sind Bilder, in denen vor allem eines zu sehen ist – ein maschinenhafter Körper, der Unglaubliches leistet – und die ihn dem Bereich des Menschlichen entrücken.

Die aufgeschriebenen Heldenerzählungen, die es in Zeitungen und Büchern immer noch gibt, hinken da hoffnungslos hinterher. Bestimmend für die Wahrnehmung des Sportlers sind die bewegten Bilder geworden. In dieser neuen Konstellation kehrt sich die Reihenfolge im Produktionsprozess des Mythos um. Es ist nicht mehr so, dass die mythische Tat im Nachhinein erzählt wird. Die Mythen werden vorfabriziert und kommen gewissermaßen von der Stange. Die Mythen, die aus dem Bilderstrom des TV-Zeitalters entstehen, sind Erzählungen, die die Medien- und Werbemaschinerie allzeit bereithat.

Wegwerfmythen sozusagen. »Schwer machen es sich die Schöpfer solcher Rollen nicht«, schreibt Günther Gebauer. »Man denkt sich etwas aus, was es noch nicht gibt, und kreiert den ersten Menschen, der dies nun endlich schafft.«

Lance Armstrong hat sich mit seinen sieben (aberkannten) Tour-de-France-Siegen willig in dieses Schema gefügt und die Erwartungen der Mythenmaschine erfüllt. Michael Phelps mit seinen 23 Olympiamedaillen ebenfalls. Oder Michael Jordan mit seinen sechs NBA-Titeln.

Auch für Jan Ullrich war der vorfabrizierte Mythos bereits gestrickt, bevor er überhaupt auf der Passhöhe in Andorra die Ziellinie überquert hatte. Er würde über viele Jahre hin – sieben!!!, acht!!!, zehn!!!! – die Tour de France dominieren. Doch Jan Ullrich weigerte sich, ob bewusst oder unbewusst, da mitzuspielen.

Der Held wird in der heutigen Medien-Konstellation durch seinen Triumph in eine schwierige Lage versetzt. Gebauer: »Der Sieg verdoppelt den Helden – neben ihn wird das Idol oder Bild seiner Person gestellt. Er führt eine Doppelgänger-Existenz: ein reales Leben und eines des Scheins, das ihm von der künstlichen Schöpfung verliehen wird.«

Es ist ein unerträgliches Spannungsverhältnis, in das die Helden der Spektakelgesellschaft da geworfen werden, ein permanenter Widerspruch zwischen dem banalen, gelebten Dasein und der überhöhten Wirklichkeit des eigenen Abbildes, der sie gerecht werden sollen. Die Protagonisten dieses Medienuniversums schwanken ständig dazwischen: zwischen dem Glauben, dass sie tatsächlich der oder die sind, zu dem sie gemacht werden, und massiven Selbstzweifeln.

Über Ullrichs tiefere Motive kann man freilich nur spekulieren. Aber es ist sicherlich nicht zu gewagt, zu behaupten, dass er den Widerspruch zwischen seinem wirklichen Leben, dem Versuch, eine eigene Persönlichkeit zu entwickeln, und dem Heldendasein nicht ertrug. Dabei könnte auch seine Sozialisierung im real existierenden Sozialismus eine Rolle gespielt haben. Aus allem und jedem im Kapitalismus ein Spektakel zu machen, nicht zuletzt auch aus seiner eigenen Person, war ihm sicherlich mehr als fremd.

Doch letztlich musste auch er sich der Spektakelgesellschaft beugen. Das Problem für Stars wie ihn ist, dass es bald keine Identität mehr gibt, auf die sie zurückgreifen können. Nach 1997 war bald kein Jan Ullrich mehr übrig, der nicht der Tour-Held war. Nur den wenigsten Stars gelingt es, sich einen eigenen Bereich zu bewahren und gleichzeitig die geforderte Rolle zu spielen. Dazu bedarf es einer gewissen ironischen Distanz, zu der Ullrich damals nicht bereit und wohl auch nicht fähig war. »Wir alle wollen Ruhm und Reichtum«, sagt Lance Armstrong in der Amazon-Doku. »Aber all das muss auch zum richtigen Zeitpunkt kommen.« Für Jan Ullrich kam es zum falschen. Erst jetzt, im Alter von 50 Jahren, nach einer schweren Lebenskrise und mit einer kompetenten Beratung, scheint er langsam zu lernen, mit sich als öffentliche Person umzugehen, ohne sich darin zu verlieren.

So erfolgte der Zusammenbruch von monumentalem Ausmaß, den Ullrich im Sommer 2018 durchlitt, beinahe zwangsläufig. Die menschliche Tragödie des Helden wider Willen wurde nun für jeden, der hinschauen wollte, unübersehbar.

Was blieb, war im besten Fall Betroffenheit und im schlechtesten Fall eine lustvolle Beschau der Katastrophe, wie das Heldenmonument spektakulär vor aller Augen geschliffen wurde. Was jedoch noch immer nicht wirklich eingesetzt hat, ist eine Diskussion darüber, ob die menschlichen Kosten für die Produktion geliebter Alltagsmythen wie der Tour, die uns temporär aus der Banalität unserer Lebenswelten befreien, zu rechtfertigen sind.

Jan Ullrich macht diese Frage dringlich.

DANKSAGUNG

Dieses Buch wäre nie möglich gewesen, wenn ich nicht die Möglichkeit gehabt hätte, über viele Jahre den Radsport und Jan Ullrichs Karriere aus der Nähe zu begleiten. Dafür danke ich der Redaktion des Radsportmagazins *TOUR*, insbesondere dem Chefredakteur Thomas Musch, aber auch den tollen Redakteuren in anderen Redaktionen, mit denen ich über die Jahre als Radsportjournalist zusammenarbeiten durfte, darunter Axel Kintzinger und Nina Klöckner, die Kollegen bei der *taz*, Friedhard Teuffel und Robert Ide beim *Tagesspiegel*, die Kollegen bei der *Stuttgarter Zeitung* und der *Frankfurter Rundschau*, Guido Franke von der *FAZ*, Stephan Klemm und viele andere, die mich begleitet und unterstützt haben.

Besonders bedanken muss ich mich bei Alexander Heflik, meinem Partner bei zehn Ausgaben der Tour de France als Reporter, der mit mir gemeinsam die täglichen Psychosen der Tour-Berichterstattung durchgestanden, dabei nie den Humor verloren und der mir dabei geholfen hat, einen ebenso liebevollen wie kritischen Blick auf das Geschehen zu bewahren.

Für ihre Offenheit bei den Interviews zu diesem Buch danke ich Detlef Hacke, Christian Frommert, Ole Ternes, Jens Heppner, Udo Bölts, Jörg Jaksche, Bernd Thränhardt, Guido Eickelbeck und Sylvia Schenk.

Für die nunmehr jahrzehntelange Inspiration, philosophisch über den Sport nachzudenken und den Athleten ins Zentrum meiner Betrachtung zu stellen, danke ich ganz besonders Gunter Gebauer.

Für die guten Gespräche und Hilfestellungen in psychoanalytischen Fragen danke ich meinem Sportkameraden Josh Weinstein.

Für das gründliche und geduldige Lektorat danke ich Andreas Beune, Jessica Zeltner und René Stein.

Für den frühen Input und die Kritik danke ich meinen Freunden und Kollegen Frank Neumann, Jürgen Kalwa und Jörg Spaniol.

Dank auch an meinen ehemaligen Verleger Rainer Sprehe für den Mut und das Vertrauen, dieses Projekt zu unterstützen.

Schließlich danke ich Dara Kiese und Masha Mimran dafür, dass sie bei diesem Unternehmen hinter mir gestanden und mich ermutigt haben.

Und wie für alles in meinem Leben danke ich meiner Mutter Erika, die immer an mich geglaubt hat.

QUELLEN

37 Grad – Für mich gab's keine Grenzen. Jan Ullrich und Paulus Neef nach ihrem Scheitern. Eine Dokumentation für das ZDF von Annette Heinrich, 2016. Abrufbar unter: https://www.zdf.de/dokumentation/37-grad/fuer-mich-gabs-keine-grenzen-jan-ullrich-und-paulus-neef-100.html

Alkemeyer, Thomas, *Die Wiederbegründung der Olympischen Spiele als Fest einer Bürgerreligion*, in: Gebauer, Gunter (Hg.), *Olympische Spiele – die andere Utopie der Moderne*, Suhrkamp Verlag, Frankfurt, 1995.

Anhörung Christian Frommert vor der Untersuchungskommission zur systematischen Manipulation im Profiradsport, 11. Juni 2008.

Barthes, Roland, *Die Tour de France als Epos*, in: *Mythen des Alltags*, Suhrkamp Verlag, Berlin, 2010.

Becker, Peter, *Der Trainer – Ein Leben für den Radsport*, Hallenberger Verlag, Altenau, 2012.

Burkert, Andreas, Jan *Ullrich – Wieder im Rennen*, Goldmann Verlag, München, 2003.

Blume, Klaus, *Des Radsports letzter Kaiser*, Covadonga Verlag, Bielefeld, 2011.

Coyle, Daniel, *Armstrongs Kreuzzug*, Covadonga Verlag, Bielefeld, 2005.

Debord, Guy, *Die Gesellschaft des Spektakels*, Edition Tiamat, Berlin, 1996.

Eder, Michel, *Immer volle Pulle*, *FAZ*, Frankfurt, 11.08.2018.

Farin, Tim, *Fünf Tage im Sommer*, *TOUR Magazin*, München, 8/2017.

Friebe, Daniel: *The Best There Never Was.* Macmillan, 2022.

Frommert, Christian, *»Dann iss halt was«*, Mosaik Verlag, 2013.

Gebauer, Gunter, *Die Mythen-Maschine*, in: *Sportphilosophie*, Reclam Verlag, Leipzig, 1997.

Gebauer, Gunter, *Die Masken und das Glück – Über die Idole des Sports*, in: Gebauer, Gunter (Hg.), *Körper und Einbildungskraft, Inszenierungen des Helden im Sport*, Reimer Verlag, Berlin, 1988.

Hamaleh, Mazin, *The life transitions of high performance athletes retirement from sport*, European Scientific Journal, April 2013.

Hoberman, John, *Sport and Political Ideology*, University of Texas Press, Austin, 1984.

»Ich bin, wie ich bin.« Interview mit Jan Ullrich, Radsportmagazin *TOUR* 6/2006, Tour de France Spezial, S. 136 ff.

Jan Ullrich – der Gejagte. Eine Dokumentation von Sebastian Dehnhardt für Amazon prime video, 2023. Kostenpflichtig abrufbar unter https://www.amazon.de/Jan-Ullrich-Gejagte-Staffel-1/dp/B0CGMT1YYK

Krauss, Martin und Schulze, Rolf-Günter, *Wer macht den Sport kaputt – Doping, Kontrolle und Menschenwürde*, Verbrecher Verlag, Berlin, 2008.

Kimmage, Paul, Interview mit Floyd Landis, auf www.nyvelocity.com, 31.01.2011.

Lavallee, David; Gordon, Sandy und Grove, Robert, »Retirement from sport and the loss of athletic identity«, *Journal of Personal and Interpersonal Loss*, 2:2.

LeGars, Phillippe, *La vie tourmentée de Jan Ullrich, coureur hors du commun*, *L'Equipe*, 09. August 2021.

Legler, Casey, *Godspeed*, Atria, New York, 2018.

Mitscherlich, Alexander und Mitscherlich, Margarete, *Die Unfähigkeit zu trauern*, Piper Verlag, München/Zürich, 1977.

Okbo, Morten, *JAN ULLRICH: »I THOUGHT EVERYONE WOULD LOVE ME«*, *Rouleur Magazine*, 11. Juli 2018.

Rienhardt, Joachim, *Jan Ullrich*, in: *Der Stern*, Nr. 36/2018.

Schenk, Christian, *Riss – Mein Leben zwischen Hymne und Hölle*, Droemer Verlag, München, 2018.

Sloterdijk, Peter, *Hundsgewöhnliche Proletarier*, in: *Der Spiegel*, 07.07.2008.

Sloterdijk, Peter, *Regeln für den Menschenpark*, Suhrkamp Verlag, Frankfurt, 1999.

Thompson, Christopher, The Tour de France, University of California Press, Berkeley, 2006.

Ullrich, Jan (mit Boßdorf, Hagen), *Ganz oder gar nicht: Meine Geschichte*, Ullstein Verlag, Berlin, 2005.

van Ierland, John, *Der Rudy – biografie van Rudy Pevenage*, Uitgeverij JEA, Amsterdam, 2020 (auf Deutsch erschienen bei Delius Klasing unter dem Titel: *Nichts als die Wahrheit. Bekenntnisse eines Radsport-Insiders*. Rudy Pevenage mit John van Ierland. Bielefeld, 2020).

Bibliografische Information der Deutschen Nationalbibliothek
Die Deutsche Nationalbibliothek verzeichnet diese Publikation in der Deutschen Nationalbibliografie; detaillierte bibliografische Daten sind im Internet über http://dnb.dnb.de abrufbar.

2., überarbeitete und erweiterte Auflage
ISBN 978-3-667-12943-7

Lektorat: Andreas Beune, René Stein, Stephanie Jaeschke
Fotos: Hennes Roth, ausgenommen: Cover: Rolf Kosecki, Nr. 2: ullstein bild, Nr. 13: instagram@lancearmstrong, Nr. 14: dpa/pa/Christian Kolbert
Umschlaggestaltung: Felix Kempf, www.fx68.de
Satz: Axel Gerber
Druck: Friedrich Pustet, Regensburg
Printed in Germany 2024

Delius Klasing Verlag GmbH, Siekerwall 21, D – 33602 Bielefeld
Tel.: 0521/559-0, Fax: 0521/559-115
E-Mail: info@delius-klasing.de
www.delius-klasing.de

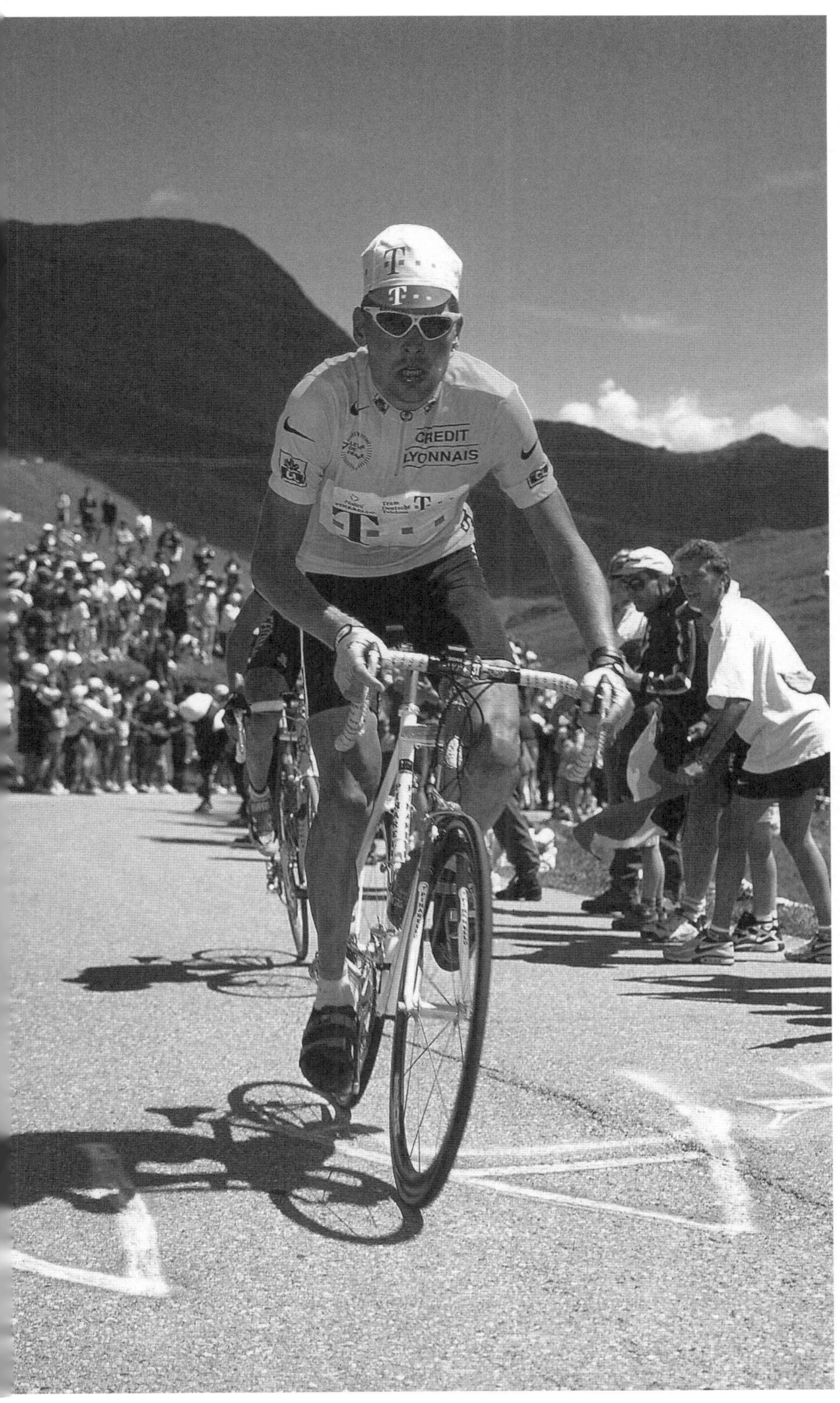
CREDIT
LYONNAIS

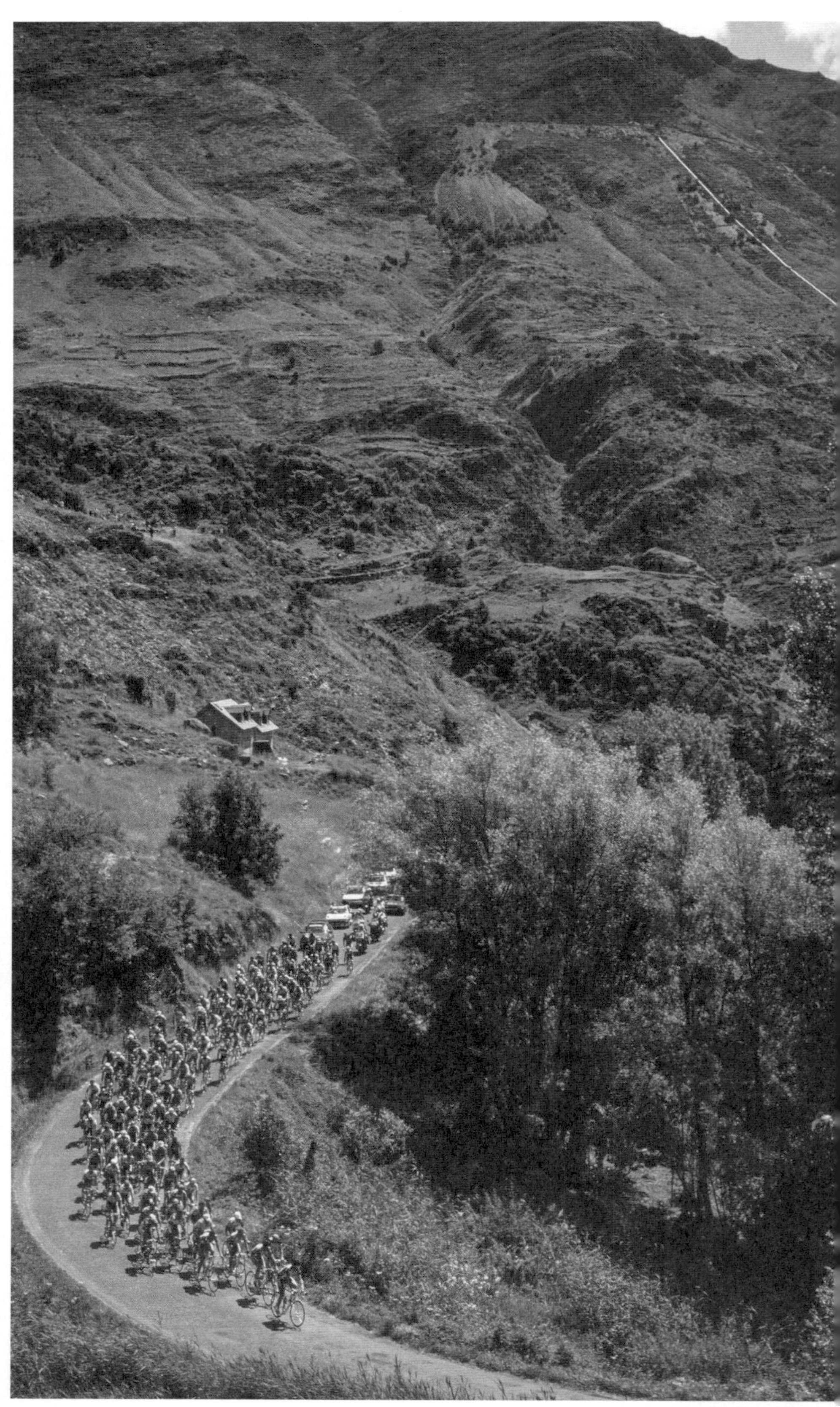

Die Pyrenäen:
Nicht nur eine beeindruckende Kulisse an der französisch-spanischen Grenze, sondern der Ort, an dem sich Jan Ullrich 1997 das Gelbe Trikot holt.

JÜRGEN LÖHLE: »DER KÖNIG IST TOT - ES LEBE DER KÖNIG!«

Wir alle kennen das: Wie lange es auch her ist, man weiß noch genau, wo man war und was man tat, wenn wirklich Historisches geschehen ist. Das brennt sich ins Gedächtnis ein. Ich erinnere mich noch gut, wie ich 1969 zusammen mit meinem Vater mitten in der Nacht, live und im Schlafanzug, Neil Armstrongs ersten Schritt auf den Mond im Schwarz-Weiß-TV gesehen habe. Ich sehe auch heute noch das völlig entsetzte Gesicht der Chefsekretärin meines damaligen Arbeitgebers vor mir, die auf den Fernseher in meinem Rücken starrte, als dieser am 11. September 2001 den Einschlag des gekaperten United-Airlines-Jets in den Südturm des World Trade Centers übertrug.

Das sind natürlich Ereignisse, die eine ganz andere Dimension hatten als das, was am 15. Juli 1997 auf den Rampen der Pyrenäen geschah. Aber auch dieser Tag war zumindest für den Radsport hierzulande historisch, weil er den Grundstein für den ersten deutschen Gesamtsieg bei der Tour de France legte. Und die gab es damals immerhin schon seit 94 Jahren. Die Bilder der letzten sechs Kilometer dieser zehnten

Etappe von Luchon in die Skistation Andorra-Arcalís sind mir immer noch so präsent, als wäre es gestern gewesen – obwohl ich mich andererseits nicht erinnern kann, von wo aus ich an diesem Tag nach Arcalís gefahren bin, wo ich übernachtet habe, oder wie das Frühstück war. Wahrscheinlich waren die Eindrücke des Nachmittags so stark, dass sie alles andere gelöscht haben.

Wir schreiben also den 15. Juli 1997, früher Nachmittag: Es läuft die Etappe von Luchon nach Andorra-Arcalís. Die Sonne brennt, drückende Schwüle liegt über der Straße. 246 Kilometer quer durch die Pyrenäen haben die Profis schon in den Beinen. Es sind nur noch wenig mehr als sechs Kilometer bis ins Ziel der längsten Bergetappe in diesem Jahr, als sich die Hackordnung im Team Telekom grundlegend verändert. Teamchef Walter Godefroot hatte aus dem Auto heraus die Situation erkannt und einen Entschluss getroffen. Bjarne Riis, den Godefroot am Morgen noch als »unseren Kapitän« bezeichnet hatte, kurbelte schwer und hatte große Probleme mit dem Tempo in der Favoritengruppe. Sein Helfer Jan Ullrich schien dagegen mit dem Berg zu spielen. Ruhig saß er im Trikot des Deutschen Straßenmeisters auf dem Rad, die Beine kreisten leicht, trotz acht Prozent Steigung. Godefroot beorderte Ullrich zum Teamfahrzeug. Der Belgier war nervös – es kam wohl jetzt schon zum Showdown der Tour, das spürte der alte Fuchs. Und wenn Godefroot nervös wurde, dann hatte er so seine Probleme mit der deutschen Sprache. In einer Mischung aus Deutsch, Flämisch und Französisch rief er Ullrich etwas zu wie: »Der König ist tot, es lebe der König!« Ein Klassiker und gut gemeint, aber Ullrich schaute nur mit einem großen Fragezeichen im Gesicht zurück. Also musste der Belgier deutlicher werden. »Schauen Sie sich nicht um, fahren Sie, was Sie können – jetzt!«, brüllte er aus dem Autofenster. Wenn Godefroots Nerven flatterten, siezte er seine Fahrer. Und dieses Mal hatte Ullrich kapiert. Der Mann mit der Startnummer 8 kettete einen Gang höher und trat an, erst kurz im Stehen, dann im Sitzen und mit Unterlenkergriff. Volle Attacke.

Cédric Vasseur, der Franzose im Gelben Trikot, geht leichenblass fliegen. Vorjahressieger Riis, der Italiener Marco Pantani und Frankreichs Liebling Richard Virenque stemmen sich trotzig in den Wiegetritt, aber nur Virenque kann für kurze Zeit das Hinterrad des nun von der Leine gelassenen Ullrich halten. Aber als dieser dann noch einmal kurz aus dem Sattel geht, ist es auch mit dem Franzosen vorbei. Ullrich ist allein vorn und tut genau das, was ihm sein Trainer Peter Becker immer eingetrichtert hat: »Hoch die Gänge, 'runter den Hintern, 'rauf den Berg.« Im Pressezentrum, einem riesigen Zelt vier Kilometer unterhalb des Ziels, wird es unruhig. Viele Journalisten verlassen ihren Laptop und rennen an die Straße. Sie wollen den Mann sehen, der da auf dem Weg ins Gelbe Trikot ist. Man hat unweit des Presseparkplatzes einen wunderbaren Blick auf die Strecke.

Ullrich kommt als Erster aus einem Tunnel und fliegt fast auf die staunenden Presseleute zu. Es sieht aus der Distanz leicht aus, ist es aber nicht. »Ich dachte, ich komme nie da oben an«, sagte er Jahre später, »es war brutal hart.« Ich stehe zusammen mit Kollegen vom *Kölner Stadtanzeiger* und vom *Spiegel* am Straßenrand, als Ullrich mit weit offenem Mund an uns vorbeikurbelt. Auch Rudolf Scharping, der ehemalige SPD-Kanzlerkandidat, spätere Verteidigungsminister und heutige BDR-Präsident, ist dabei und brüllt derart in die TV-Kamera des Begleitmotorrads, dass er es damit abends in die *Tagesthemen* schafft.

Ganz ruhig bleibt dagegen Claude Sudres, der ehemalige Pressechef der Tour, Nestor der französischen Radjournalisten und ein Topexperte. »Glaubt mir, die Tour ist entschieden, der Junge fährt wie Indurain«, sagt er. Ein verbaler Ritterschlag. Entschieden ist die Tour da zwar noch nicht, aber zwölf Minuten später rollt Ullrich mit in den Himmel gereckten Armen als Erster über die Ziellinie, eine Minute und acht Sekunden vor Virenque und Pantani. Riis verliert als Fünfter knapp dreieinhalb Minuten. Und Ulle streift sich mit 23 Jahren das Gelbe Trikot über den für seine Verhältnisse extrem dünnen Oberkörper.

In Deutschland bricht darauf eine Begeisterungswelle los, die zu Beginn mindestens so groß ist wie die 20 Jahre zuvor bei Didi Thurau und die noch größer werden sollte. Die ARD-Sondersendung nach der *Tagesschau* am selben Abend verfolgen mehr als sechs Millionen Zuschauer, und ein sehr buntes Blatt titelt mit royalem Hintergrundwissen: »Im Fürstentum Andorra wird Kronprinz Ullrich zum König.« Der scheue Star selbst ist erst einmal bedient. Hinter der Ziellinie stürzen sich die Kamerateams auf den ausgepumpten Profi. Team-Pressesprecher Mathias Wieland, ein Mann mit Gardemaß von über zwei Metern und auch sonst ein kräftiger Kerl, kann ihn kaum abschirmen. Abends im Hotel unten im Tal warten wir deutschen Schreiber auf ein Zeichen und bekommen die Aussage, dass Ullrich sich »einen Kindheitstraum« erfüllt habe. Und als Ullrich tags darauf die fette Schlagzeile in der *L'Equipe* liest, weiß er auch ohne große Französischkenntnisse, dass er ganz oben angekommen ist: *VOILÀ LE PATRON!* steht dort.

Diesen Parforceritt live zu erleben war sicher eines meiner prägendsten Erlebnisse bei der Tour. Zumal es für mich das erste Mal war, dass ich danach nicht sofort in die Tasten hauen musste, oder besser gesagt: durfte. Anfang Juli 1997 hatte ich den Job gewechselt. Von der *Stuttgarter Zeitung* war ich als Ressortleiter zur hauseigenen Wochenzeitung *Sonntag Aktuell* gewechselt, und da der 15. Juli ein Dienstag war, erschien mein Blatt erst wieder fünf Tage später. Das tat weh. Ich habe dann Holger Gayer, meinen Nachfolger bei der *StZ*, mit unendlich vielen Tipps und Hilfsangeboten vermutlich mehr genervt als unterstützt. Und es kam auch ein wenig Neid hoch: Da fährt der Mann zum ersten Mal zur Tour und erlebt sofort einen der größten Tage im deutschen Radsport. Damals ahnte allerdings noch niemand, dass man den Durchbruch einer großen Karriere gesehen hatte, die später in eine tieftraurige menschliche Katastrophe und einen Sumpf aus Doping, Drogen und Alkohol führen würde und bis heute mit vielen Aufs und Abs weitergeht.

Damals galt Jan Ullrich als komplett untadeliger Sportler, der allenfalls beim Essen Disziplinprobleme hatte. Von EPO-Doping sprach man noch so gut wie gar nicht; auch ich hatte keine Zweifel, dass hier sauberer Sport geboten wurde. Dieses Bild bröckelte aber ziemlich schnell und fiel schließlich mit der Affäre Fuentes neun Jahre später völlig in sich zusammen. Nachdem die gesamte Dimension des Dopings klar geworden war, musste man davon ausgehen, dass auch Ullrich an diesem ganz besonderen Tag in Andorra nicht nur mit Traubenzucker und Magnesium unterwegs war.

Am 15. Juli 1997 war das alles aber überhaupt kein Thema. Deutschland jubelte, Jan Ullrich war der Aufmacher in allen Nachrichtensendungen. Dass an diesem Tag ein anderer Weltstar brutal verglühte, wurde ans Ende der Sendungen verschoben: Der italienische Modedesigner Gianni Versace wurde am 15. Juli 1997 in seiner Villa in Miami Beach erschossen. Wir haben das in Andorra nicht wirklich registriert. Wir deutschen Journalisten saßen abends noch zusammen auf der Terrasse eines Restaurants – und waren plötzlich selbst begehrt. Immer wieder fragten ausländische Fernsehkollegen uns nach dem Phänomen Ullrich und ob wir den Kommentar nicht mal eben in eine Kamera oder in ein Mikrofon sprechen könnten. Verrückte Welt.

Der Autor im Podcast

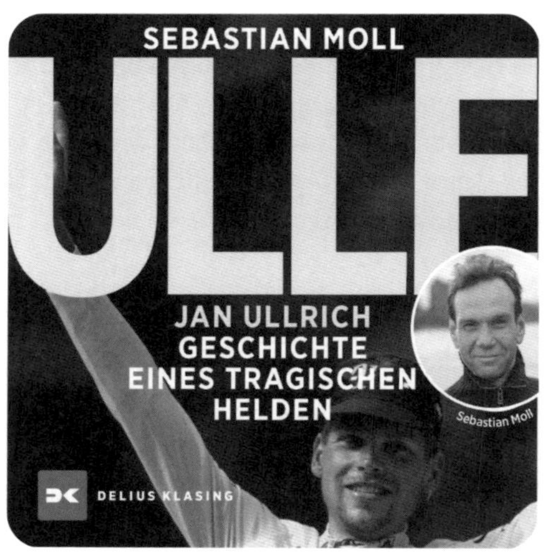

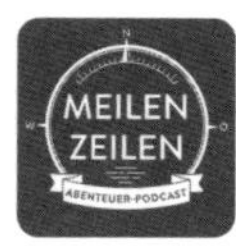

Der Autor im Podcast „Meilen & Zeilen“:
#60 Ulle
mit Sebastian Moll

Unsere Autoren treffen Schriftsteller und Globetrotter Timm Kruse und sprechen mit ihm über ihre Abenteuer, Ziele, Reisen und das Schreiben. Unter ihnen sind Weltumsegler, Ultraläufer, Weltenbummler, Mountainbiker und Natur-Fotografen. Begleiten Sie unsere Autoren ein Stück auf ihrem Weg. Der »Meilen und Zeilen«-Podcast erscheint alle 14 Tage freitags!

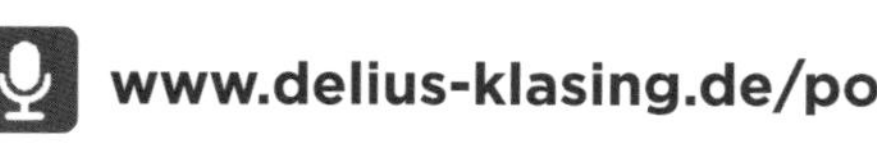

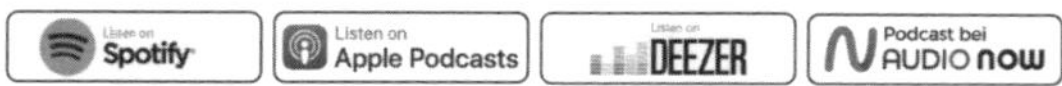

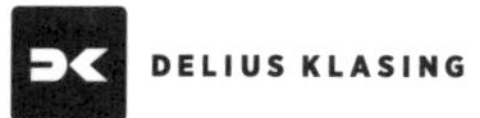

Legendäres

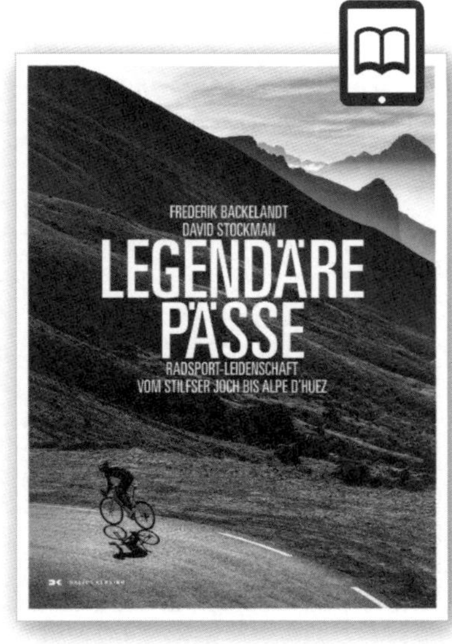

Dieser Bildband zeigt die 30 anspruchsvollsten und schönsten Pässe für Rennradfahrer. In lebendigen Texten erzählt Frederik Backelandt von Erfahrungen, teilt Anekdoten aus der Geschichte des Radrennsports und gibt hilfreiche Tipps zur richtigen Pace. Die großformatigen Fotografien zeigen die schönsten Pässe der Alpen, Pyrenäen und Dolomiten in ihrer ganzen Pracht und wecken die Lust aufs Bergfahren.

Frederik Backelandt
Legendäre Pässe
Radsport vom Stilfser Joch bis Alpe d'Huez
ISBN 978-3-667-12644-3 (epub)

Eine Etappe beim wichtigsten Radrennen der Welt – der Tour de France – zu gewinnen, ist der heilige Gral des Radsports. Thomas Olsthoorn erzählt die Geschichten von denkwürdigen Etappensiegern der letzten zehn Jahre. Darunter befinden sich mit Marcel Kittel, Christophe Laporte, Thomas De Gendt, John Degenkolb, Mathieu van der Poel, Annemiek van Vleuten, Fabio Jakobsen und Marianne Vos echte Hochkaräter aus dem internationalen Fahrerfeld, aber auch auf weniger bekannte Namen.

Thomas Olsthoorn
episch
Außergewöhnliche Etappensieger der Tour de France
ISBN 978-3-667-12861-4

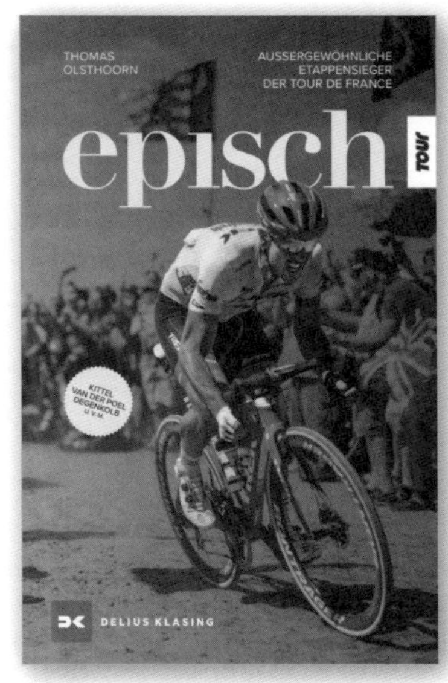

Einblicke

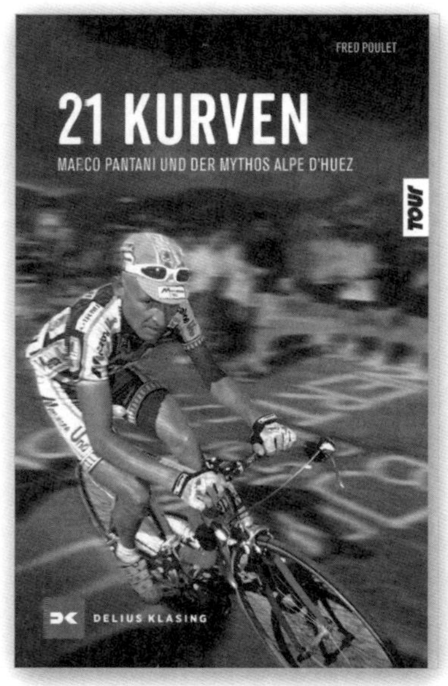

In diesem Roman über den italienischen Radsport-Helden Marco Pantani taucht Autor Fred Poulet in die Gedankenwelt Marco Pantanis ein und nimmt uns mit in diese schlaflose Nacht vor seinem Triumph. „Der Pirat" kaperte 1997 in Rekordzeit Alpe d'Huez und schrieb Radsport-Geschichte. Die 21 Kurven hinauf nach Alpe d'Huez sind ein Mythos im Radsport. Hier wurde mehrfach die Tour de France entschieden und Helden geboren.

Fred Poulet
21 Kurven
Roman über Pantanis Triumph bei Alpe d'Huez
ISBN 978-3-667-12837-9

Jens Voigt zieht in dieser Autobiografie Bilanz über 18 Jahre Rennradsport – von seinen Kindheitstagen in der DDR bis zu seinem Rücktritt als Profi 2014. Voigt gibt tiefe Einblicke in die Welt des Profi-Radsports, beleuchtet sowohl die Höhen der Siege als auch die Tiefen bei Niederlagen, Stürzen oder Doping-Skandalen.

Jens Voigt | James Startt
Jens Voigt: Shut up legs
Meine Profijahre
ISBN 978-3-667-10708-4

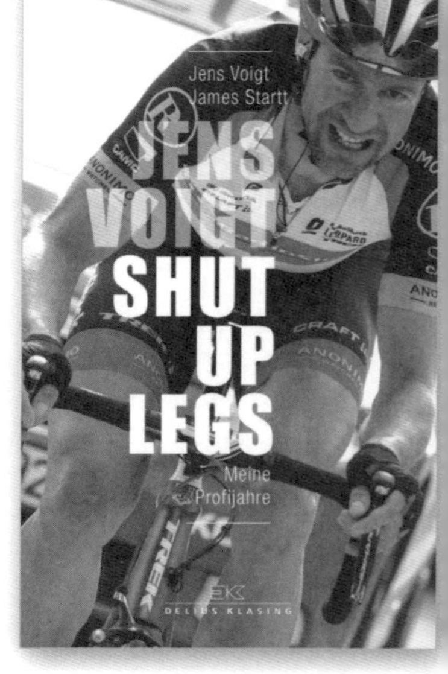

Rennrad-Humor

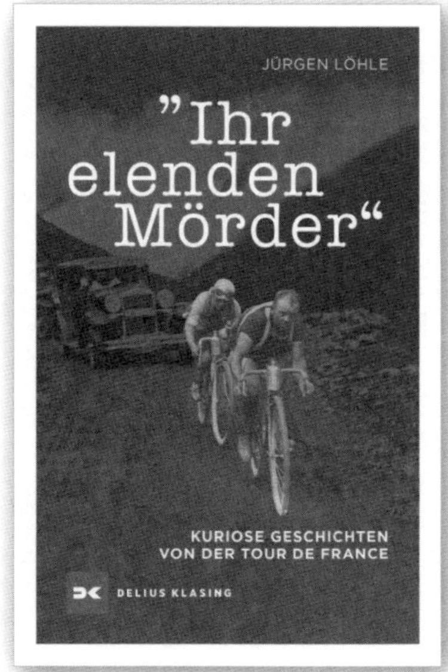

Juckpulver im Trikot, Nägel auf der Rennstrecke und Rennradfahrer, die lieber den Zug nehmen: Jürgen Löhle kennt die wilden Geschichten, die sich auf der Tour de France zugetragen haben. Einmal verirrte sich ein Mannschaftsbus auf die Ziellinie und konnte erst in letzter Sekunde wieder weggelotst werden. Unvergessen ist auch Chris Froomes Jogging-Einlage 2016 am Ventoux, als er auf sein neues Rad wartete.

Jürgen Löhle
Ihr elenden Mörder
Kuriose Geschichten von der Tour de France
ISBN 978-3-667-11684-0

Seit 25 Jahren strampelt sich Brägel so durch die Kolumne „Radschlag" in der Zeitschrift TOUR. Anlässlich dieses Jubiläums wurden die besten Geschichten in einem Band zusammengefasst: Lachen Sie mit über die Moden, Macken und Eskapaden der beliebten Kultfigur und feiern Sie ein Wiedersehen mit Freunden wie dem alten Hans, dem Präsidenten und vielen anderen.

Jürgen Löhle
Gekonnt leiden
Best-of Brägel
ISBN 978-3-667-11964-3

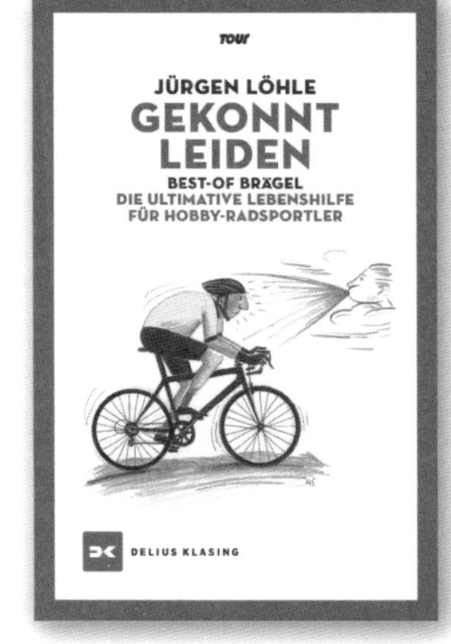

shop.delius-klasing.de